Feuer und Flamme für den Vertrieb

Hallo Christoph!

Eine aktivierende Lektüre wünscht Dir

[Signatur]

EBOOK INSIDE

Die Zugangsinformationen zum eBook inside finden Sie am Ende des Buchs.

SPRINGER NATURE springernature.com

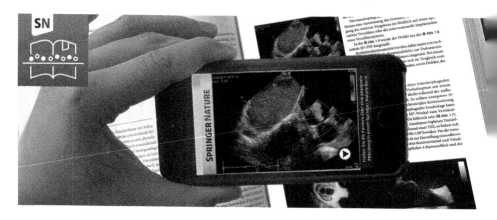

Springer Nature More Media App

ADVANCING DISCOVERY

Videos und mehr mit einem „Klick"
kostenlos aufs Smartphone und Tablet

Kostenlos downloaden

- Dieses Buch enthält zusätzliches Onlinematerial, auf welches Sie mit der Springer Nature More Media App zugreifen können.*
- Achten Sie dafür im Buch auf Abbildungen, die mit dem Play Button ⊙ markiert sind.
- Springer Nature More Media App aus einem der App Stores (Apple oder Google) laden und öffnen.
- Mit dem Smartphone die Abbildungen mit dem Play Button ⊙ scannen und los gehts.

*Bei den über die App angebotenen Zusatzmaterialien handelt es sich um digitales Anschauungsmaterial und sonstige Informationen, die die Inhalte dieses Buches ergänzen. Zum Zeitpunkt der Veröffentlichung des Buches waren sämtliche Zusatzmaterialien über die App abrufbar. Da die Zusatzmaterialien jedoch nicht ausschließlich über verlagseigene Server bereitgestellt werden, sondern zum Teil auch Verweise auf von Dritten bereitgestellte Inhalte aufgenommen wurden, kann nicht ausgeschlossen werden, dass einzelne Zusatzmaterialien zu einem späteren Zeitpunkt nicht mehr oder nicht mehr in der ursprünglichen Form abrufbar sind.

Stephan Kober

Feuer und Flamme für den Vertrieb

So entwickeln Sie Ziele, für die Ihr Team brennt

Stephan Kober
Bad Westernkotten, Deutschland

Die Online-Version des Buches enthält digitales Zusatzmaterial, das durch ein Play-Symbol gekennzeichnet ist. Die Dateien können von Lesern des gedruckten Buches mittels der kostenlosen Springer Nature „More Media" App angesehen werden. Die App ist in den relevanten App-Stores erhältlich und ermöglicht es, das entsprechend gekennzeichnete Zusatzmaterial mit einem mobilen Endgerät zu öffnen.

ISBN 978-3-658-26525-0   ISBN 978-3-658-26526-7 (eBook)
https://doi.org/10.1007/978-3-658-26526-7

Die Deutsche Nationalbibliothek verzeichnet diese Publikation in der Deutschen Nationalbibliografie; detaillierte bibliografische Daten sind im Internet über http://dnb.d-nb.de abrufbar.

Springer Gabler
© Springer Fachmedien Wiesbaden GmbH, ein Teil von Springer Nature 2019
Das Werk einschließlich aller seiner Teile ist urheberrechtlich geschützt. Jede Verwertung, die nicht ausdrücklich vom Urheberrechtsgesetz zugelassen ist, bedarf der vorherigen Zustimmung des Verlags. Das gilt insbesondere für Vervielfältigungen, Bearbeitungen, Übersetzungen, Mikroverfilmungen und die Einspeicherung und Verarbeitung in elektronischen Systemen.
Die Wiedergabe von allgemein beschreibenden Bezeichnungen, Marken, Unternehmensnamen etc. in diesem Werk bedeutet nicht, dass diese frei durch jedermann benutzt werden dürfen. Die Berechtigung zur Benutzung unterliegt, auch ohne gesonderten Hinweis hierzu, den Regeln des Markenrechts. Die Rechte des jeweiligen Zeicheninhabers sind zu beachten.
Der Verlag, die Autoren und die Herausgeber gehen davon aus, dass die Angaben und Informationen in diesem Werk zum Zeitpunkt der Veröffentlichung vollständig und korrekt sind. Weder der Verlag, noch die Autoren oder die Herausgeber übernehmen, ausdrücklich oder implizit, Gewähr für den Inhalt des Werkes, etwaige Fehler oder Äußerungen. Der Verlag bleibt im Hinblick auf geografische Zuordnungen und Gebietsbezeichnungen in veröffentlichten Karten und Institutionsadressen neutral.

Lektorat: Manuela Eckstein
Einbandabbildung: © lassedesignen – stock.adobe.com

Springer Gabler ist ein Imprint der eingetragenen Gesellschaft Springer Fachmedien Wiesbaden GmbH und ist ein Teil von Springer Nature.
Die Anschrift der Gesellschaft ist: Abraham-Lincoln-Str. 46, 65189 Wiesbaden, Germany

Wie Sie von diesem Buch profitieren

Dieses Buch zeigt Ihnen als Vertriebsleiter und Führungskraft im Vertrieb, wie Sie die Tugenden und die Einsatzbereitschaft von Feuerwehrleuten auf den Vertrieb übertragen, um Ihre Kunden und Mitbewerber zu verblüffen. Sie erfahren, wie Sie Ihren Mitstreitern im Unternehmen helfen können, ein erfüllteres Leben zu führen, um damit als Arbeitgeber unwiderstehlich zu sein. Und Sie werden feststellen, dass Sie selbst abends viel häufiger mit dem erhabenen Gefühl nach Hause fahren, etwas Bedeutsames geschaffen zu haben. Sie werden Glück verspüren!

Sie erhalten mit diesem Buch eine Schritt-für-Schritt-Anleitung,

- wie Sie die besten Leute in Ihrem Team an Bord halten,
- wie Sie das Selbstbewusstsein Ihres Vertriebs steigern,
- wie Sie Ihr Unternehmen für die besten Verkäufer der Branche extrem attraktiv machen und
- wie Sie strategisch klug und mit Herzblut vorgehen, um mehr Kunden zu verblüffen.

Für Unternehmen und für Sie als Führungskräfte sind diese Ziele wichtig, weil Sie hierdurch

- zur Zukunftssicherung Ihres Unternehmens maßgeblich beitragen,
- der Konkurrenz ständig einen Schritt voraus sind,
- der Unternehmenswert insgesamt steigt und
- auch Ihr Leben als Chef und das Ihrer Mitarbeiter noch erfüllter wird.

Dazu habe ich das STAKKATO-Modell entwickelt, mit dessen Hilfe Sie diese Ziele nach und nach umsetzen können. Große Worte, werden Sie denken. Doch lesen Sie erst einmal weiter, ich nehme Sie mit auf eine kurze Reise in die Welt der Feuerwehr.

„Keiner kommt hier lebend raus ..."

Es ist Samstagvormittag, 11:23 Uhr, ich mähe in unserem Garten den Rasen. Plötzlich vibriert es an meinem Gürtel und ich höre das mir so wohlbekannte „Piepsen". Mein Funkmeldeempfänger der Freiwilligen Feuerwehr meldet einen Alarm. Wie bei einem Einsatzalarm üblich, greife ich an meinen Gürtel und schaue, was los ist. Der Alarmtext auf dem Display zeigt: „Technische Hilfe, VU, verletzte Person." VU – das bedeutet Verkehrsunfall.

Nun müssen Sie wissen, dass ich Mitglied der Freiwilligen Feuerwehr unseres kleinen Ortes mit 4500 Einwohnern bin. Wir haben im Jahr ca. 50 Einsätze, davon fallen 45 in die Kategorie „Ölspuren wegfegen, Bäume von der Straße ziehen, Katzen wieder vom Baum herunterholen". Aber es sind auch einige wenige Einsätze dabei, bei denen es wirklich um Leben und Tod geht.

Zurück zu der Nachricht auf meinem Funkmeldeempfänger. Da ich bei diesen Einsatzstichworten von einem gefährlichen Einsatz ausgehen muss, rase ich mit meinem Auto zum Feuerwehrhaus. Ich wohne in der Nähe des Feuerwehrhauses, darum ist nur ein Kamerad vor mir da. Er hat bereits beide Rolltore des Feuerwehrhauses geöffnet, sodass beide roten Feuerwehrfahrzeuge zu sehen sind. Meine Kameraden und ich rüsten uns aus wie immer: Schuhe an, Hose an, Jacke an, Helm auf – und ab aufs Fahrzeug. Das Fahrzeug füllt sich mit den anderen Kameraden, der Maschinist lässt den Motor an, schaltet Blaulicht und Martinshorn ein, wir fahren los.

Ich drehe mich um, schaue zu unserem Gruppenführer und frage ihn: „Karl, was ist los, habe nur VU gelesen?" Er antwortet: „Laut Leitstelle ist der Rettungshubschrauber auch raus, scheint etwas Größeres zu sein.". Kein

Kamerad mag es, wenn er das sagt. Bis auf das Martinshorn und dem Funkverkehr herrscht im Mannschaftsraum Stille, niemand spricht – ein beklemmendes Gefühl. Denn keiner weiß, was auf uns wartet.

Schließlich fahren wir mit dem Löschfahrzeug bis kurz vor einen stehenden Viehtransporter. Der Rettungswagen ist nur wenige Sekunden vor uns eingetroffen. Wie das bei allen Einsätzen üblich ist, steigt zunächst der Gruppenführer ab, nimmt einen Kameraden mit und erkundet die Lage am Einsatzort. Wir sehen, wie er hinter dem Lkw verschwindet. Einige Sekunden später kommt er zurück, öffnet die Tür des Mannschaftsraums, wir sehen an seinem blassen Gesicht, dass etwas Schlimmes passiert sein muss. Sein Befehl lautet, wie es die Feuerwehrdienstvorschrift vorsieht: „Absitzen, hinterm Fahrzeug aufstellen." Wir erhalten den Befehl, den Rettungsdienst bei seiner Tätigkeit zu unterstützen. Sofort eilen wir zum Unfallort, uns offenbart sich ein schlimmes Szenario. Was ist passiert?

Ein Motorrad ist mit einem Viehtransporter kollidiert. Der Fahrer des Viehtransporters wollte links abbiegen, musste aber aufgrund des Gegenverkehrs abwarten. Hinter ihm bildete sich eine Schlange von mehreren Autos. Der Motorradfahrer (auf dem Sozius seine Partnerin) kam von hinten an, wollte die Autoschlange inklusive des Viehtransporters überholen – in dem Augenblick schert der LKW nach links aus. Das Motorrad prallt an der massiven Vorderachse des schweren Lasters ab – der Helm der Soziusfahrerin prallt frontal gegen die vordere Stahlfelge. Sie hat nicht überlebt.

Warum – um Himmels willen – starte ich ein Buch, in dem es um „Feuer im Vertrieb" geht, mit solch einer Tragödie? Ich möchte Ihnen vor Augen führen, wie wichtig es ist, das Glück, das uns in unserem Leben begegnet, sehr bewusst wahrzunehmen. Denn es kann mit einem Wimpernschlag vorbei sein. Wir erfahren das häufig – etwa bei Beerdigungen, wenn wir Todesfälle zu beklagen haben. Dann verschieben sich die Prioritäten. Aber immer nur zeitweise – schon kurz danach verfallen wir gerne wieder in den üblichen Trott und vergessen, wie kostbar ein Menschenleben ist. Ist es nicht so?

In der heutigen Geschäftswelt wird häufig folgendes gefordert: analytisch und logisch denken, bewusst handeln. Das ist auch soweit in vielen Fällen gut, nur berauben wir uns häufig der Chancen, die unser Hirn noch zusätzlich bietet: kreatives Denken, Visualisieren, die Vorstellungskraft stärken. Wünsche und Träume gehören ebenfalls in diesen Bereich. Muss uns erst so ein Ereignis die Tür zu solchen „Denkchancen" öffnen?

Brauchen wir wirklich einen negativen Impuls, um die volle Leistung unseres Hirns zu aktivieren? Um uns mit Fragen zu beschäftigen wie: Was ist wirklich wichtig? Warum tue ich das, was ich tue?

Nein. Natürlich bedarf es so eines Vorfalls nicht. Wir leben in einer Welt, in der unsere linke Hirnhälfte viel mehr gefordert wird als die rechte. Linkshemisphärisch dominierte Bereiche wie Messbarkeit, Worte und Logik spielen eine deutlich gewichtigere Rolle als die „Spielwiese" der rechten Hirnhälfte: Kreativität, Fühlen, Intuition. Daher fällt es uns ohne solche Vorfälle schwerer, unsere rechte Hirnhälfte zu aktivieren. Allerdings wäre es schade, dieses „Hirnpotenzial" brachliegen zu lassen. Ich möchte hier nun keine wissenschaftliche Grundsatzdiskussion starten, welche Hirnbereiche nun für welche Aktivitäten zuständig sind. Wenn Sie aber mit mir in diesem Buch auf eine kleine Reise gehen, dann werden wir im „Oberstübchen" alles aktivieren, was für Glück im Leben und einen erfolgreichen Vertrieb verantwortlich ist – egal ob rechts oder links. Ich möchte gemeinsam mit Ihnen Erfolg und Erfüllung miteinander verbinden.

Auf den Punkt gebracht: Es geht darum, einen machtvollen, effizienten und gleichermaßen glücklichen Vertrieb aufzubauen, der von der Konkurrenz gefürchtet und von Kunden geschätzt wird. Das Ziel ist die hochprofitable Marktführerschaft mit einer einer emotional aktivierten Mannschaft.

Wenn ich es mit diesem Buch schaffe, dass Vertriebschefs und Verkäufer ein glücklicheres und erfülltes Leben führen können, dann wäre das wiederum auch für mich ein erfüllendes und erhabenes Gefühl. Die Chancen dazu stehen bestens! Denn diejenigen meiner Kunden, die die Methoden aus diesem Buch konsequent umgesetzt haben, erleben einen Paradigmenwechsel im Vertrieb in Bezug auf Effizienz und Glücklichsein im Verkauf. Beides ist enorm wichtig. Und Letzteres wird in Zukunft immer wichtiger werden, denn vermutlich wissen auch Sie: Nur glückliche Verkäufer, die sich bei Ihnen wohlfühlen, bleiben Ihnen treu und wechseln selten zur Konkurrenz. Und zugleich spricht es sich herum, dass bei Ihnen im Unternehmen die Möglichkeit besteht, ein erfülltes Verkäuferleben zu führen. Und so entwickelt sich ein Sog, der andere gute Verkäufer anzieht und sie überlegen lässt, ob es nicht zielführend ist, in Ihr Unternehmen zu wechseln.

Gebrauchsanweisung für dieses Buch

Sie werden in diesem Buch das alltägliche nervenaufreibende Vertriebstheater wiedererkennen, das sicherlich auch Ihnen immer wieder begegnet. Aber zugleich werden Sie Methoden kennenlernen, um mit diesem Theater Schluss zu machen und endlich (wieder) effektiv und effizient arbeiten zu können. Doch bevor es losgeht, lassen Sie mich noch einige Punkte klarstellen.

- **Vertrieb versus Verkauf**: Es gibt immer wieder unterschiedliche Auffassungen, ob es nun Vertrieb oder Verkauf heißt. Meine Definition lautet: Der eigentliche Verkaufsvorgang, also das Finden der richtigen Kunden, das Ansprechen, das „Interesse wecken", das Zuhören, das Lösen des Problems, das Begeistern des Kunden während des gesamten Prozesses und danach – das ist für mich „Verkaufen". Vertrieb hingegen ist nach meiner Auffassung die Organisation „dahinter", sprich: das Entwickeln der Vertriebsstrategie inklusive der mitreißenden Vision, die in eine packende Story gekleidet wird. Hinzu kommt die Weiterbildung der Verkäufer, die durch entsprechende Trainingsmaßnahmen in die Lage versetzt werden, die Strategie in der Praxis umzusetzen.
- **Mitarbeiter versus Kameraden**: Zudem werde ich ab jetzt nicht mehr von Mitarbeitern sprechen, sondern von Kameraden. Denn bereits bei der Bezeichnung Ihrer Mitstreiter fängt ein neues Denken an. Ich verwende die Bezeichnung so, wie sie bei der Feuerwehr genutzt wird. Mir geht es im Vertrieb nicht um das schlichte Abarbeiten von Aufgaben oder das Mit-arbeiten. Ab-arbeiten oder Mit-arbeiten – das war zu Zeiten der Industrialisierung wichtig und richtig. Heute geht es um viel mehr, wenn man nicht nur im vertrieblichen Mittelmaß mitschwimmen möchte. Mitarbeiter zu haben, das genügt nicht. Die Definition des Wortes „Kamerad" trifft es genau: Es handelt sich um eine Person, mit der man durch gemeinsame Tätigkeiten oder Interessen eng verbunden ist. Bei der Feuerwehr denken Kameraden mit, sie helfen sich gegenseitig und haben ein gemeinsames Ziel: den Einsatz oder Auftrag erfolgreich abzuschließen und Konflikte gemeinsam, verbunden durch einen gemeinsamen Spirit, zu lösen.

- **Frauen und Männer:** Frauen und Männer sind immer gleichermaßen angesprochen. Der besseren Lesbarkeit halber nutze ich aber die maskuline Schreibweise. Ich habe erstklassige Verkäuferinnen und Chefinnen in meinem Leben kennengelernt, von denen ich viel lernen durfte. Daher meine Damen: Fühlen Sie sich bitte angesprochen.

Ich bin ein Freund der offenen Worte, und das werden Sie in diesem Buch häufig spüren. Ich bin nur dann erfolgreich, wenn meine Kunden erfolgreicher als vor unserer Zusammenarbeit sind, also ihre Umsätze steigern, mehr Neukunden gewinnen, höhere Preise durchsetzen, die Marktführerschaft in ihrem Markt sichern und eine gute Stimmung in der Mannschaft erzeugen. Und das erreiche ich, indem ich Probleme offen und ehrlich analysiere und anspreche – und löse. Genau das beabsichtige ich auch mit diesem Buch.

Ob die Lektüre dieses Buches Ihnen mehr Erfolg bringen wird oder ob es bloße Zeitverschwendung ist, weil Sie so viel zu tun haben und einfach nicht in die Umsetzung kommen, das liegt zum großen Teil in Ihrer Hand. Denn es gehört in Ihre Verantwortung, ob Ihre Kameraden im Vertrieb mehr Spaß an der Sache haben oder nicht – dass sie eine Antwort erhalten auf das „Warum" ihres Tuns, warum es sich lohnt, im Job 100 Prozent zu geben. Ich habe dabei die folgende Situation im Sinn: Einer Ihrer Kameraden, nennen wir ihn Franz, sitzt abends mit einem seiner besten Freunde bei sich im Garten vor einem kleinen Lagerfeuer. Der beste Freund sagt: „Sag mal, Franz, was macht die Arbeit eigentlich so?" Franz schaut seinen Freund eine Weile an, blickt dann wieder ins Feuer und sagt: „Hört sich jetzt vielleicht komisch an, aber ich trage dazu bei, dass unsere Firma die Nummer 1 im Markt bleibt und dabei gleichzeitig dafür sorgt, dass es Menschen in der Welt besser geht. Und darum macht es mich verdammt stolz, da zu arbeiten." Finden Sie nicht, dass es sich lohnt, auf dieses Ziel hinzuarbeiten? Die ersten Skeptiker nach dem Lesen dieses Beispiels darf ich beruhigen: Ich gehöre nicht zur Fraktion „Esoterik", sondern bin Anhänger des Pragmatismus – Sie werden sehen.

Im ersten Kapitel dieses Buches beschäftigen wir uns mit der Welt des Vertriebs heute in vielen Unternehmen – so, wie sie sich bei den meisten von Ihnen darstellt, mit allen Höhen und Tiefen. Entdecken Sie, ob Sie sich wiedererkennen! Das zweite Kapitel handelt von wissenschaftlichen Grundlagen zum Thema Glück, Sinn und Erfüllung – mit Bezug auf den

Vertrieb. Wenn Sie es eilig haben und ausschließlich an der praktischen Umsetzung interessiert sind, dann konzentrieren Sie sich nach Kap. 1 auf Kap. 3 – und holen Kap. 2 später nach, denn auch dort finden Sie viele Tipps für außergewöhnlich erfolgreichen Vertrieb.

Wie Sie mit Texttools in die Umsetzung gelangen
Geht das einfach und schnell? Natürlich nicht, sonst würde es ja jeder sofort tun. „Denken ist die schwerste Arbeit, die es gibt. Das ist wahrscheinlich auch der Grund, warum sich so wenige damit beschäftigen." (Gut zitiert o. J.) Dieses Zitat vom nicht unumstrittenen Henry Ford bringt es auf den Punkt. Damit Sie die Methoden zügig an Ihrem „Einsatzort Vertrieb" anwenden können, arbeiten wir in diesem Buch mit drei Texttools:

1. Der **Wort-Melder**: Diesen Begriff habe ich in Anlehnung an den Funkmeldeempfänger gewählt, den jeder Feuerwehrmann und jede Feuerwehrfrau bei sich trägt. Kein Feuerwehrmann sagt „Funkmeldeempfänger" – viel zu lang. Vielmehr heißt es: „Mein Melder!" Der Wort-Melder bringt Kernthesen auf den Punkt – ein Beispiel:

> **Wort-Melder**
>
> Top-Verkäufer sind wie Feuerlöschkreiselpumpen: Wenn man ihnen viel Luft und Energie gibt, dann drehen sie richtig auf und machen gewaltig Druck!

2. Die **Einsatzübung**: Kraft kommt vom Training. Die Einsatzübungen zeigen, wie Sie die Methoden mit Leben befeuern und in der Praxis umsetzen.

> **Einsatzübung**
>
> Bester Übungszeitpunkt:
> Wann Sie die Übung durchführen sollten.
> Ziel der Übung:
> Hier wird beschrieben, was Ihnen die Übung bringt.
> Ablauf:
> Wie der Name schon erahnen lässt – es ist die Beschreibung, wie Sie die Übung in Ihrer Praxis umsetzen sollten.

3. Der **Einsatzbericht**: Zum Schluss jedes Kapitels folgt der Einsatzbericht mit folgenden Inhalten:

> **Einsatzbericht**
>
> **Erkenntnisse aus dem Einsatz:**
> Auf den Punkt werden die wichtigsten Erkenntnisse des Kapitels zusammengefasst.
> **Wie nutzen Sie dies für Ihren „Einsatz"?**
> Was Sie tun sollten, um die Methoden in Ihrer Praxis einzusetzen.

Ob Sie sich die Zeit dafür nehmen, große emotional aktivierende Ziele zu entwickeln und die notwendigen Maßnahmen dafür in der Praxis anzuwenden, um die „Vertriebskraft" Ihrer Kameraden zu aktivieren, auch gegen Widerstände, lieber Leser: Wer entscheidet das?

Ein aktivierendes Leseerlebnis wünscht Ihnen

Stephan Kober

Literatur

Gut zitiert (o. J.) Henry Ford über Denken. https://www.gutzitiert.de/zitat_autor_henry_ford_thema_denken_zitat_852.html. Zugegriffen am 09.11.2018

Weise Wortwahl (2018) Hopkins. https://weisewortwahl.de/keiner-von-uns-kommt-lebend-hier-raus-also-hoert-auf-euch-wie-ein-andenken-zu-behandeln-esst-leckeres-essen-spaziert-in-der-sonne/. Zugegriffen am 10.10.2018

„Keiner von uns kommt lebend hier raus. Also hört auf, Euch wie ein Andenken zu behandeln. Esst leckeres Essen. Spaziert in der Sonne. Springt ins Meer. Sagt die Wahrheit und tragt Euer Herz auf der Zunge. Seid albern. Seid freundlich. Seid komisch. Für nichts anderes ist Zeit."

Sir Anthony Hopkins (Weise Wortwahl 2018)

Inhaltsverzeichnis

1	**Zwischen Himmel und Hölle im Vertrieb**	1
1.1	Von himmelhochjauchzend bis zu Tode betrübt	3
1.2	Die Rolle des Vertriebsleiters	12
1.3	Wo ist Ihr Plan?	15
	Literatur	19
2	**Glück und Erfüllung im Vertrieb**	21
2.1	Was ist Glück?	22
2.2	Warum die alten Führungsmethoden ausgedient haben	28
2.3	Warum Leader den Glücksimpuls setzen müssen	32
2.4	Wie Sie die (Vertriebs-)Kraft der Charakterstärken erkennen und gezielt einsetzen	37
	2.4.1 Charakterstärken	39
	2.4.2 Werte	44
2.5	Wie „Flow" im Vertrieb entsteht	45
2.6	„Warum": Die Frage nach dem Sinn	57
	2.6.1 Leistung und Arbeit	59
	2.6.2 Selbsttranszendenz	60

2.6.3 Religion und Spiritualität ... 64
2.6.4 Gelingen ... 65
2.7 Wie die Vertriebskraftkette wirkt ... 68
Literatur ... 75

3 STAKKATO für Feuer im Vertrieb – das Was, Warum und Wie ... 77
3.1 ST: Starke *St*rategie statt blinder Aktionismus ... 79
    3.1.1 Die Vertriebsstrategie: Der Schlachtplan ... 85
    3.1.2 Der Vertriebsstrategie-Workshop: So entsteht der Schlachtplan ... 86
    3.1.3 Vertriebsziele: Nackte Zahlen sind nicht sexy ... 91
    3.1.4 Feuer im Herzen: Die persönliche Lebensstrategie ... 99
    3.1.5 Entscheidungspower: Vertrieb als interner Game Changer – Bittsteller oder Bestseller? ... 119
    3.1.6 Feuerwehr, Fußball und Vertrieb: „Brennende Mannschaften" führen ... 122
    3.1.7 17 Tipps, was Sie von Kloppo & Co. lernen können ... 128
3.2 AK: *Ak*tivieren durch Zukunftsstorys statt „Death by PowerPoint" ... 141
    3.2.1 Verbrennen Sie lieber Präsentationsfolien statt Deckungsbeitrag: Das perfekte Vertriebsmeeting ... 143
    3.2.2 Experteninterview – so erzählen Sie packende Storys, die mitreißen ... 156
3.3 KAT: *K*raft *a*us *T*raining statt „sie wollen, können aber nicht" ... 158
    3.3.1 Checken Sie, wo Ihre Kameraden stehen: Die Verkäuferleistungskurve ... 160
    3.3.2 So steigern Sie die Anziehungskraft für die Besten der Branche ... 165
    3.3.3 Bedarfsorientiertes Training ist wie schwimmen – wer damit aufhört, geht unter ... 169

3.4 O: *Organisation* – funktionieren statt hyperventilieren 174
    3.4.1 Klarheit und Verbindlichkeit bei internen Abläufen 174
    3.4.2 Buzzwords Digitalisierung, Social Media & Co.: Experteninterview mit Felix Beilharz 178
Literatur 182

4 **Und jetzt kommen Sie!** 185
    4.1 Anleitung zum Scheitern: 20 Regeln, die Sie befolgen sollten, damit STAKKATO auf keinen Fall funktioniert 185
    4.2 STAKKATO: Die Power von zehn Kraftwerken für Ihre ersten Schritte 190
Literatur 192

Über den Autor

Stephan Kober ist selbstständiger, Vortragsredner, Vertriebstrainer und Silber-Preisträger des Europäischen Preises für Training, Beratung und Coaching 2015/2016 (BDVT). Zu seinen Kunden zählen Mittelständler, Weltmarktführer sowie TecDAX-Unternehmen. Er hat zwei akademische Abschlüsse (Betriebswirt/VWA und Master of Business Administration an der University of Surrey). Zudem ist er bei der Freiwilligen Feuerwehr tätig, üblicherweise auf der Position des „Angriffstruppführers" – was seine Kunden, Zuhörer und Leser bei seiner Tätigkeit als Key Note Speaker, Vertriebstrainer und Autor auch spüren. Was er ehrenamtlich löscht, entzündet er im Vertrieb: Feuer!

Kontakt:
  E-Mail: sk@koberaktiviert.de
  www.koberaktiviert.de

1

Zwischen Himmel und Hölle im Vertrieb

Zusammenfassung Ich nehme Sie mit auf eine kleine Reise durch das Leben im Vertrieb und wir sehen uns die raue Realität etwas genauer an. Sie können selbst testen, wie Sie auf gewisse Begriffe aus dem Vertriebsalltag reagieren und ob Sie Parallelen zu Ihrem Vertriebsleben erkennen. Sie lernen, welche enormen Effizienzeffekte im Vertrieb erreicht werden können, wenn man einige grundsätzliche Dinge auf den Prüfstand stellt und warum Sie verdammt stolz sein können, im Vertrieb zu arbeiten. Zudem werden Sie erkennen, welche Parallelen zwischen exzellenten Vertriebschefs und Löschzugführern bestehen und was das mit dem Chef des „A-Teams" zu tun hat.

Ich bin Vertriebstrainer und Redner, trainiere Weltmarktführer und TecDAX-Unternehmen. Ich beschäftige mich also mit Menschen, die in diesem schwarzen Loch eines Unternehmens, mit dem keiner etwas zu tun haben möchte, arbeiten. Man könnte annehmen, das Wort „Vertrieb" hätte etwas mit „vertreiben" zu tun. Warum? Ganz einfach, weil man als Vertriebler so behandelt wird, als würde man alle anderen Leute im Unternehmen nie vernünftig arbeiten lassen:

- Das beginnt meistens bei den *internen Sachbearbeitern*, die nicht dem Vertrieb angehören. Die rollen schon mit den Augen, wenn der Verkäufer wieder einen größeren Auftrag reingeholt hat, der einmal mehr nicht dem Standard entspricht. Dabei kann es doch eigentlich gar nicht so schwer sein, sich endlich an die bekannten Prozesse und Regularien zu halten, oder? Das müsste doch auch der Vertrieb verstehen. Nein, der Kunde braucht immer eine Extrawurst und der Verkäufer wirft alle Prozesse durcheinander, nur um es ihm recht zu machen.
- Das geht bei der *Produktion* weiter. Meine Güte, wenn mal ein Liefertermin nicht eingehalten wird, so schlimm kann das doch nicht sein. Aber mit schöner Regelmäßigkeit flippt der Verkäufer aus, wenn Liefertermine „gerissen" werden. Die Produktionsverantwortlichen können doch nicht hexen!
- Nichts anderes gilt in der *Entwicklung* – der Vertrieb verkauft schließlich nie das, was gerade da ist. Es müssen immer irgendwelche außergewöhnlichen Dinge mit eingeplant, drangebaut oder weggelassen werden. Ja, der Vertrieb lässt sich buchstäblich vom Kunden auf der Nase herumtanzen – und tut nichts dagegen!
- Auch das *Controlling* hat allen Grund zur Klage: Ständig nörgelt der Vertriebler an der Kalkulation herum. Er könne den Deckungsbeitrag nicht mehr nachvollziehen. Warum lässt der Vertriebler nicht einfach mal die Zahlen in Ruhe und arbeitet mit dem, was ihm vorgegeben wird? Das Controlling weiß in der Regel doch ohnehin deutlich besser als jeder andere, was auch zukünftig an Umsatz generiert wird. Das zeigt sich bei jeder Umsatzbudgetbesprechung. Üblicherweise gibt der Vertrieb eine Umsatzeinschätzung für die nächste Periode ab … und das Controlling setzt immer noch einen drauf. Und mit schöner Regelmäßigkeit beschwert sich der Vertrieb dann auch noch, dass diese Planzahlen nicht passen.

Ja, mit solchen „Vertriebsleuten", Führungskräften und Verkäufern, arbeite ich. Wissen Sie was? *Darauf bin ich verdammt stolz!* Warum?

1 Zwischen Himmel und Hölle im Vertrieb

> **Wort-Melder**
> Der Vertrieb ist *die entscheidende Abteilung* in jedem Unternehmen! Hier wird die Existenz der kompletten Organisation gesichert – jeden Tag.

Das ist der Zeitpunkt in Vorträgen, an dem ich aufpassen muss. Denn wenn ich nicht gerade vor und zu Vertriebschefs und Verkäufern spreche, werden jetzt verbale Tomaten und Eier auf mich geworfen. Doch aufgepasst: Ich rede nicht von wichtigen oder unwichtigen Abteilungen, ich rede von *der entscheidenden* Abteilung. Ich hoffe, dass jede Abteilung in Ihrem Unternehmen eine hohe Bedeutung und Wertigkeit hat. Aber der Vertrieb ist und bleibt die entscheidende Abteilung, denn da entscheidet der Kunde, ob Ihr Unternehmen Marktführer, Mittelmaß oder marode ist. Dazwischen gibt es nichts.

1.1 Von himmelhochjauchzend bis zu Tode betrübt

Wer im Vertrieb arbeitet, der kennt alle Seiten der Gefühlswelt. Von himmelhochjauchzend bis zu Tode betrübt ist alles dabei. Diese emotionale Achterbahnfahrt erleben Vertriebsleiter ebenso wie Verkäufer. Sehen Sie sich die folgenden Beispiele an, in denen Sie Ihren Alltag wahrscheinlich wiedererkennen.

> **Beispiel**
> Dies ist die Aussage eines meiner Trainingsteilnehmer aus einem mittelständischen größeren Unternehmen:
> „Verdammter Mist, Stephan, das glaubst du mir nicht. Ehrlich nicht. Ich kann es nicht mehr hören, nicht mehr sehen, ich will nicht mehr. Jeden Tag rufen Kunden an, ich mache – wie wir es trainiert haben – Neukundenakquise … und intern lässt man mich am ausgestreckten Arm verhungern.
> Weißt du, wie das hier ist? Hör mir jetzt *genau* zu: Wenn ich einen Auftrag an Land gezogen habe und ihn in die Zentrale schicke, dann ist das, als ob ich einen großen Stein in einen Teich werfe. Er schlägt erst große

> Wellen und dann passiert … *nichts*. Ich muss mich um jeden Mist selber kümmern. Da denkt kein Mensch mit, der Kunde möchte Liefertermine wissen – ich kriege keine Info oder sie ist falsch. Wenn ich mit denen rede, dann ist der Effekt in etwa so, als würde ich meinem Navi widersprechen.
> Ich brauche ein neues Angebot, da der Kunde eine Änderung will. Schon sehe ich lange Gesichter. Es folgen dumme Kommentare wie: ‚ihr lasst euch vom Kunden an der Nase herumführen', ‚ihr macht auch wirklich jeden Preis mit', ‚Was macht ihr da im Vertrieb eigentlich den ganzen Tag?' und ‚Mach dir ein paar schöne Stunden und fahr zum Kunden'.
> Und wehe, ich komme mit einem Auftrag ins Haus, der nicht dem Standard entspricht. Heiland hilf, als hätte ich Frau und Kind von dieser Person gekidnappt. Ich höre dann Aussagen wie: „Verkauft doch das, was wir da haben! Was sollen immer diese Extrawürste für den Kunden?"
> Stephan, ich mache Vertrieb ja echt gerne. Ich bin auch wirklich gerne beim Kunden und selbst Neukundenakquise mache ich gerne. Aber ich habe es so satt, immer zwei Mal zu verkaufen: Erst beim Kunden, da ist es noch in Ordnung und mein Job. Aber intern, da geht das Theater erst so richtig los. Diejenigen, die noch nie selbst verkauft haben, beschimpfen den Vertrieb am lautesten. Es reicht!"

Sie sehen, mein Trainingsteilnehmer ist nicht gerade besonders enthusiastisch, weil er als Verkäufer in seinem Unternehmen als Störfaktor gesehen wird. Er bringt der Firma zwar ca. 1,5 Mio. Euro Umsatz im Jahr, muss aber Hinz und Kunz um Erlaubnis fragen, wenn es um die Entscheidung von Kleinigkeiten geht. Weil sein Chef Druck aufbaut, wenn die Zahlen nicht kommen, er aber gleichzeitig intern immer wieder von denselben Blockierern daran gehindert wird, genau diese Zahlen zu erreichen. Weil er intern nur sehr selten die Unterstützung erhält, die er bräuchte, um wirklich die Marktführerschaft zu sichern. Weil er ständig am Schreibtisch oder im Auto sitzt und sich fragt, warum diejenigen, die in der Firma arbeiten, nicht einfach ihre Arbeit machen und ihm so den Rücken freihalten, damit er den Kampf um den Kunden häufiger gewinnen kann. Er fragt sich, warum die internen Vollzeitskeptiker und hauptamtlichen Bedenkenträger mit „Herzblut" die passenden Probleme für eine Lösung finden. Abb. 1.1 bringt es auf den Punkt.

Zunächst also muss der interne Kampf intern gewonnen werden, und der ist meist intensiver als die externe Schlacht. Nicht selten bekommt

1 Zwischen Himmel und Hölle im Vertrieb 5

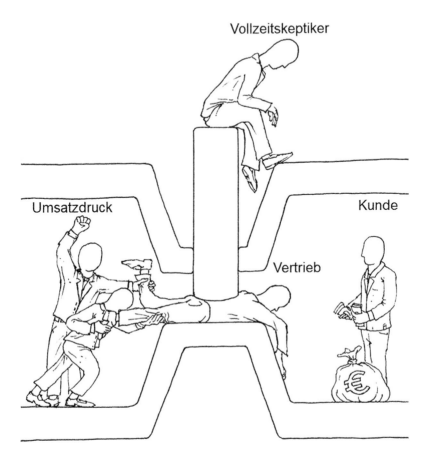

Abb. 1.1 Vertrieb versus Vollzeitskeptiker

der Verkäufer intern mächtig Gegenwind, soll aber im nächsten Augenblick vor Selbstbewusstsein strotzend Kunden begeistern und höhere Preise durchsetzen.

> **Wort-Melder**
>
> Sie möchten endlich wissen, wie man im B2B-Geschäft erfolgreich verkauft? Dann fragen Sie mal die Vollzeitskeptiker aus den „vertriebsfernen" Abteilungen, die selbst noch nie etwas verkauft haben. *Die wissen das!*

Schauen Sie sich die Produkte Ihrer Konkurrenten einmal in Ruhe an. Sind noch riesige Unterschiede zu erkennen, zumindest bei den Mitbewerbern, die in Ihrer Liga mitspielen? Oder ist es nicht eher so, dass die Unterschiede zwar vorhanden, aber nicht essenziell sind? Und wenn Sie die Website Ihrer Firma mit der Ihrer Konkurrenten vergleichen: Kann der Kunde brachiale Unterschiede erkennen? Lassen Sie mich raten: Ihre Firma spricht auf der Unternehmensseite davon, dass Sie besonders innovativ, kundenorientiert, qualitativ hochwertig agieren und absolut zuverlässig sind? Dass Ihre Firma sich voll und ganz auf den Kunden konzentriert und Kundenzufriedenheit an erster Stelle steht? Dass der „Kunde im Mittelpunkt steht"? Dass der Mensch im Mittelpunkt steht haben sich die Kannibalen auch schon gedacht – das ist nichts Neues.

Wenn in der Unternehmenskommunikation mit austauschbaren Marketingphrasen gearbeitet wird, was eher die Regel als Ausnahme ist, dann ist für den Kunden von außen kein großer Unterschied wahrnehmbar. Schauen wir uns zudem das Preisniveau der Konkurrenz in Ihrer Liga an: Sind noch 15 bis 20 Prozent Preisunterschied im Schnitt zu erkennen oder ist es nicht so, dass sich Preise und Qualität sehr ähneln?

Fassen wir zusammen: Preise ähnlich, Qualität und Produkte ähnlich, Firma (von außen wahrgenommen) ähnlich – worauf und auf wen kommt es insbesondere im B2B-Vertrieb also an? Wer muss Kunden davon überzeugen, das Produkt oder die Dienstleistung bei Ihrer Firma und nicht bei der Konkurrenz zu kaufen, am besten auch noch zu einem höheren Preis?

Klar, der Verkäufer. Derjenige, der mit der wichtigsten Stakeholder-Gruppe des Unternehmens agiert. Derjenige, für dessen Position mir gerade der Ausbildungsberuf nicht einfällt. Es gibt für Gärtner, Friseure, Maurer, Tischler, Chirurgen, Astronauten klar definierte Ausbildungen oder Studiengänge. Können Sie mir sagen, wie der Ausbildungsberuf für Verkäufer heißt? Zugegeben, meine eigene Ausbildung und die Studienabschlüsse liegen schon ein paar Tage zurück. Wenn ich allerdings eine „Jungverkäufer"-Truppe trainiere, dann sehe ich, dass sich nichts geändert hat. Und ich bitte Sie, nun nicht eine Ausbildung als Groß- und Außenhandels- oder Industriekaufmann anzuführen. Dort lernt man vieles, aber sicher nicht, wie verkaufen im B2B Umfeld funktioniert.

Es gibt also für diejenige Person, die mit den Menschen arbeitet, von denen die Existenz des Unternehmens abhängt, im Grunde keine vernünftige Ausbildung. Vielmehr heißt es oft: „Komm, du kennst dich fachlich gut aus, reden kannst du, ab in den Verkauf mit dir." Und dann werden diese Menschen zu zweitägigen *Intensiv-Power-*Trainingstagen geschickt. Das muss dann aber auch reichen, um künftig Folgendes zu schaffen:

- Bei wildfremden Menschen innerhalb von Sekunden echtes Interesse wecken.
- Sich gegen die Konkurrenz behaupten und dem Kunden klarmachen, dass man der bessere Partner ist.
- Völlig verschiedene Menschentypen differenziert so ansprechen, dass sie dem Verkäufer dauerhaft begeistert vertrauen.
- Geduld behalten beim internen Betteln und Bitten um die Unterstützung, die notwendig ist, um draußen massig Aufträge zu gewinnen.
- Sich selbst aus Motivationstiefs „herausholen".
- Trotz interner Hindernisse stets gute Laune an den Tag legen, um damit Handlungsenergie fürs Verkaufen und Akquirieren aufrechtzuerhalten.
- Alle Entscheidungsträger des Kunden im Blick haben und gleichzeitig intern die Fäden in der Hand behalten, damit größere Projekte auch funktionieren.
- Auch in Verhandlungen sicher und souverän Preise verteidigen (mit dem Gedanken im Kopf, dass es intern vermutlich wieder Theater gibt, wenn der Auftrag gewonnen wird).
- Aus dem Stegreif Präsentationen bei Kunden halten.
- Bei großen Projekten Lieferterminen intern „hinterherlaufen", damit es wirklich rund läuft.
- Fachlich immer zumindest grundlegend auf dem aktuellen Stand sein.
- Sich voll und ganz in die Perspektive des Kunden versetzen können, damit man seinen Engpass/sein Problem wirklich versteht.
- Bei Reklamationen Ruhe und einen kühlen Kopf bewahren und wissen, welche Schritte notwendig sind, um aus einer Reklamation trotzdem eine „Reklame-Aktion" für das Unternehmen zu machen.
- Gleichzeitig sich jedoch zuhause von dem ganzen Stress nichts anmerken lassen. Innerhalb von Minuten der die Kinder und den Partner über alles liebende Gatte/Vater bzw. die Gattin/Mutter zu sein, der/die im Haushalt (fast) alles reparieren und erledigen kann. Nebenbei wird

noch das Schreiben des Finanzamts beantwortet, welches gerne in sieben Tagen einen beträchtlichen Betrag an Steuernachzahlung haben möchte, weil der Verdienst bei Spitzenverkäufern eben hoch ist.

Natürlich gibt es im Vertrieb auch „solche" und „solche" Verkäufer. Solche, die den Namen auch wirklich verdienen, ackern und rackern, sich mit Zielgruppen und deren wirklichen Engpässen und Nöten beschäftigen, um daraus gute Argumente für die Neukundenakquise abzuleiten. Die, die beim Termin vor Ort im Kundenunternehmen den Kunden wirklich begeistern und verblüffen. Diejenigen, die ehrliches Vertrauen beim Kunden aufbauen und Abschlussquoten steigern – und damit auch gutes Geld verdienen. Und die anderen, die die eigene Faulheit immer mit vermeintlichen Fehlern anderer erklären. Die wirklich alles besser wissen und auf die eigene Firma schimpfen, was das Zeug hält, denn „da läuft aber auch alles schief". Das sind im Übrigen häufig diejenigen, die schon sehr lange der Firma angehören. Die gefühlt „100 Jahre Vertrieb" machen, denen man nichts mehr erzählen muss. Die, die satt sind und andere Verkäufer mit dieser negativen Attitüde oft anstecken. Oder es sind Verkäufer, die noch nie in einem anderen Unternehmen gearbeitet haben und es daher nicht zu schätzen wissen, wie gut sie es eigentlich haben. Das sind genau diejenigen, die wie die vielen „Nicht-Vertriebler" im Unternehmen gerne vergessen, dass der Kunde der Grund ist, warum die Firma besteht, und warum die Firma einen ordentlichen Teil des Geldes, das mit diesen Kunden verdient wird, an sie als Gehalt weiterreichen kann. Wie sich dieser Husarenritt im B2B-Vertrieb darstellt, sehen Sie in Abb. 1.2.

Wie viel Zeit wird in Ihrem Unternehmen damit vergeudet, dass sich insbesondere die guten Verkäufer auf Nebenkriegsschauplätzen aufhalten und sich mit Dingen wie unnützen Reportings, internen Reibereien aufgrund nicht eindeutiger Abläufe, Dummheit oder Faulheit von Sachbearbeitern beschäftigen müssen? Wenn ich meine Erfahrungen zugrunde lege, dann komme ich im Schnitt auf mindestens 30 bis 40 Prozent der Zeit eines Außendienstlers, die er mit solchen Themen verbringt. Ich habe auch schon Unternehmen kennengelernt, in denen die Quote bei 70 Prozent lag. Und wenn Sie mit einem einfachen Dreisatz ausrechnen, wie viel mehr Umsatz möglich wäre, wenn man davon

1 Zwischen Himmel und Hölle im Vertrieb

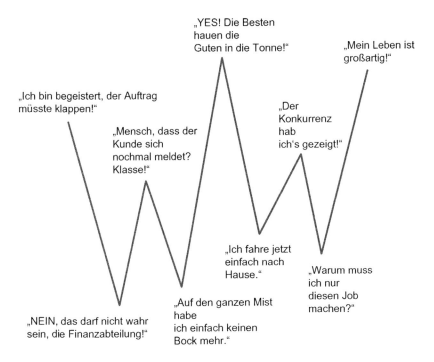

Abb. 1.2 Das Leben des Verkäufers

wiederum nur ein Drittel der Zeit für das aktive Gewinnen von Neukunden und die Bestandskundenpflege nutzen könnte, wird einem ganz schwindlig.

Einsatzübung Nr. 1: Der Effizienzeffekt

Bester Übungszeitpunkt:
Immer, wenn Sie etwa drei Minuten Zeit haben.
Ziel der Übung:
Sie erfahren, welchen Effekt eine kleine Reduzierung der ineffizienten internen Abläufe hat.
Ablauf:
Wir nehmen an, Ihr Verkäufer würde derzeit 2500.000 Euro Umsatz generieren und 30 Prozent seiner Zeit mit ineffizienten internen Abläufen verschwenden. Dann sieht die Rechnung so aus:

> - Arbeitszeitverschwendung durch ineffiziente interne Abläufe: 30 Prozent
> - Anteil produktiver Arbeit: 70 Prozent
> - Umsatz des Verkäufers pro Jahr: 2.500.000 €
>
> Nehmen wir an, dass Sie mit den in diesem Buch dargestellten Konzepten und Methoden die interne Arbeitszeitverschwendung durch ineffiziente interne Abläufe um nur ein Viertel senken könnten, dann käme Folgendes dabei heraus:
>
> - Arbeitszeitverschwendung durch ineffiziente interne Abläufe: 22,5 Prozent
> - Anteil produktiver Arbeit: 77,5 Prozent
> - Umsatz des Verkäufers pro Jahr: ca. 2.750.000 €
>
> Das bedeutet: 10 Prozent Umsatzsteigerung, ohne dass Sie auch nur eine einzige Person mehr eingestellt hätten.
> Setzen Sie nun in diesen Dreisatz Beispielumsätze Ihrer Verkäufer ein, Sie erkennen dann sofort den Effekt einer gezielten Effizienzsteigerung.

Geht nicht, sagen Sie? Zu einfach gedacht? Geht vielleicht bei anderen, aber nicht bei uns? Wir haben bei einem unserer Kunden die Zeit für die Akquise eines Neukunden um 80 Prozent gesenkt und dabei gleichzeitig die Anzahl der Neukundenkontakte vervielfacht. Dort hieß es vorher auch: „Glauben wir nicht." Das erste kleine Schritt, um aus Zweiflern Gläubige zu machen, ist, das „Was", „Wie" und „Warum" klar und gemeinsam zu erarbeiten.

- *Was* wollen wir konkret erreichen? Die gemeinsam mit den Kameraden erarbeitete Vertriebsstrategie gab klare Antworten auf die Frage, welche Zielgruppen und Kunden und welche Frühindikatoren für Umsatz erreicht werden sollten (z. B. Anzahl der Vorführungen, Höhe des Angebotsvolumens und Anzahl Neukundentermine).
- *Wie* wollen wir das erreichen? Klare Festlegung der Punkte: Wer kann bei welcher Tätigkeit seine Stärken ausleben, wer macht was bis wann und wer benötigt dazu welches Training? Wie können wir die Vertriebsstrategie mit der „Lebensstrategie" des Kameraden verbinden, um mit der Antwort auf die Frage nach dem „Warum" innere Energie zu aktivieren?

- ***Warum*** hat das Sinn? Nicht nur aus monetären Gründen, sondern wie kann die Tätigkeit mehr Erfüllung bringen?

Die Fragen nach dem Was, Wie und dem Warum finden Sie auch im Buch von Simon Sinek wieder (Sinek 2009). Die Vertriebsstrategie, die wir gemeinsam in Kap. 3 erarbeiten werden, geht deutlich weiter, denn es wird darum gehen, die Vertriebsstrategie mit der Lebensstrategie Ihrer Kameraden zu verbinden, um völlig neue Antriebskräfte zu entfalten. Folgen Sie mir einige Zeilen weiter, in der Einsatzübung 2 finden Sie genau dazu einen ersten Ansatz.

Calvin Newport, Professor an der Georgetown University, schreibt in seinem Buch „Deep Work" (2016) von einer kleinen wahren Geschichte. Er erzählt von einem Unternehmen, das beschlossen hat, nur noch vier Tage pro Woche zu arbeiten. Das bedeutet nicht, dass 40 Stunden auf vier Tage verteilt werden, sondern man arbeitet weiterhin die üblichen acht Stunden pro Tag. Nur der Kundensupport blieb fünf Tage in der Woche erreichbar. Der Effekt? Keine Veränderung. Die Firma hatte keine Umsatzeinbußen oder anderweitige Nachteile zu verbuchen. Warum? Die Beschäftigten der Firma haben sich fokussiert und konsequent alle Aufgaben, die keine „EBA" sind (**E**rfolg **b**ringende **A**ktivitäten), eliminiert. Viele Meetings sind der „EBA-Prüfung" zum Opfer gefallen. Die Frage: „Bringt mich diese Aktivität unseren Zielen näher – und wenn nein, was passiert, wenn ich es sein lasse?", brachte Klarheit in die täglichen Verhaltensweisen und Prioritäten.

Was dieser kleine Erlebnisbericht nicht analysiert: Was passiert, wenn man die Zeit nicht „nicht" arbeitet, sondern sinnvoll nutzt – wie viel mehr ist drin? Das ist natürlich von Firma zu Firma unterschiedlich. Als wir mit unserem Konzept den Silberpreis des Europäischen Preises für Training, Beratung und Coaching 2015/2016 gewonnen haben, konnten wir beweisen, dass eine Steigerung des Angebotsvolumens bei Neukunden innerhalb von sechs Monaten im mittleren sechsstelligen Bereich pro Verkäufer möglich ist. Gleichzeitig konnte die Arbeitszeit und damit die Kosten für die Akquise um 80% gesenkt werden. Doch es genügt schon, wenn Sie sich die Berechnung des Effizienzeffekts anschauen, um sofort zu erkennen, dass Zündstoff in diesem Thema ist.

1.2 Die Rolle des Vertriebsleiters

Die Perspektive des Verkäufers einzunehmen ist nicht immer leicht – weder seitens anderer Abteilungen noch seitens der Chefs, da diese notgedrungen zu oft von internen Meetings „verschlungen" werden. Es hat auch seinen Grund, dass die Chefs von Vertriebsorganisationen gutes Geld verdienen. Denn dieser Job beinhaltet Folgendes:

- Verschiedene Charaktere unter einen Hut bringen und trotzdem jeden individuell so behandeln, dass er von sich aus motiviert ist.
- Intern „Brände löschen" und gleichzeitig Schlachten gewinnen, denn sehr vielen Kollegen im Unternehmen ist nicht klar, dass der Kunde das Gehalt bezahlt.
- Trotz der Schlachten immer wieder Brücken schlagen, denn man ist auf die Unterstützung anderer Abteilungen angewiesen – und das bedeutet gleichzeitig: über seinen Schatten springen können.
- Häufig die Faust in der Tasche machen, wenn Leute über Vertrieb sprechen, die selbst noch nie etwas verkauft haben.
- Effektiv Ergebnisse bringen.
- Trotz des Drucks am besten immer gut drauf sein, denn alle anderen schauen auf einen.
- Privat auch noch Ehegatte, Freund/in, Vater/Mutter, Hausmeister, Finanzmakler und Taxifahrer sein.

> **Wort-Melder**
>
> Ein Top-Vertriebschef ist wie ein exzellenter Löschzugführer. Seine Mannschaft steht hinter ihm und er hinter seiner Mannschaft. Strategie und Einsatztaktik werden gemeinsam besprochen und beschlossen, im Einsatz wird jeder entsprechend seiner Stärken eingesetzt und es gibt klare Ansagen und zügige Entscheidungen. Erfolge werden gemeinsam gefeiert, er spart nicht mit ehrlicher Anerkennung. Jeder hat eine klare Antwort darauf, *warum* er sich mit voller Kraft einsetzt.

Was glauben Sie, wie die Reputation des Vertriebschefs sich verändert, wenn er durch die „Hölle der Veränderung" gegangen ist, interne

Widerstände gebrochen hat, sich für seine Leute eingesetzt hat und schon auf dem Weg zum Ziel klar wird, dass er recht hatte? Dass der Weg und die Aufwände für die Veränderung sich gelohnt haben und dies allen klar wird? Das ist gut zu vergleichen mit dem Löschzugführer, dessen Kameraden nach einem erfolgreichen, aber gefährlichen Einsatz zwar erschöpft, aber gesund, stolz und mit einem erfüllten Gefühl wieder ins Feuerwehrhaus „einrücken". Manches Mal kommt das regelrecht einem Heldentum gleich. Wie oft sagen mir Verkäufer, dass sie ihren Chef enorm wertschätzen, wenn sie sehen, dass sich dieser intern für sie einsetzt. Das kann sich in viele Dingen äußern – sich für die Weiterbildung einsetzen, neue Befugnisse erhalten, gegen Anfeindungen aus anderen Abteilungen in Schutz nehmen. Damit zahlen Sie positiv auf das „Beziehungskonto" zwischen Chef und Kamerad ein (Covey 2014).

Sorgen Sie dafür, dass Logistik, Produktion, Service und alle anderen Bereiche, die dafür sorgen müssen, dass der Kunde begeistert ist, mitziehen, indem Sie sie bei der Erarbeitung der Vertriebsstrategie möglichst mit einbeziehen. Für Eilige fasse ich hier eine Expressversion zusammen, an welchen Fragen Sie sich zunächst selbst orientieren sollten.

Einsatzübung Nr. 2: Vertriebsstrategie „quick and dirty"
Bester Übungszeitpunkt:
Sie reservieren sich an einem gewöhnlichen Arbeitstag eine Stunde morgens, bevor das übliche „Spiel" beginnt.
Ziel der Übung:
Sie haben im ersten Schritt mehr Klarheit für sich selbst bezüglich der Vertriebsstrategie – und können im zweiten Schritt Ihre Kameraden und andere Bereiche mit einbeziehen.
Ablauf:
Sie lassen sich in den folgenden 60 Minuten von nichts und niemanden stören. Ihre Assistenz ist informiert. Das Mailprogramm ist geschlossen, an Ihrer Bürotür ist ein entsprechender Hinweis (das ist notwendig!). Telefonate werden umgeleitet, das Handy ist außer Sichtweite. Ihr Internetbrowser ist geschlossen.

- Sie öffnen entweder eine „Mindmap" (Anbieter: Mindmeister, Mindjet, mind-map-online) oder schlicht ein Word Dokument.

- Sie schreiben nun ein großes „Was" in die Mindmap bzw. ins Word Dokument. In den nächsten 20 Minuten schreiben Sie alles auf, was Sie mit Ihrem Vertrieb erreichen möchten. Die nackten Zahlen sind schnell notiert, was ist es noch? Sie nehmen an, dass Sie Ihre Kameraden entsprechend Ihrer Stärken strategisch sinnvoll einsetzen konnten und die mit Elan bei der Sache sind. Wichtig ist, dass Sie 20 Minuten durchschreiben, hören Sie nicht auf. Es mag sein, dass Ihnen das zunächst seltsam vorkommt, das macht nichts. Wenn Sie in Eile den älteren Herrn mit Hut im Auto vor Ihnen an der grünen Ampel anschreien, ist das auch seltsam, Sie machen es trotzdem. Nur ist das „Seltsame" in dieser Übung enorm sinnvoll, Sie werden staunen, was alles dabei herauskommt. Verbannen Sie Denkrestriktionen, alles ist erlaubt, die Gedanken sind frei. Lassen Sie auch auf den ersten Blick unsinnig erscheinenden Gedanken zu und schreiben Sie sie auf. Die Wirkung dieses „expressiven Schreibens" ist wissenschaftlich untersucht (Blickhan 2015), darauf kommen wir im Abschn. 3.1.4 im Video Nr. 2 noch zu sprechen.
- Das gleiche Spiel machen Sie mit dem „Warum". Warum möchten Sie das erreichen? Wieder schreiben Sie „drauflos", wie eben beschrieben.
- Schließlich wiederholen Sie die Übung mit dem „Wie". Wie möchten Sie das erreichen, welche Mittel und Wege gibt es?
- Nach den drei Mal 20 Minuten legen Sie den Text beiseite und lassen ihn ein paar Tage liegen. Dann lesen Sie ihn noch einmal durch und entscheiden, welche Punkte gut sind und weiter forciert werden sollten.

Üblicherweise werden diese ersten Erkenntnisse dann in den vollständigen Vertriebsstrategie-Workshop eingebaut, welchen wir in Abschn. 3.1.2 intensiv behandeln werden. Dort werden dann auch alle relevanten Kameraden aus dem Vertrieb und „vertriebsferne" Bereiche einbezogen.

Wenn wir schon beim „Warum" sind: Was glauben Sie, antworten Ihre Kameraden, wenn der Kunde sie fragt, warum sie bei Ihrem Unternehmen kaufen sollten? Natürlich ist diese Frage je Zielgruppe, die Sie bedienen, unterschiedlich zu beantworten. Meine Erfahrung ist: Selbst gestandene Verkäufer gelangen bei der Frage regelmäßig ins Schwadronieren – nicht selten denke ich mir dann: „Weck' mich, wenn's vorbei ist." Ich befürchte, dem Kunden wird es ähnlich gehen. Nicht jeder Kunde stellt die Frage explizit, latent ist sie allerdings stets im Kopf Ihres „externen Geldgebers".

Tipp: Üben Sie mit Ihren Kameraden den „Kundensynapsenaktivierer" (KUSA). Er bringt sofort auf den Punkt, warum der Kunde bei Ihnen kaufen sollte.

Der *Aufbau des KUSA* gestaltet sich so:

- Wer
- macht was,
- um was zu erreichen (was möchten Entscheider der Zielgruppe unbedingt erreichen)?

Hier sehen Sie den KUSA an meinem Beispiel meiner Tätigkeit als Keynote Speaker:

- Kober (*Wer?*)
- aktiviert Herz und Hirn der Zuschauer und entfacht ein Verlangen, sofort nach dem Vortrag in die Umsetzung der neuen Erkenntnisse zu gelangen *(Macht was?)* konstruiert mit Unternehmen den wirkungsvollsten Vertriebsschlachtplan und sorgt mit für dessen Umsetzung ohne Ausreden (*Macht was?*),
- um das Event für den Veranstalter und das Publikum zu einem wahren Erlebnis werden zu lassen.(*Um was zu erreichen?*).

Der KUSA muss je Zielgruppe erarbeitet werden. Versetzen Sie sich dabei in die Lage der Entscheider der Zielgruppe – Sie müssen die Perspektive bzw. die Rolle wechseln. Die Kameraden müssen den KUSA verinnerlichen – er muss verinnerlicht werden und in jeder Situation parat sein.

Eine ausführliche Schritt-für-Schritt-Anleitung zur Erstellung einer Vertriebsstrategie, die die Kameraden mitreißt, erhalten Sie in Kap. 3. Die Anwendung im rauen Vertriebsumfeld funktioniert pragmatisch und bringt messbare Ergebnisse, mehr Erfolg und Erfüllung. Allerdings sind dazu einige Grundlagen über unsere Denkvorgänge wichtig. Kommen Sie mit, wir gehen der Reihe nach vor.

1.3 Wo ist Ihr Plan?

Prüfen Sie doch in Ihrem Unternehmen einmal, was Ihre besten Verkäufer Ihnen auf folgende Frage antworten: „Wie sieht die aktuelle Vertriebsstrategie unseres Unternehmens aus?" Ich wette mit Ihnen, dass die Antworten sich größtenteil nicht mit dem decken, was Sie als Strategie im Kopf haben.

Im Vertrieb keine klare und allgemein akzeptierte und verstandene Strategie zu haben, bedeutet ähnlich clever vorzugehen wie der Pilot, der auf die Frage „Wo hin fliegen Sie denn heute?" antwortet: „Keine Ahnung, wir geben erst einmal Vollgas und dann Richtung Osten."

Wenn Sie mit dem Auto zu einem Neukundentermin fahren, nehmen Sie dann das Navi oder fahren Sie „frei Schnauze"? Ich nehme an, Sie fahren per Navi. Warum eigentlich? Ich vermute, Sie haben keine Lust, viel Zeit auf Deutschlands Straßen zu verschwenden. Sie möchten auf schnellstem Weg ans Ziel gelangen, nicht wahr? Es ist nichts anderes als eine kleine Strategie, um mit den notwendigen und den derzeit vorhandenen Ressourcen ein bestimmtes Ziel zu erreichen.

Wenn Sie samstags in den Baumarkt fahren, um einige Kleinigkeiten zu kaufen, legen Sie sich dazu eine Liste an – entweder im Kopf, auf dem Handy oder auf einem Zettel? Auch hier machen Sie sich einen Plan. Das bedeutet, dass wir uns für jede Kleinigkeit im Leben einen Plan zurechtlegen. Mal ganz am Rande gefragt: Wie gut planen Sie Ihr Leben?

Wenn Sie mir jetzt ein kleines bisschen vertrauen, dann kommen Sie mit auf eine kurze Reise. Lesen Sie sich den kommenden Absatz durch, und danach schließen Sie Ihre Augen und lassen das Revue passieren, was ich hier geschrieben habe.

Einsatzübung 3: Das 90-jährige Ich

Bester Übungszeitpunkt:
Am Wochenende, wenn Sie eine Stunde für sich haben.
Ziel der Übung:
Sie haben einige Ihrer Wünsche und Träume vor Ihrem geistigen Auge visualisiert.
Ablauf:
Stellen Sie sich vor, Sie seien 90 Jahre alt. Sie sitzen in einem gemütlichen Schaukelstuhl auf Ihrer Veranda und blicken auf Ihr Leben zurück.

- Was möchten Sie alles erlebt, gekauft, gemacht, gefühlt haben?
- Mit wem wollen Sie das erlebt haben?

- Welche Erinnerungen würden Ihr Herz auch noch Jahre später höherschlagen lassen?
- Was würde Ihre Augen leuchten lassen?

Geben Sie sich für die Beantwortung dieser Frage ein paar ruhige Minuten Zeit. Machen Sie sich dazu gerne ein paar Notizen – Stichworte reichen völlig aus. Geben Sie Ihrem Unterbewusstsein zeitlich eine Chance, die Antworten preiszugeben. Also, gönnen Sie sich nun eine Lesepause und denken Sie darüber nach (Kaffee oder Tee holen, ans Fenster stellen, tief durchatmen hilft dabei). Schreiben Sie Stichpunkte auf, bevor Sie weiterlesen.

Na, lesen Sie trotzdem jetzt schon weiter? Ich kenne das Problem. Legen Sie in diesem Fall nach der Lektüre einen Termin in Ihrem Kalender fest, wann Sie diese Übung durchführen. Dann malen Sie sich vor dem geistigen Auge ein klares Bild, wie es aussieht, wenn Sie dieses Ziel erreicht haben, wenn der Wunsch in Erfüllung gegangen ist. Machen Sie das Bild größer und bunter. Hören Sie auch etwas? Riechen Sie etwas?

Sie haben diese kleine Übung dann erfolgreich durchgeführt, wenn Sie bei den Gedanken an diese Dinge, Erlebnisse und Erinnerungen ein leichtes Lächeln im Gesicht verspüren.

Für alle Vollzeitskeptiker: Nein, wir verfallen nicht in die Esoterik. Wer diese Methode verstanden hat, der weiß, dass er sich selbst und seine Kameraden maximal motivieren kann, wenn die eigenen Wünsche und Träume vor dem geistigen Auge klar geworden sind.

Auch wenn ich nun wirklich kein Planungsfreak bin, der alles minutiös durchplant, so behaupte ich doch steif und fest, dass wir prinzipiell zu wenig vordenken und zu wenig planerisch vorgehen. Das gilt für das eigene Leben, denn die Wenigsten haben eine Antwort auf die oben gestellten Fragen. Dies gilt genauso für das Unternehmen im Speziellen für den Vertrieb. Wir planen also viele Kleinigkeiten, aber den großen Wurf überlassen wir mehr oder minder dem Zufall. Umso erstaunlicher ist es, dass so unglaublich viele Unternehmen keine Vertriebsstrategie haben. Und wenn sie eine haben, schlummert sie friedlich in irgendwelchen verstaubten PowerPoint-Präsentationen – die einmal beim jährlichen Vertriebsmeeting aktualisiert wird. Dazu möchte ich Ihnen ein kurzes Erlebnis aus der Praxis erzählen.

> **Beispiel**
>
> Der Vertriebsleiter einer meiner Kunden hatte es versäumt, die aktuelle Version der Präsentation für das bevorstehende Vertriebsmeeting auf sein Notebook zu laden. Das Vertriebsmeeting fand etwas weiter entfernt von der Zentrale in einem schönen Hotel statt.
> Er sagte zu mir: „Herr Kober, ich kann Ihnen sagen, da ist mir das Herz in die Hose gerutscht, als ich gemerkt habe, dass ich nur die alte Version aus dem Vorjahr dabeihatte."
> Ich meinte: „Das kann ich mir vorstellen. Was haben Sie dann gemacht?"
> Er: „Nun, ich habe die Präsentation aus dem Vorjahr genommen. Und wissen Sie, was passiert ist?
> Ich: „Nein, woher auch?"
> Er: „Nichts! Es hat niemand gemerkt."

Diese kleine Anekdote bringt das Drama bezüglich üblicher Vertriebsmeetings auf den Punkt. In Abschn. 3.2.1 zeige ich Ihnen, warum Sie die Präsentationsfolien Ihrer bisherigen Vertriebstagungen „verbrennen" sollten.

Stellen Sie die oben genannte Frage „Wie sieht unsere aktuelle Vertriebsstrategie aus?" Ihren zwei besten Verkäufern, und Sie werden sehen, wie viel von dem, was Sie mal vielleicht irgendwann irgendwo präsentiert haben, auch tatsächlich bei Ihren Kameraden angekommen ist. Wenn die Antwort nicht klar und deutlich ist, dann können Sie sicher sein, dass kaum jemand strategisch klug und taktisch sinnvoll vorgeht, um Ihre Vertriebsziele zu erreichen. Sie werden erfahren, wie es mithilfe des STAKKATO-Modells gelingen kann, den Graben zwischen Chefetage und den Kameraden im Kundeneinsatz zu schließen und wie die Strategie mit brennendem Engagement umgesetzt wird. Das bedeutet überspitzt ausgedrückt: Wenn ich nachts um 4:00 Uhr an der Bettkante einer Ihrer Kameraden aus dem Vertrieb stehe und ihn unsanft wecke, dann müssen die drei wichtigsten Vertriebsziele und für ihn relevanten Maßnahmen sofort präsent sein. Denn nur dann sind die Ziele unterbewusst verankert und er handelt von sich aus danach, und zwar motiviert! Wenn die Strategie gut ist und sie konsequent umgesetzt wird, werden Kunden Sie enorm wertschätzen und der Mitbewerb wird sich verwundert fragen, warum bei Ihnen so viel funktioniert. Also: Steigen Sie ein in unser Einsatzfahrzeug, los geht die Fahrt!

Einsatz-Bericht

Erkenntnisse aus dem Einsatz:

- Das interne Standing des Vertriebs ist meist nicht dort, wo es sein sollte.
- Schon die geringfügige Reduzierung der Arbeitszeitverschwendung und eine kleine Steigerung der Arbeitseffizienz bringen enorme Ergeb-niszuwächse.
- Nur sehr selten ist eine Vertriebsstrategie vorhanden, die von denjenigen, die sie umsetzen sollen, verstanden und verinnerlicht ist.
- Die Ausbildung der Verkäufer fürs „Verkaufen" und ein strategisch sinnvolles Vorgehen sind häufig nicht ausreichend.

Wie bedeutet dies für Ihren Einsatz?

- Seien Sie sich bei allen internen Widerständen im Klaren: Der Vertrieb ist die entscheidende Abteilung in jedem Unternehmen. Punkt. Das soll nicht arrogant wirken, sondern dafür sorgen, dass Sie intern die entsprechenden Maßnahmen durchsetzen wollen und können, um den Vertrieb zu optimieren.
- Für Vertriebschefs und solche, die es werden wollen, gilt: Denken Sie an Ihre „Löschzugführer"-Rolle.
- Testen Sie, wie gut Ihre Kameraden die aktuelle Vertriebsstrategie kennen, indem Sie Ihren besten Verkäufern die Frage stellen: „Wie sieht unsere aktuelle Vertriebsstrategie aus?" Zügeln Sie Ihre Erwartungen, das dämpft die Enttäuschung.
- Beachten Sie die enormen Effekte, die entstehen, wenn es gelingt, nur einen Teil der Ineffizienz zu „killen".
- Sorgen Sie dafür, dass Ihr nächstes Vertriebsmeeting derart beeindruckt, dass Ihre Kameraden unbedingt zu Hause erzählen wollen, was passiert ist. Impulse dazu finden Sie in Abschn. 3.2.1.

Literatur

Blickhan D (2015) Positive Psychologie. Junfermann, Paderborn
Covey S (2014) Die sieben Wege zur Effektivität. Gabal, Offenbach
Newport C (2016) Deep work. Piatkus, London
Sinek S (2009) Start with why. Penguin, New York

2

Glück und Erfüllung im Vertrieb

Zusammenfassung Alle Welt spricht von Glück. Was ist überhaupt die Definition von Glück? Was bringt es Ihnen im Privat- und Berufsleben? Wie können Sie aktuelle Erkenntnisse der Wissenschaft pragmatisch in das (Vertriebs-)Leben integrieren und Ihr persönliches Glücksempfinden sowie das Ihrer Kameraden steigern? Weshalb reichen die bekannten Methoden nicht mehr aus, um vertriebsseitig Ergebnisse weit über dem Marktdurchschnitt zu generieren? Warum sind Feuerwehrleute sehr häufig (ca. 900.000 Freiwillige Feuerwehrleute in Deutschland) sogar unentgeltlich derart leidenschaftlich im Einsatz, und wie können Sie dieses innere Feuer im Vertrieb entfachen? Warum es sich im Ergebnis lohnt, sich speziell mit Glück im Vertrieb zu beschäftigen – dazu lernen Sie hier die Grundlagen kennen.

Elektronisches Zusatzmaterial Die elektronische Version dieses Kapitels enthält Zusatzmaterial, das berechtigten Benutzern zur Verfügung steht https://doi.org/10.1007/978-3-658-26526-7_2. Die Videos lassen sich mit Hilfe der SN More Media App abspielen, wenn Sie die gekennzeichneten Abbildungen mit der App scannen.

© Springer Fachmedien Wiesbaden GmbH, ein Teil von Springer Nature 2019
S. Kober, *Feuer und Flamme für den Vertrieb*,
https://doi.org/10.1007/978-3-658-26526-7_2

2.1 Was ist Glück?

Liebe Leser, ich denke es ist in der Zeit, dass auch in diesem Buch ein bekannter Philosoph zitiert wird. Das gehört doch irgendwie zur guten Etikette. Schon Aristoteles sagte: „Glück ist die Bedeutung und der Sinn des Lebens, das Ziel der menschlichen Existenz." Das klingt doch prima. Wenn man sich nun noch die Gesichter der anwesenden Kameraden in wöchentlichen Vertriebsmeetings und Besprechungen anschaut oder die Mienen der Zuhörer auf der jährlichen Vertriebstagung oder generell bei internen Meetings, dann kann man schon den Eindruck gewinnen, dass da in Bezug auf das Glücksempfinden noch etwas Luft nach oben herrscht.

Wenn wir Kraft tanken wollen, müssen wir auch mal einen Schritt zurückgehen, um auszuholen – das weiß jeder erfolgreiche Elfmeterschütze. Auch jeder Feuerwehrmann, der den Befehl erhält, in ein brennendes Wohnhaus zu laufen, atmet vorher noch einmal tief durch. Deswegen: Kommen Sie mit mir auf eine kleine Gedankenreise!

Nehmen wir an, Sie wären 90 Jahre alt und an jedem Tag Ihres Lebens wären die entscheidenden Szenen gefilmt worden. Diese Clips würden zu einem langen Film zusammengefügt. Wie groß ist der Anteil der Szenen im Film, in denen Sie glücklich sind, von einem erfüllten Leben sprechen dürfen, Spaß haben und fröhlich sind? Und bei wie vielen Szenen sind Sie traurig, wütend, griesgrämig und mit negativen Emotionen beladen? Egal, wie alt Sie jetzt sind: Bis zu dem Zeitpunkt, zu dem Sie diese Zeilen hier lesen, ist der Film Ihres Lebens nicht mehr veränderbar. Aber alles, was von jetzt und heute an geschieht, liegt zum allergrößten Teil in Ihrer Hand. Sie entscheiden für den Rest Ihres Lebens darüber, wie glücklich Sie sind, wie erfüllend Ihr Job ist.

- Was ist, wenn morgen nicht *ein Tag* ist, sondern *Tag eins* eines glücklichen und erfüllteren Lebens – auch im Vertrieb?
- Wie oft haben Sie sich in den letzten sechs Monaten im Job glücklich gefühlt? Auf einer Skala von 1 (nie) bis 10 (nahezu immer): Welche Zahl notieren Sie gedanklich?
- Was müsste sich ändern, damit Sie näher in die Richtung der 10 kommen?

Dass Glück und Zufriedenheit in der Arbeitswelt mit Unternehmens-Performance zusammenhängen, scheint offensichtlich zu sein. Jeder weiß das, oder? Dieser Zusammenhang ist sogar durch eine Studie der Cornell University und dem Gevity Institute (Collins 2007) belegt worden, später liefere ich Ihnen dazu konkrete Zahlen. Erschreckend ist nur, dass gleichzeitig das Gallup Institut (Nink 2016) misst, dass 85 Prozent der Arbeitnehmer in Deutschland für den Job keineswegs brennen, ja, oft sogar schon innerlich gekündigt haben, jedenfalls keine emotionale Bindung gegenüber ihrem Arbeitgeber spüren. Seit über zehn Jahren kommt das Gallup Institut in seinen Befragungen zu ähnlichen Zahlen, aber diesbezüglich bewegt sich genauso viel wie montagmorgens auf der A 45 bei Dortmund: Nichts! Dagegen habe ich etwas, das regt mich wirklich auf – die Leute vergeuden ihr Leben!

Glück im Vertrieb
Ich begegne im Vertrieb vielen Menschen, die so leben, als ob sie noch ein zweites Leben in petto hätten. Wenn ich ihnen die oben genannten Fragen stelle, blicke ich meist in erstaunte Gesichter. Dabei bildet das Folgende doch die Grundlage für ein erfülltes Leben: vom Ende her denken, und zwar in klaren Bildern: Wie soll es mal sein? Dabei gleichzeitig in der Lage sein, das „Hier und Jetzt" bewusst wahrzunehmen und dankbar zu sein. Immer nur für kurze Augenblicke ist uns klar, wie wichtig es ist, ein glückliches und erfülltes Leben zu führen, auch und insbesondere bei der Arbeit, denn dort verbringen wir geschätzt zwei Drittel des bewusst wahrgenommenen Teils unseres Lebens.

Damit Sie diese Bilanz für sich und Ihre Kameraden verbessern können, habe ich dieses Buch geschrieben. Es hat deshalb zwei Hauptziele:

- das Lebensglück aller Verkäufer und Vertriebschefs zu steigern *und*
- damit gleichzeitig die (Verkaufs-)Leistung messbar zu erhöhen – wobei die bessere Performance eine zwangsläufige Folge von Punkt 1 ist.

Mehr Glücksgefühle bedeuten mehr Handlungsenergie. Welche Kraft in Ihrem Unternehmen und auch in Ihrem Vertrieb verborgen schlummert, lässt eine US-amerikanische Studie mehr als vermuten. 3000 US-Amerikaner zwischen 25 und 75 Jahren wurden befragt. Das Ergebnis ist: Nur zwei von zehn Befragten gaben an, in einem Zustand zu leben, der sie „aufblühen" lässt. Weitere sechs von zehn gaben an, sich „mittelmäßig" zu fühlen, also weder „aufblühend" noch komplett „verkümmernd". Im letzteren Zustand befanden sich nach dieser Studie 12 Prozent (Blickhan 2015, S. 41 und Keyes 2002). Würden wir diese Erkenntnisse auf eine „Einsatzgruppe" bei der Feuerwehr übertragen, die aus insgesamt neun Feuerwehrleuten besteht, so sähe die Aufteilung bei einem Brandeinsatz mit Stichwort „Wohnungsbrand – vermisste Person" in etwa so aus:

- *Zwei Kameraden* gehen sofort, schnellstmöglich und bestens vorbereitet mit Strahlrohr und Rettungstrage in die brennende Wohnung, retten die vermisste Person, löschen das Feuer und schützen damit weitere Personen und Sachwerte.
- *Sechs Kameraden* schauen sich das Geschehen erst einmal aus sicherer Entfernung aus dem Löschfahrzeug an und warten insgeheim, dass noch weitere Einheiten anrücken … man muss ja nicht immer als Erster rein, oder? Okay, wenn der Zugführer ruft, dann machen wir das halt – aber bitte möglichst einfach und schnell.
- *Ein Kamerad* wollte schon beim Losfahren von der Feuerwache eigentlich gar nicht mit. Er hat sich nach langem Hin und Her dann „breitschlagen" lassen, aber gleich gesagt, dass ihm das heute überhaupt nicht in den Kram passt. Außerdem ist er sich sicher, dass immer nur seine Einheit die schweren Einsätze bekommt … andere hätten es da viel leichter. Darüber müsse man sprechen und sich beschweren, denn so liefe das garantiert nicht weiter!

Das, liebe Leser, ist bei der Feuerwehr *un – denk – bar*. Wenn ich mir allerdings die Einstellung von manchen Mitarbeitern anschaue – welche Ursachen das auch immer haben mag –, dann spiegelt die oben genannte Aufteilung leider allzu häufig die Realität wider.

Wir wollen in diesem Buch die aktuellen Erkenntnisse aus der Neurowissenschaft und der positiven Psychologie mit pragmatischen Methoden verbinden, die in der harten Vertriebspraxis eindeutig, schnell und einfach anwendbar sind. Wir entschlüsseln den „Glückscode" von Feuerwehrleuten, und erklären, warum sie für wenig bzw. gar kein Geld ihr Leben riskieren und trotzdem ihren Job als Berufung sehen und dann auch noch im wahrsten Sinne des Wortes feurige Leidenschaft an den

Tag legen. Wir sehen uns an, wie es gelingt, auf diese Weise mehr Vertriebskraft zu aktivieren. Mehr Freude sollen Sie haben, mehr Erfüllung spüren, Sie und Ihre Mitstreiter!

Da Sie mit dem Lesen dieses Buchs Ihre wertvolle Zeit investieren, möchte ich Ihnen die Sicherheit geben, dass diese Zeit gut investiert ist, und, wie versprochen, näher auf eine Studie der Cornell Universität in Zusammenarbeit mit dem Gevity Institut eingehen. Diese Studie fand heraus, dass Unternehmen, die unter anderem dafür sorgen, dass ihre Mitarbeiter sich am Arbeitsplatz wohl fühlen, im Durchschnitt folgende Ergebnisse erreichen (Collins 2007, S. 5):

- 22 Prozent höhere Umsatzsteigerungsraten
- 23 Prozent höhere Gewinnsteigerungsraten
- 67 Prozent geringere Fluktuation innerhalb der Mannschaft

Die Studie spricht von einem „familiären Umfeld" (dort herrscht schließlich auch nicht immer Konsens) und davon, dass die Mitarbeiter sich als Teil von etwas Größerem fühlen können. Dies führe zu einem höheren Glücksgefühl, mit den eben genannten Ergebnissen.

Also, kommen Sie weiter mit und erfahren Sie, wie auch Sie zu den genannten Ergebnissen gelangen, indem Sie dafür sorgen, dass auch Sie und Ihre Mitarbeiter sich als Teil von etwas Größerem fühlen können. Dazu gehört: Alle, die im Unternehmen aktiv mit Vertrieb und Kunden zu tun haben, sollten wissen, dass Verkaufen die Königsdisziplin ist. Und wer diese Königsdisziplin beherrscht, wird sich in der Welt der Vertriebsmarktführer, Vordenker, Macher, Um- und Durchsetzer, der Provokateure und Hartnäckigen, der Gegen-den-Strom-Schwimmer und der Visionäre bestens aufgehoben fühlen.

Welche Arten von Glück gibt es?
Der Nobelpreisträger Daniel Kahneman hat in einem Interview (vgl. Kessler 2017, S. 345) dazu gesagt, dass es zwei verschiedene Arten des Glücks gäbe:

1. gute Laune in einem bestimmten Moment oder
2. grundsätzliche Zufriedenheit mit dem Leben.

Unser Ziel ist es, beide „Glücksarten" signifikant stärker im Vertrieb zu entwickeln.

Wenn Sie nun beim Lesen den gleichen Gedanken wie ich beim Schreiben dieser Passage hatten, dann denken Sie jetzt: „Schön. Wie bekomme ich das nun in meine Vertriebsmannschaft respektive in meine tägliche Arbeit?" Mit dem STAKKATO-Model in Kap. 3 zeige ich Ihnen den Weg, Glück für die Vertriebspraxis greifbar zu machen, zu verstehen, was bei der Feuerwehr gut funktioniert und wie Sie das ganz konkret mit Ihrem Vertriebsteam in der alltäglichen Praxis Realität werden lassen können. Ich bin der festen Überzeugung, dass die Wissenschaft schon viel weiter ist mit dem, was wir anwenden könnten – wir es aber schlichtweg nicht tun. Die Ursachen dafür sind sicherlich in vielerlei Ausprägung im Alltagsstress zu finden, doch die Erkenntnisse der Forschung anzuwenden lohnt sich.

Ist das Glück Ihrer Kameraden überhaupt von Ihnen als Chef beeinflussbar? Sonja Lyubomirsky geht in ihrem Buch „The How of Happiness" (2008) auf die Frage ein, inwieweit wir Glück überhaupt beeinflussen können. Das Ergebnis ist, dass im Durchschnitt der Bevölkerung 50 % des Glücksempfindens auf genetische Voraussetzungen zurückzuführen sind. Diese sind naturgemäß nicht beeinflussbar. Nur 10 % sind von äußeren Umständen wie materiellen Dingen abhängig. Die eigene Handlung und das eigene Denken tragen zu 40 % bei. Das bedeutet, dass (im Durchschnitt) 50 % gar nicht beeinflusst werden können, 40 % dagegen sehr wohl. Nur werden sich Ihre Kameraden dieser Möglichkeiten – zum größten Teil – nicht bewusst sein. Sie als Führungskraft müssen den Impuls setzen, sonst macht es … keiner.

Warum es für alle Beteiligten lohnenswert ist, sich mit dem Thema zu beschäftigen? Es ist belegt, dass glücklichere Menschen sozial kompetenter, kooperativer, beliebter, großzügiger, flexibler, kreativer und attraktiver für andere sind. Ihre Führungsqualitäten sind besser, sie sind in Verhandlungssituationen souveräner, führen stabilere Beziehungen, sind erfolgreicher im Job und haben bessere Vorgehensweisen, mit Rückschlägen umzugehen (vgl. Blickhan 2015, S. 28).

Wenn das für Verkäufer und für Vertriebschefs kein Grund ist, sich mit diesem Thema näher auseinanderzusetzen, was dann noch? Aber aufgepasst, ich lege noch einen nach. Es gibt weitere Merkmale von glücklichen Menschen:

- Sie haben im Leben klare Ziele, bildliche Träume und Wertvorstellungen.
- Sie sind in der Lage, den gegenwärtigen Augenblick bewusst wahrzunehmen und gedanklich weniger in Vergangenheit oder Zukunft zu schwelgen.
- Sie können mit Stress viel besser umgehen.
- Sie treiben häufiger Sport.
- Sie sind Optimisten.
- Sie sind hilfsbereit und drücken anderen gegenüber ihren Dank aus.
- Sie pflegen soziale Kontakte zu Freunden und Familienmitgliedern intensiver.

Wenn Sie nun Ihre Verkäufer gedanklich durchgehen: Würden Sie bei den meisten sagen, dass zumindest drei Viertel der Punkte zutreffen? Wenn ja: Glückwunsch, darauf können wir aufbauen! Wenn nein: Glückwunsch, auch dann sind Sie hier auf dem richtigen Weg, das zu verbessern.

So weit, so gut. Und wenn ich das nun alles mit den Augen eines Vertriebsleiters lese, dann könnte ich mir vorstellen, dass Sie denken: „Das ist ja alles schön und gut" – in der Theorie. Doch wenn ich nun an den morgigen Tag denke, weiß ich jetzt schon, dass wir wieder Feuer löschen müssen und der Alltag uns auffrisst. Wenn ich meinen Verkäufern nun mit irgendwelchen Glücksthemen „um die Ecke" komme, dann werden die mich verdutzt angucken. Frei nach dem Motto: „Der Chef war wieder beim Seminar, jetzt kommen die komischen neuen Methoden. Lass ihn mal machen, der wird bald wieder normal." Ein exzellenter Vertriebschef hält diese Widerstände aus und er hält durch – genauso wie Sie beim Lesen diese theoretischen Ausführungen hinnehmen. Aber es lohnt sich, denn wir legen hier die Grundlagen für den Praxispart in Kap. 3.

In der Fachliteratur wird zwischen zwei verschiedenen Arten von Glück unterschieden:

- **Eudaimonisches Glück**: Dieses Glück wird auch Werteglück genannt. Das eudaimonische Glück entsteht, wenn die eigenen Werte berührt werden. Wenn das Individuum spürt, dass wichtige Werte erfüllt werden, dass man dazu beitragen kann, dass diese Werte auch wirklich gelebt werden. Wenn Menschen solche Gedanken durch den Kopf gehen wie „Könnte es nicht immer so sein?", wenn sie mit stolzer Brust etwas erleben, was sie erfüllt und was sie als bedeutsam erleben, dann spüren sie Werteglück. Erlebtes Werteglück hält länger an und ist intensiver als das hedonische Glück.
- **Hedonisches Glück**: Hedonisch kommt aus dem Griechischen und leitet sich aus dem Begriff „Lust" ab. Dieses Glück ist einfacher und schneller zu erreichen. Man nennt es auch das Wohlfühlglück – es ist das angenehme Leben. Es wird erreicht, wenn wir angenehme Tätigkeiten ausführen oder erleben. Das kann zum Beispiel eine Massage sein, ein Kinobesuch, Sport oder gemeinsam mit Freunden Zeit verbringen. Das Ziel von hedonischem Glück ist es, den „Schmerz" zu vermeiden und alles Angenehme zu erleben, also schnell und kurzfristig Wohlbefinden zu spüren (Blickhan 2015).

Fasst man die wichtigsten Punkte zusammen, so kann man zu folgender Definition gelangen:

> **Wort-Melder**
>
> Glück ist das Ausmaß Ihrer Zufriedenheit bezüglich Ihrer bedeutsamsten Ziele, Wünsche, Bedürfnisse und Werte verbunden mit einem möglichst intensiven Einsatz Ihrer persönlichen Stärken.

2.2 Warum die alten Führungsmethoden ausgedient haben

Lassen Sie uns zur Veranschaulichung wieder ein Beispiel aus dem Feuerwehralltag heranziehen. Stellen Sie sich diese Situation vor:

2 Glück und Erfüllung im Vertrieb

> **Beispiel**
>
> Wohnungsbrand in einem Mehrfamilienhaus, mitten in der Nacht. Der Löschzug rückt mit Sirenen und Martinshorn an. Das zuerst eintreffende Fahrzeug rückt am Einsatzort an, der Löschzugführer erkundet mit einem weiteren Kameraden nach dem Absitzen sofort die Lage. Diese ist unübersichtlich, die Flammen schlagen bereits aus einigen Fenstern, schwarzer Rauch steigt in den Himmel. Menschen laufen wild umher, rufen der Feuerwehr undeutlich etwas zu, dass da noch jemand im Haus sei.
>
> Zurück am Fahrzeug befiehlt der Löschzugführer nach dem „Absitzen" dem Angriffstrupp (ein Trupp besteht immer aus zwei Kameraden – Truppführer und Truppmann): „Angriffstrupp zur Menschenrettung mit 1. C Rohr und Tragetuch über die Haustür zur brennenden Wohnung – VOR!" Der Angriffstruppführer schaut den Löschzugführer an und erwidert ihm – etwas undeutlich durch die Atemschutzmaske: „Wenn ich jetzt in dieses brennende Haus gehe, zählt das mit in meine Provisionsregelung!?" Und er redet weiter: „Nein? Oh ... dann, na ja ich schau mal, was ich so machen kann ... versprechen kann ich aber nichts, und ich habe auch ein leichtes Ziehen im rechten Knie ..., kann das nicht jemand anders machen? Hier, Dieter, der war schon lange nicht mehr Angriffstrupp ... ich verstehe das sowieso nicht, dass immer ich als erstes rein muss. Und überhaupt ..."
>
> Kommt das bei der Feuerwehr vor? Nein, es ist *un – vor – stell – bar!* Gott sei Dank! Im Vertrieb ist das gängige Praxis. Wie viele internen Diskussionen gibt es um Zielsetzungen, ob Projekte nun in die Quote fließen oder nicht etc.?

Ich spreche nicht davon, dass finanzielle Anreize komplett ausgedient haben. Ich bin nur der festen Überzeugung, dass diese enorm einfach gestaltet werden und dem Teamgedanken Rechnung tragen müssen und dass sie alleine bei weitem nicht ausreichen, um nachhaltig Menschen zu aktivieren.

Meines Erachtens haben die bisherigen Methoden der „Belohnungssysteme" ausgedient, weil ein leistungsgerechtes Entlohnungssystem zwar notwendig, aber nicht ausreichend ist, um Glücksempfinden zu steigern und damit zusätzliche Vertriebskraft zu aktivieren. Zudem gilt: Je komplizierter das Entlohnungssystem, desto schlechter ist es. Der Verkäufer soll am Erfolg teilhaben, aber auch „bluten", wenn es nicht läuft. Aber bitte nur bei den Variablen, die er beeinflussen kann, und das sind der Auftragseingang und der Rohertrag bzw. Deckungsbeitrag. Es gibt kein System, das perfekt ist, aber gute Leistung muss auch finanziell belohnt werden.

Allerdings ist Geld oder die variable Bezahlung allein wie ein Turbolader zu sehen, der *neben* dem Auto liegt. Ohne weitere Ansätze, wie Glück oder Sinn, bringt diese Art der Entlohnung kaum langfristige Effekte. Warum das so ist? Nun, man kann es mit vier Worten zusammenfassen:

> **Wort-Melder**
> „Befriedigte Bedürfnisse motivieren nicht." (Covey 2014, S. 285)

Die Studie der Princeton University zu diesem Thema unter maßgeblicher Mitwirkung des Wirtschaftsnobelpreisträgers Daniel Kahneman kommt zu einer eindeutigen Schlussfolgerung: Ab einem Einkommen von 75.000 US-Dollar spüren Amerikaner keinen spürbaren Anstieg des Lebensglücks (Kahneman und Deaton 2010). Nach dem derzeitigen Wechselkurs sind das zwischen 65.000 Euro und 70.000 Euro Jahreseinkommen. Ein Verkäufer im deutschen Mittelstand, der im Bereich des technischen Vertriebs unterwegs ist, liegt im Schnitt in etwa bei diesem Einkommen. Das bedeutet, dass das finanzielle Bedürfnis in aller Regel befriedigt ist – und somit finanzielle Anreize nur äußerst bedingt dazu führen, den inneren Antrieb anzufeuern mit dem Ziel, smarter, cleverer, effizienter zu arbeiten um damit bessere Ergebnisse zu erreichen.

Also, was fehlt dann noch? Lassen Sie uns eine weitere Studie anschauen, die sich damit beschäftigt, zu erforschen, was „Arbeitnehmer" vom „Arbeitgeber" erwarten (s. Nink 2016; Abb. 2.1). Entschuldigen Sie, dass ich in diesem Zusammenhang noch mal den Begriff Arbeitnehmer benutze, den ich persönlich genauso unpassend wie „Arbeitgeber" empfinde. Diese aussagekräftige Studie verwendet sicherlich aus Gründen der besseren Verständlichkeit diese allgemein gebräuchlichen Begriffe.

Viele Unternehmen sind gut darin, nach Zahlen zu führen. Fragen wie: „Welches Gebiet hat welche Umsätze gemacht? Wo haben wir gewonnen, wo verloren?" – können sofort beantwortet werden. Das ist auch eine gute Basis. Allerdings gilt auch hier: Notwendig, aber nicht ausreichend. Es reicht einfach nicht aus, mit dem Verkäufer Gebiete zu besprechen und zu analysieren, wo noch Potenzial herrscht. Den Kameraden muss morgens beim Aufstehen klar sein, warum es sich lohnt, wieder an die Front zu gehen.

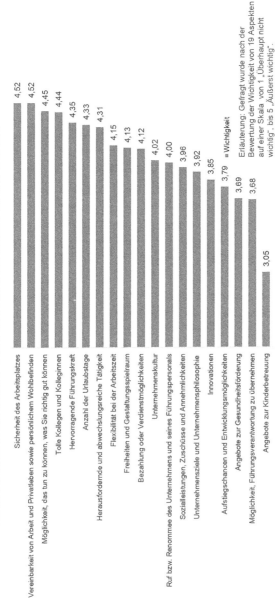

Abb. 2.1 Was Arbeitnehmer von Unternehmen erwarten. (Nink 2016; freundlicher Genehmigung von © Gallup Inc. 2019. All Rights Reserved)

2.3 Warum Leader den Glücksimpuls setzen müssen

Wer immer noch glaubt, dass man wahre Kraft im Vertrieb durch das ewige Durchwalgen von Excel – Listen entfesselt, der kann sich getrost morgens wieder das Mammutfell über die Schultern legen. Das war „früher" schon wenig wirksam, heute verpufft der Effekt komplett. „Wir müssen im Gebiet XY im Bereich unseres Portfolios ABC endlich neue Kunden gewinnen", sagt der Vertriebschef zum Außendienstler. Der hört es, nickt im Gespräch und spätestens beim Verlassen des Chefbüros geht es wieder zu den alltäglichen Problemen. Ohne Sinn und Strategie können Sie sich diese Gespräche schlicht und ergreifend sparen.

Wie bereits erwähnt, brennen 85 % der Angestellten in Deutschland nicht für ihren Job. Ich behaupte, ebenso viele befinden sich in ihrer täglichen Komfortzone. Und sie sehen auch überhaupt keine Notwendigkeit, ihre Komfortzone zu verlassen, weil sie sich gar nicht darüber im Klaren sind, was sie verpassen. Weil sie es schlicht und ergreifend nicht wissen, dass man die Intensität des eigenen Glücksgefühls zu einem beträchtlichen Teil (nämlich 40 %, s. Abschn. 2.1) selbst in der Hand hat.

Warum das so ist? Sie kennen den Spruch „Der Mensch ist ein Gewohnheitsstier". Und wenn weder ein Leidensdruck auf der einen Seite bzw. die offensichtliche Belohnung auf der anderen Seite klar ist, dann fragt sich der gemeine Homo Sapiens: „Warum sollte ich etwas ändern?"

Der deutsche Neurologe, Psychiater und Psychotherapeut Nossrat Peseschkian bietet dazu einen guten „transkulturellen" Ansatz. Dieser besagt, dass wahrgenommene Lebensqualität, geistige und körperliche Gesundheit und damit verbunden auch das Glücksempfinden durch das Balance-Modell zu erreichen ist. Er beschreibt, dass ein Gleichgewicht herrschen müsse zwischen den folgenden Bereichen (s. Blickhan 2015):

- **Körper/Sinne**: Wie Sie Ihren Körper fit halten und Ihre Sinne bewusst schärfen
- **Leistung/Beruf**: Wie Sie im Job smarter arbeiten – derselbe Aufwand mit mehr Ergebnis

- **Kontakte/Partnerschaft**: Wie Sie das Private derart gestalten, dass Sie eine erfüllende Partnerschaft und freudeschaffende Kontakte pflegen
- **Sinn/Zukunft**: Eine Antwort auf das „Warum" zu kennen. Warum mache ich das, was ich gerne tue?

Wir werden uns also damit beschäftigen, wie Sie und Ihre Kameraden diese vier Kernbereiche des Lebens aktiv positiv beeinflussen. Wenn Sie das richtig anpacken, dann wird Ihnen der Kamerad dankbar sein, dass Sie ihm die Augen geöffnet haben, welche die Hebel zu einem glücklicheren (Arbeits-) Leben sind und wie man sie zu bedienen hat.

> **Wort-Melder**
>
> Die Antworten auf das „Warum mache ich das alles?" sind die Gummibänder im Boxring des Lebens – wenn das Leben Ihnen einen Kinnhaken verpasst, befördern die Bänder Sie wieder direkt in die Mitte des Rings.

Auf dem Weg zu hohen Zielen gibt es immer tiefe Motivationstäler. Wenn ich also Rückschläge erleide, muss ich mich schnell wieder „rehabilitieren". Wenn Sie auf die entscheidenden Fragen eine klare (schriftliche) Antwort haben, werden Sie sich viel schneller von Niederlagen erholen, die unausweichlich kommen werden. Der Grad Ihrer Resilienz entscheidet mit darüber, ob Sie zu den außergewöhnlich Erfolgreichen gehören. Wenn man glaubt, man könne wirklich nicht mehr, sind meistens noch 30 % „Reservekraft" übrig. Ob Sie nun auch noch in der Lage sind, Erfolg und Erfüllung miteinander zu verbinden, entscheidet darüber, wie gut Ihre Lebensstrategie ist und wie konsequent Sie diesen Schlachtplan umsetzen. Dazu werde ich Ihnen in Abschn. 3.1.4 eine Methode anbieten, mit der Sie Ihre persönliche Lebensstrategie formulieren können – und damit auch eine Anleitung für Ihre Kameraden haben.

Wenn Sie beim Begriff „Lebensstrategie" ähnlich reagieren, wie ich das bei meiner ersten Begegnung mit diesem Wort getan habe, dann möchten Sie vermutlich dieses Buch gleich zur Seite legen. Stopp! Es handelt sich um einen glasklaren Fahrplan für Ihr Leben, mit dem Sie eindeutig definieren, welche „Rollen" Sie in Ihrem Leben einnehmen möchten, was Ihre wichtigsten Wünsche je Rolle sind, warum es sich für Sie lohnt, morgens förmlich aus dem Bett zu springen und mit welchen Aktivitäten Sie diesen Wünschen jeden Tag einen Schritt näher kommen. Mir hat diese pragmatische Lebensstrategie in allen Lebensbereichen spürbar mehr Kraft gegeben, um meine Ziele, Träume und Wünsche zu erreichen. Probieren Sie es aus, denn wenn Sie das ernst nehmen, werden Sie die Wirkung spüren. Und wenn die Lebensstrategie bei Ihnen geklappt hat, dann wenden Sie dieses Konzept bei Ihren Kameraden an.

Ich bin mir ganz sicher, dass der weitaus größte Teil Ihrer Mannschaft sich nicht mit solchen Fragen beschäftigt. Sie können Ihren Kameraden damit buchstäblich die Augen öffnen. Aber bevor ich hier schon zu weit vorpresche, lesen Sie bitte weiter bis Abschn. 3.1.4, dort steigen wir ganz konkret in die Anleitung dazu ein.

Wenn Ihre Kameraden erst einmal begriffen haben, worum es geht, wird die Loyalität zwischen Ihren Verkäufern und Ihnen enorm wachsen. Voraussetzung ist allerdings, dass Ihre Kameraden Ihnen dafür zumindest ein wenig vertrauen. Vertrauen baut sich über die Zeit mit dieser Methode auf, aber es wäre schon gut, wenn man zu Beginn in Ihnen nicht den „Beißer" aus den James Bond-Filmen sieht. Sollte dies der Fall sein, können Sie sich das ganze Unterfangen sparen und sich weiter über die hohe Fluktuation wundern.

Querdenker sind meist schlaue Köpfe. Sie holen sich neue Impulse auch aus anderen erfolgreichen Bereichen. Die Feuerwehr ist da für mich ein exzellenter Ideengeber, aber lassen Sie uns hierzu einen kurzen Blick auch auf den Fußball werfen. Leser meines Blogs wissen, dass ich sehr genau analysiert habe, wie Jürgen Klopp es schafft, aus Teams die maximale Leistung zu holen, auch wenn die Voraussetzungen alles andere als perfekt sind.

> **Wort-Melder**
>
> Jürgen Klopp war einer der ersten Trainer im Profi-Fußball, der verstanden hat, dass Erfolg im Fußball auch davon abhängt, sich den Spieler als Mensch komplett „vorzunehmen". (vgl. Honigstein 2017)

Dies bedeutet, auch die anderen Lebensbereiche außerhalb des Berufs zu betrachten. Beispielsweise hatte er mit den Spielern Mentaltraining, richtige Regeneration und Ernährung auf dem Plan (Honigstein 2017). Heute ist das im Fußball Standard, früher wurde er dafür erst verspottet, dann belächelt und dann galt er damit als Pionier.

Auch hier gilt wieder das bekannte Motto: „Eine Idee gilt so lange als verrückt, bis sie funktioniert." Beim Anwenden der Methoden aus diesem Buch wird es auch in Ihre Richtung sicherlich einige fragende Blicke geben. Halten Sie das aus – es lohnt sich.

Meine Frage an Sie ist: Wie holistisch sehen Sie Ihre Verkäufer? Sehen Sie ausschließlich die Leistungen, die im Job gebracht werden, oder haben Sie auch die anderen drei Bereiche (Körper/Sinne, Kontakte/Partnerschaft, Sinn/Zukunft) im Blick? Bieten Sie Optionen an, wie Ihre Kameraden dort wachsen können? Oder machen Sie „Mitarbeitergespräche", in denen mal über die berufliche Perspektive oder Weiterbildungsmöglichkeiten gesprochen wird, „weil es halt hier im Besprechungsbogen angekreuzt werden muss?"

Üblicherweise konzentrieren sich Chefs ausschließlich auf die Leistung im Job. Dies ist aber nur ein Viertel der Säulen, die betrachtet werden müssen, um volle psychische und physische Leistungsfähigkeit hervorzubringen (durch stärkeres Glücksempfinden und höhere Lebenszufriedenheit), s. Abb. 2.2.

> **Beispiel**
>
> Stellen Sie sich vor, Sie ständen auf einer Plattform im Meer, um Sie herum tummeln sich hungrige Haifische (fragen Sie jetzt bitte nicht, wie Sie da hingekommen sein sollen. Das gehört nicht zur Geschichte!). Die Plattform steht auf vier Holzstämmen, eine davon ist stabil. Die drei weiteren sind schon sehr morsch, und jedes Mal, wenn ein Hai einen der drei morschen Pfähle berührt, wackelt die Plattform bedenklich. Selbst die Härtesten unter Ihnen würden vermutlich sagen: „Muss ich nicht haben!" Ähnlich ist es mit dem Leben Ihrer Kameraden im Vertrieb, nur wenige kümmern sich effektiv um alle vier Säulen. Wenn wir unser Augenmerk darauf richten, dann wirkt das nicht nur in der Metapher lebensverschönernd- und verlängernd.

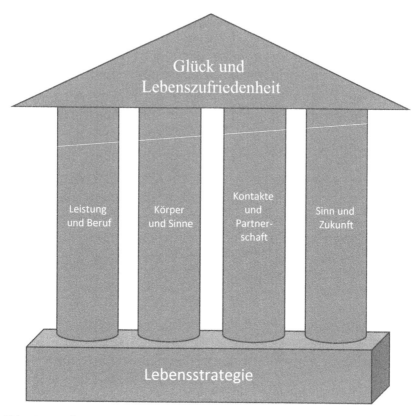

Abb. 2.2 Lebensstrategie in Verbindung mit transkulturellem Ansatz nach Blickhan

Wir werden also einen Plan entwickeln, mit dem Ihre Kameraden ein erfüllteres Leben führen können, dann haben sie daraus resultierend auch mehr Kraft für den Job.

Die oben erwähnte Gallup Studie hat schon als einen der wichtigsten Punkte herausgefunden, dass Kameraden es wertschätzen, wenn sie ihre Stärken im Job einsetzen können. Wir starten mit der Säule „Leistung und Beruf", also mit der Tätigkeit, die der Kamerad im täglichen Geschäft vollbringt. Lassen Sie uns nun gemeinsam die Kraft der Charakterstärken entdecken und schauen, wie Sie das für Ihre Kameraden, für sich selbst und für Ihr Unternehmen nutzen können.

2.4 Wie Sie die (Vertriebs-)Kraft der Charakterstärken erkennen und gezielt einsetzen

In Tausenden sogenannter „Mitarbeitergesprächen" werden jeden Tag Stärken und Schwächen besprochen. Wenn es darum geht, die Leistungsfähigkeit der eigenen Verkäufer zu steigern, interessieren mich seine Schwächen nicht. Denn um Glücksempfinden im Job zu steigern, müssen die wichtigsten Charakterstärken häufiger in der Tätigkeit eingesetzt werden – das ist der Fokus und nicht das Ausmerzen von Schwächen. Zu Beginn gilt es, dass Sie die richtige Entscheidung treffen, ob diese Person prinzipiell für die Königsdisziplin Verkauf geeignet ist oder nicht. Und diese Anforderungen sind weder unglaublich viele, noch sind sie sehr kompliziert, dennoch in der Kombination anspruchsvoll. Für den Job „Verkäufer" sind aus meiner Sicht Menschen geeignet, die

- Freude am Kontakt mit Menschen haben,
- integer sind,
- ehrliches Vertrauen aufbauen können,
- intern richtig Feuer machen können, damit Prozesse vorwärtskommen und verbessert werden,
- ein ausgeprägtes Durchhaltevermögen an den Tag legen,
- andere intern und extern mitreißen können,
- mit Widerständen und Rückschlägen umgehen können,
- im richtigen Augenblick warten und schweigen können, um beim Kunden zwischen den Zeilen zu lesen,
- den Hunger nicht nur im Magen, sondern auch im Kopf haben (Wille und innerer Antrieb, sich ständig weiter zu verbessern und zu lernen),
- enorm fokussiert auf das Erreichen gemeinsam gesteckter, sinnvoller Ziele sind.

Gehen Sie Ihre Kameraden durch und überlegen Sie, ob Sie bei zu vielen Ihrer Kameraden zu wenige Punkte ankreuzen. Dann besteht Handlungsbedarf.

> **Einsatzübung Nr. 4: Top-Verkäufer-Checkliste**
> **Bester Übungszeitpunkt:**
> Wenn Sie die Leistung Ihrer Kameraden bewerten.
> **Ziel der Übung:**
> Sie sehen übersichtlich, welcher Ihrer Kameraden Top-Eigenschaften mitbringt – und wer nicht.
> **Ablauf:**
> Laden Sie sich die Top-Verkäufer-Checkliste als Excel-Datei herunter: https://koberaktiviert.de/buch_feuer_flamme_downloads Sie können die Namen direkt eintragen und dann auswerten. Damit haben Sie sofort eine Übersicht über den aktuellen Stand in Ihrer Mannschaft bezüglich der Attribute von erfolgreichen Verkäufern im B2B-Vertrieb.

Im Verkauf begegnen mir Fehlbesetzungen deutlich zu häufig. Denn diese sind immer verbunden mit verpassten Möglichkeiten, aus Verkaufsgebieten/Regionen das Meistmögliche herauszuholen. Bei Bedarfsdeckern meldet der Kunde sich von selbst und der vermeintliche „Verkäufer" kümmert sich darum. Dagegen ist im Prinzip auch nichts einzuwenden, wenn das nicht die einzige Tätigkeit bleibt. Denn ein richtiger Verkäufer geht auch aktiv hinaus, erweitert Umsatz bei Bestandskunden und ist ständig hungrig darauf, Neukunden zu er(k)obern (verzeihen Sie mir das Wortspiel-ich konnte nicht anders). Ein richtiger Verkäufer weckt einen Bedarf.

Erschrecken Sie nicht, wenn Sie bei etlichen Ihrer Leute vielleicht ein paar Kreuzchen weniger machen müssen. Wir alle wissen, dass wir uns keine Verkäufer schnitzen können und im Grunde immer ein Mangel an guten Leuten herrscht, die bestens Bescheid über Produkt und Branche wissen und gleichzeitig Top-Verkäufer sind.

Sollte ein Verkäufer allerdings nur sehr wenige dieser Punkte erfüllen, muss man sich Gedanken machen, ob er die richtige Besetzung für das jeweilige Verkaufsgebiet ist. Was Sie in dem Fall tun sollten, lesen Sie im Abschn. 3.3.1 (s. auch Abb. 3.12). Ich empfehle „retten oder rausschmeißen".

Gehen wir erst einmal nicht vom „Worst Case" aus, sondern kümmern wir uns um die, die prinzipiell für den Verkauf geeignet sind. Wir konzentrieren uns nun voll und ganz auf die Stärken Ihrer Kameraden.

In der allgemeinen Diskussion ist für mich die Begrifflichkeit „Stärken" viel zu schwammig oder gar nicht definiert. Da wir mit den Stärken allerdings einen großen Hebel hinsichtlich Lebenszufriedenheit und Glücksempfinden haben und damit die Vertriebsperformance enorm beeinflussen können, steigen wir hier tiefer ein.

2.4.1 Charakterstärken

In Anlehnung an die Definition des amerikanischen Psychologen Robert Biswas Diener (2011) sind Stärken „persönliche, überdauernde Muster von Gedanken, Gefühlen und Verhaltensweisen" (Diener 2011). Sie sind individuell, geben Energie und ermöglichen bestmögliche Leistung. Wer sich über seine individuellen Stärken im Klaren ist, der

- hat eine deutlichere Aussprache, spricht fließender und benutzt mehr Metaphern,
- verfügt über eine ausdrucksstärke Körpersprache und Mimik,
- erzeugt eine höhere Wirkung und wird als charismatischer wahrgenommen. (Blickhan 2015, S. 155)

Das klingt doch nicht schlecht, oder?

Einsatzübung Nr. 5: Was sind Ihre Stärken?

Bester Übungszeitpunkt:
Wenn Sie 15 Minuten Zeit haben und keine wichtigen Termine mehr anstehen.
Ziel der Übung:
Sie haben Klarheit über die aktuelle Einschätzung Ihrer Stärken.
Ablauf:
Bevor wir in die Tiefen der wissenschaftlichen Grundlagen eintauchen, schreiben Sie doch bitte die Stärken auf, die Ihnen zu sich selbst einfallen. Wir vergleichen das Ergebnis später mit dem Resultat der wissenschaftlichen Vorgehensweise. Bitte notieren Sie ad hoc und ohne lange darüber nachzudenken die Stärken, die Ihnen bewusst sind.

Wenn Sie nun dieselbe Frage („Was sind Ihre Stärken?") Ihren Kameraden stellen, was glauben Sie, welche Antworten Sie erhalten? Üblicherweise erhält man meist dieselben Antworten: Zielstrebigkeit, Hartnäckigkeit, Durchsetzungsvermögen. Aber die Stärken, die sich oberflächlich aufdrängen, sind nicht das Interessante, sondern die sogenannten Charakterstärken, von denen es nach Meinung der gängigen Literatur insgesamt 24 gibt.

In der täglichen Vertriebspraxis wird dem Thema „Stärken" aus meiner Wahrnehmung viel zu wenig Beachtung geschenkt. Dass über 85 % der Arbeitnehmer in Deutschland nicht für ihren Job brennen, ist maßgeblich auch darauf zurückzuführen, dass sie ihre eigenen Stärken so wenig einsetzen können. Dieses belegt die Gallup Studie, die die in Abb. 2.3 dargestellten Ergebnisse hervorgebracht hat.

Darüber hinaus findet Gallup in einer weiteren Studie mit über 200.000 Mitarbeitern in 36 Unternehmen, dass nur 20 % der Befragten das Gefühl hatten, täglich ihre Stärken einsetzen zu können. Das Bild wurde noch schlimmer bei Mitarbeitern, die länger im Unternehmen beschäftigt waren und je weiter oben sie sich in der Hierarchiestufe befanden (Buckingham und Clifton 2002). Dies hängt damit zusammen, dass man in höheren Management-Ebenen seine Zeit tendenziell

AN DIESEN HEBELN SOLLTEN UNTERNEHMEN ANSETZEN

Die 5 wichtigsten Faktoren für emotionale Bindung …	Die 5 Faktoren mit der geringsten Relevanz für emotionale Bindung …
1. Möglichkeit, das tun zu können, was man richtig gut kann	19. Anzahl der Urlaubstage
2. Führungskraft	18. Bezahlung/Verdienstmöglichkeiten
3. Herausfordernde und abwechslungsreiche Tätigkeit	17. Angebote zur Kinderbetreuung
4. Kollegen und Kolleginnen	16. Sozialleistungen/Zuschüsse/Annehmlichkeiten
5. Unternehmensziele/Unternehmensphilosophie	15. Sicherheit des Arbeitsplatzes

Abb. 2.3 An diesen Hebeln sollten Unternehmen ansetzen. (Nink 2016; freundlicher Genehmigung von © Gallup Inc. 2019. All Rights Reserved)

viel mit administrativen (Zahlencontrolling) und internen firmenpolitischen Aktivitäten verbringt. Da bleibt häufig wenig Zeit, seine eigenen Stärken intensiv einzusetzen. Fasst man das zusammen, so kommt man zu dem Schluss, dass langjährige Führungskräfte zum großen Teil gar nicht das tun, was sie wollen und können, sondern was von ihnen erwartet und monetär vergütet wird. Das Ergebnis ist dann häufig die Krone der Erschöpfung.

Laut Daniela Blickhan, die Bezug zu Biswas Diener (Blickhan 2015) nimmt, ist folgender Grund einer der Hauptursachen, warum wir uns so wenig mit unseren Stärken beschäftigen: Historisch-genetisch bedingt fokussieren wir uns eher auf Probleme und Gefahren. Unsere Vorfahren, die sich vorsichtig und zurückhaltend verhalten haben, haben eher überlebt und konnten sich daher zahlreicher fortpflanzen (Blickhan 2015).

Das menschliche Hirn ist von der Struktur her ca. 100.000 Jahre alt und hat sich in der Zeit nicht wesentlich verändert. Somit sind auch noch viele Mechanismen aus dieser Zeit verankert. Wenn wir also aus der Höhle kamen und einen Säbelzahntiger sahen, dann haben wir nicht erst einen Arbeitskreis gebildet und überlegt, welche unserer Stärken wir einsetzen können. Da gab es genau zwei Optionen: „Draufhauen oder Abhauen". Dieses Muster kann man heute noch in vielen Besprechungen wiedererkennen.

Insbesondere in der Vertriebspraxis gilt der folgende Punkt: Probleme erscheinen oft dringlicher. Historisch bedingt wird unsere Wahrnehmung eher durch negative Reize gebunden – der bekannte Tunnelblick. Stärken waren früher weniger überlebenswichtig – was heute aus meiner Sicht in der Geschäftswelt diametral anders ist.

Unsere eigenen Charakterstärken sind uns meist nicht in dem Maße bewusst, wie es uns dienlich wäre, und Eigenlob ist immer noch „geächtet". Der Begriff Charakterstärke rührt daher, dass diese Stärken wesentlich den Charakter eines Menschen prägen. Eine Übersicht dieser Stärken finden Sie hier:

- Ausdauer
- Authentizität
- Bescheidenheit

- Bindungsfähigkeit
- Dankbarkeit
- Enthusiasmus
- Fairness
- Freundlichkeit
- Führungsvermögen
- Hoffnung
- Humor
- Kreativität
- Liebe zum Lernen
- Neugier
- Selbstregulation
- Sinn für das Schöne
- soziale Intelligenz
- Spiritualität
- Tapferkeit
- Teamwork
- Urteilsvermögen
- Vergebungsbereitschaft
- Vorsicht
- Weisheit

Diese Übersicht basiert auf einem Onlinefragebogen, den Forschende des Psychologischen Instituts der Universität Zürich entwickelt haben (Universität Zürich o. J.).

Einsatzübung Nr. 6: „Stärkenfinder" der Universität Zürich
Bester Übungszeitpunkt:
Sie benötigen dazu ca. 25 Minuten ohne Störung.
Ziel der Übung:
Sie kennen Ihre Charakterstärken
Ablauf:
Sie können den Test unter www.charakterstaerken.org durchführen, und das empfehle ich Ihnen wärmstens für Ihre Kameraden und für sich selbst. Dann vergleichen Sie das Ergebnis mit den Stärken, die Sie bei der Einsatzübung Nr. 5 aufgeschrieben haben. Sehen Sie, dass Sie nun deutlich mehr Klarheit über Ihre Stärken haben? Diese Klarheit hilft, die Stärken häufiger einsetzen zu können - bei Ihnen und bei Ihren Kameraden.

Ich möchte Ihnen fast garantieren, dass Sie neue Stärken wahrnehmen werden. Mir hat es geholfen, ein umfängliches Bild meiner Stärken zu erkennen. Man kann man sich nun vortrefflich darüber streiten, ob jede Stärke nun exakt mit der korrekten Prozentzahl angeben wird – aber um diesen Detailgrad geht es nicht. Man erhält man eine gute Basis, für seine eigene Weiterentwicklung und für die der Kameraden. Denn die eigenen Stärken nun umfänglich zu kennen und benennen zu können ist gut. Es reicht aber bei Weitem nicht aus, denn die Kenntnis dieser Stärken allein hilft nicht viel weiter (Blickhan 2015), sondern erst, wenn diese bekannten Stärken im Job intensiver eingesetzt werden, steigt das Glücksempfinden und damit auch die Leistung.

Was machen Sie nun mit der Erkenntnis? Dieses Modell beschreibt zwar die Ausprägung der eigenen Stärken, bildet aber noch nicht die Brücke zwischen Stärken und den eigenen Werten, also dem, was dem Kameraden oder Ihnen wirklich wichtig ist. Um diese Brücke zu schlagen führt die Psychologin Daniela Blickhan den Begriff Signaturstärken ein. Die Signaturstärken verbinden Werte des Kameraden mit den Stärken, die er hat.

> **Wort-Melder**
>
> Wenn wir von mehr Glücksempfinden im Vertrieb sprechen, dann müssen wir es schaffen, Stärken und Werte zusammen zu bringen, also die Signaturstärken in den Vordergrund zu stellen.

Zudem spielt Talent eine nicht unwesentliche Rolle. Buckingham und Clifton (2002) sind der Auffassung, dass Talente zum Teil angeboren sind und zum Teil dauerhaft erlernte Muster. Aus meiner Sicht kann jemand durchaus ein hohes Talent haben, aber gleichzeitig kein Glücksempfinden bei der Ausübung des Talents, denn auch das Talent schlägt noch keine Brücke zu den Stärken und zu den Werten. Wenn ich mich gerade in Ihre Lage versetze, dann ahne ich, dass Sie den Punkten hier gut folgen können, aber ein riesiges Fragezeichen steht, wie um alles in der Welt Sie das in Ihrer Praxis mit Ihren Kameraden umsetzen können. In Kap. 3 werden wir die Methoden zusammenfügen.

2.4.2 Werte

Lassen Sie uns nun noch den letzten Begriff im Bunde näher beleuchten: die Werte.

> **Wort-Melder**
> Wenn man andere Menschen beeinflussen möchte, dann muss man von den Dingen sprechen, die sie möchten, und nicht von den Dingen, die man selbst möchte. (Carnegie 2017)

Ich glaube daran, dass wahre Handlungsenergie von innen heraus, also die wahre intrinsische Motivation, nur dann hervorgebracht werden kann, wenn der Kamerad erkennt, dass er durch seine Tätigkeit auch seine Werte und Wünsche erfüllen kann. Doch was sind Werte eigentlich? Was sind Ihre Werte? Schreiben Sie sie doch bitte auf.

> **Einsatzübung 7: Was sind Ihre Werte?**
> **Bester Übungszeitpunkt:**
> Wenn Sie 15 Minuten Zeit haben und keine wichtigen Termine mehr bevorstehen.
> **Ziel der Übung:**
> Sie haben Klarheit über Ihre aktuelle Einschätzung Ihrer Werte.
> **Ablauf:**
> Schreiben Sie Ihre Werte auf.

Üblicherweise fällt es schwer, ad hoc seine eigenen Werte zu formulieren. Werte sind aus meiner Sicht schlicht und ergreifend Worte, deren Bedeutung und Inhalt man für sein Leben als wichtig ansieht.

Nun verhält es sich mit Verkäufern, wenn Sie sie fragen, welche Werte ihnen wichtig sind, ähnlich wie mit dem Zitat von Henry Ford: *„Wenn* *ich die Menschen gefragt hätte, was sie wollen, hätten sie gesagt: schnellere Pferde.*" Das bedeutet, dass Sie auch hier Ihren Kameraden Hilfestellung leisten müssen, damit die üblichen Denkrestriktionen aufgebrochen werden. Denn Ihre Kameraden werden sich mit dem Begriff „Werte" etwas schwer tun und ohne Hilfestellung werden nur die Standardbegriffe genannt werden. Daher habe ich dazu eine Werteübersicht erstellt.

Einsatzübung Nr. 8: Die Werteliste

Bester Übungszeitpunkt:
Ruhige Umgebung, keine wichtigen Termine mehr an diesem Tag.
Ziel der Übung:
Sie wissen genau, was Ihre für Sie relevanten Werte sind.
Ablauf:
Machen Sie es sich einfach und laden Sie sich hier die Tabelle mit 175 Begriffen herunter. Kreuzen Sie die Begriffe an, bei denen Sie für sich entscheiden, dass deren Bedeutung oder Inhalt für Sie wichtig ist. https://koberaktiviert. de/buch_feuer_flamme_downloads
   Bitte gehen Sie mit Ihrem Kreuzchen möglichst geizig um. Kreuzen Sie nur das an, was besonders heraussticht. Ein guter Indikator, ob Sie etwas anspricht, ist, wenn Ihre Augenbrauen zucken oder Sie innerlich sofort intuitiv zustimmen.
   Im zweiten Schritt sollten Sie diese Übung auch Ihren Kameraden anbieten, denn die Werte benötigen Sie für das Flow-Modell in Abschn. 2.5.

Den nächsten Baustein für das Konzept liefert der anerkannte und geschätzte Forscher Mihály Csikszentmihalyi. Seine Erkenntnisse sind ausgesprochen hilfreich für uns.

2.5   Wie „Flow" im Vertrieb entsteht

Über das Flow-Modell von Mihály Csikszentmihalyi werden sicherlich viele von Ihnen schon einmal gelesen oder gehört haben. Wir werden dieses Modell nun näher betrachten und so adaptieren, dass es für den Vertrieb optimal anwendbar ist. Es bringt die täglichen Anforderungen ins Verhältnis zu den Fähigkeiten, die Ihre Kameraden haben. Aus diesen

Komponenten formulierte Csikszentmihalyi sein Flow-Modell. Nach seiner Auffassung befindet man sich in einem Zustand des „Flows", wenn Anforderungen und Fähigkeiten in einem guten Verhältnis zueinanderstehen. Der „Flow" wird als Zustand beschrieben, in dem man völlig aufgeht, in dem man diese eine Tätigkeit wirklich gerne tut und die Zeit dabei vergisst. Man kann dort seine Stärken gezielt einsetzen und hat während und nach der Erledigung der Aufgabe schlicht und ergreifend ein sehr gutes Gefühl.

Nehmen wir Jürgen Klopp als Beispiel, der von bösen Zungen auch als „Seitenlinien-Psychopath" bezeichnet wird. Man kann über ihn denken oder schreiben was man möchte, aber er *lebt* Fußball und hat den eisernen Willen zu gewinnen. Wenn er als Trainer am Spielfeldrand steht, ist er im Flow.

In Abb. 2.4 sehen Sie das Flow-Modell von Csikszentmihalyi, erweitert um die dazugehörigen Emotionen, die man im jeweiligen Status erfährt.

Aus meiner Sicht sollte für unser Beispiel im Vertrieb bei diesem Modell noch eine weitere Komponente Ergänzt werden. Warum?

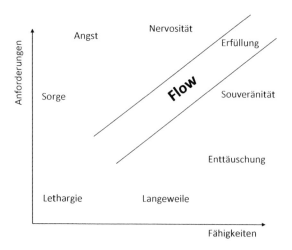

Abb. 2.4 Flow-Modell nach Csikszentmihalyi. (In Anlehnung an Blickhan 2015; mit freundlicher Genehmigung von © Junfermann Verlag GmbH 2015. All Rights Reserved)

Nehmen wir das Beispiel Autofahren. Ich behaupte von mir, ein guter Autofahrer zu sein. Mein Punktekonto in Flensburg hält sich in Grenzen, meine Unfallstatistik ist blendend. Also sind Anforderungen und Fähigkeiten im Einklang, dennoch macht es mir keine besondere Freude – ich vergesse dabei die Zeit nicht, es langweilt mich eher, was auch der Grund ist, dass ich mich häufig fahren lasse. Dennoch wäre ich nach der reinen Betrachtung zwischen Anforderung und Fähigkeiten im Flow-Zustand – was nicht der Fall ist. Das bedeutet, dass nicht nur meine Fähigkeiten, mein Talent und mein Trainingslevel entscheidend sind für diesen Flow-Zustand, sondern auch die Kongruenz mit den mir wichtigen Werten und meinen Charakterstärken. Das ist der Grund, warum ich diesem Modell eine weitere Achse hinzugefügt habe. Sie bildet die Kongruenz mit den jeweils wichtigen (Kern-)Werten und Charakterstärken ab, die wir in Abschn. 2.4 behandelt haben.

In Abb. 2.5 habe ich Csikszentmihalyis Flow-Model um die Werte- und Charakterstärken-Achse erweitert.

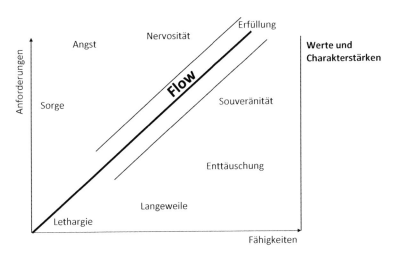

Abb. 2.5 Flow-Modell nach Csikszentmihalyi mit Ergänzung um Werte und Charakterstärken. (In Anlehnung an Blickhan 2015; mit freundlicher Genehmigung von © Junfermann Verlag GmbH 2015. All Rights Reserved)

> **Einsatzübung Nr. 9 Das Flow Model für Ihr Team**
> **Übungszeitpunkt:**
> Wenn Sie 15 Minuten zum „Sinnieren" haben.
> **Ziel der Übung:**
> Sie haben eine klare Bestandsaufnahme, wer von Ihren Kameraden sich in diesem Modell an welcher Stelle befindet. Ihr Nutzen: Sie erkennen damit noch besser, ob Sie die Tätigkeit (Anforderung) anpassen müssen, die er ausführt, um volle Leistung zu erbringen. Alternativ können Sie ihm auch anbieten, die Fähigkeiten zu trainieren, die seinen Stärken und Werten entsprechen (bestenfalls im Gesamtkonzept der Lebensstrategie, mehr dazu in Abschn. 3.1.4).
> **Ablauf:**
> Nehmen Sie nun ein Blatt Papier und zeichnen Sie dieses Modell inklusive der Emotionen auf. Dann schreiben Sie für Ihr Team Namen an die jeweilige Position im Diagramm. Welcher Kamerad befindet sich an welcher Stelle in diesem Modell? Und wenn Sie nun keine Lust haben, selbst zu zeichnen, dann laden Sie sich hier die Vorlage herunter (https://koberaktiviert.de/buch_feuer_flamme_downloads). So erkennen Sie schnell, bei wem Sie zügig aktiv werden müssen, um den Kameraden eher in den Flow-Zustand zu bringen.

Jetzt leben wir natürlich nicht im Paradies und können uns nicht ausschließlich die Tätigkeiten aussuchen, die uns Spaß machen. Insbesondere wenn wir große Ziele erreichen möchten, müssen auch Tätigkeiten erledigt werden, die keinen Flow auslösen. Hierzu gilt:

> **Wort-Melder**
>
> „Der Erfolg eines Menschen kann daran gemessen werden, wie viele unangenehme Gespräche und Tätigkeiten er zu tun bereit ist" (Ferris 2015). Im Englischen sagt man ganz einfach: „Eat the frog!"

Diese Tätigkeiten kennen Sie, kenne ich und kennen ebenso Ihre Kameraden. Üblicherweise entfachen sich an den ungeliebten Tätigkeiten auch die Konflikte. Das kann die meistens stiefmütterlich behandelte

Neukundenakquise oder das Einpflegen von wichtigen Daten in das CRM-System sein. In diesen Fällen gibt es aus meiner Sicht genau zwei Möglichkeiten:

- **Möglichkeit 1**: „Par ordre du mufti". Mach' das jetzt endlich! Sie alle kennen die überschaubar motivierenden Effekte von solchen Ansagen.
- **Möglichkeit 2**: Man zeigt einen klaren Weg auf, wie auch ungeliebte Tätigkeiten eigene wichtige Werte erfüllen können.

Ich habe dazu Tätigkeiten in folgende Kategorien einsortiert.

- Es gibt die **Aufblühaktivitäten**: Das sind die Spaßmacher. Hier gehen Sie richtig auf, vergessen die Zeit, machen es gut, richtig und sehr gerne und freuen sich morgens darauf, dass Sie das heute machen dürfen. Ihr Grundgefühl: Das Leben ist toll, mein Job ist klasse.
- Auf der anderen Seite gibt es die sogenannten **Aufbauaktivitäten**. Diese habe ich zwei Unterkategorien entwickelt:

  - **Kategorie 1 (Langeweile)**: Dies sind die klassischen Hausaufgaben von früher. Da hat man keine Lust drauf, man muss es aber machen, wenn man weiterkommen möchte.
  - **Kategorie 2 (Angst)**: Dies sind die Aufgaben, vor denen man Angst oder Furcht hat. Bei der Feuerwehr sind das solche Situationen wie das Kinderzimmer einer verqualmten Wohnung. Im Vertrieb kann das z. B. die telefonische Kaltakquise oder – wenn man dafür nicht der Typ ist – der Vortrag vor 150 Leuten sein, den der Vertriebler auf einer Messe halten soll. Menschen haben Angst, und das ist auch nicht schlimm. Die Frage ist: Wie gehe ich damit um? Ich erinnere an den Spruch: „Eat the frog". Schlucken Sie die Kröte, genauso wie Ihre Kameraden Kröten schlucken müssen. Das gelingt deutlich einfacher, wenn allen Seiten klar ist, warum sie das tun sollten, und genau dieser Frage gehen wir mit der „Vertriebskraftkette" auf den Grund, die in Abschn. 2.7 erläutert wird.

> **Einsatzübung Nr. 10: Spaßmacher-Liste**
>
> **Übungszeitpunkt:**
> Wenn Sie an dem Tag keine anstrengenden Termine mehr haben.
> **Ziel der Übung:**
> Sie haben eine „Spaßmacher-Liste", mit der wir im weiteren Verlauf noch arbeiten werden
> **Ablauf:**
> Listen Sie hier alle Aktivitäten auf, die Ihnen dazu einfallen. Was sind Ihre „Aufblühaktivitäten", Ihre Spaßmacher? Listen Sie alles aus dem privaten und beruflichen Leben auf. Falls Sie sich mit der Beantwortung schwertun, helfen diese Fragen weiter:
>
> - Nehmen wir an, Sie bekämen ein lebenslang garantiertes, bedingungsloses Einkommen in Höhe von 50.000 € netto jeden Monat. Was würden Sie tagtäglich tun?
> - Welche Aktivität lässt Sie morgens aus dem Bett springen, weil Sie sich riesig darauf freuen?
>
> Die Antworten werden Ihnen vermutlich nicht alle sofort auf der Zunge liegen, daher finden Sie hier noch ein paar weitere Anregungen für Ihre Gedanken:
>
> - Was wollten Sie schon immer lernen?
> - Wohin wollten Sie schon immer mal reisen?
> - Was steht auf Ihrer „Bucket List"? Was sind die Dinge, die Sie auf jeden Fall tun möchten, bevor Sie sterben?
> - Woran würden Sie sich Ihr Leben lang erinnern?
> - Was würde an ein Wunder grenzen, wenn Sie das in einem Jahr nicht mehr machen müssten oder in einem Jahr zum großen Teil machen dürften?

Nun werden Sie hier vermutlich nicht nur Aktivitäten auflisten, sondern vielleicht auch schon ein paar Wünsche, Träume oder Ziele, die Sie haben. Das ist gut, die können wir später weiterverwenden. Wir werden diese Erkenntnisse brauchen, um das Glücksempfinden zu steigern.

Übrigens sind das auch Fragen, die Sie Ihren Kameraden stellen können – wenn Sie eine gewisse Vertrauensbasis zu ihnen haben. Wenn Sie Dienstwagen per GPS überwachen lassen, um nach „Akte X-Manier" investigativ zu kontrollieren, wo Ihre Kameraden so „herumfahren", darüber schon mit dem Betriebsrat streiten und die Abmahnungen bereits im Gewehrlauf haben ... dann sollten Sie das lassen, um sich nicht lächerlich zu machen.

Nun liegt es in der Natur der Sache, dass wir auch Dinge tun müssen, die uns keinen Spaß machen. Dazu möchte ich Ihnen eine Geschichte erzählen.

Beispiel

Ein Feuerwehrkamerad von mir feiert an einem sonnigen Tag im Hochsommer seine Hochzeit. Der gesamte Löschzug unseres Ortes ist eingeladen. Nach der Trauung fährt der Löschzug traditionsgemäß mit dem Brautpaar und weiteren Kameraden in den Löschfahrzeugen von der Kirche zurück zum Feuerwehrhaus. Das Brautpaar steigt gerade aus dem Löschfahrzeug, schon hört man ein lautes Piepsen an vielen Gürteln – der Melder meldet einen Alarm. Der Meldertext lautet: „Brandeinsatz – verrauchte Wohnung – Personen vermisst".

Wer das „Piepsen" eines Melders einmal hören möchte, um sich etwas in die Situation zu versetzen, der kann diesen QR-Code scannen.

In Rekordzeit steht fast der gesamte Löschzug an den jeweiligen Kleiderhaken, an denen die Einsatzkleidung hängt. Krawatten und Feuerwehrhüte fliegen quer durchs Feuerwehrgerätehaus. Die Löschfahrzeuge werden besetzt, Martinshorn und Blaulicht an – und wir rücken aus. Die Anfahrt ist sehr kurz, sodass wir ca. zwei Minuten nach Alarmierung bereits am Einsatzort ankommen. Die Obergeschosswohnung eines weißen Zweifamilienhauses hat Feuer gefangen, Rauch quillt bereits aus den Dachpfannen hervor, man hört das Klirren der Fensterscheiben vor Hitze.
Im Fahrzeug macht sich schlagartig Hektik breit. Der Zugführer befiehlt sofort: *„Absitzen, hinter'm Fahrzeug aufstellen"!* Alle verlassen das Fahrzeug. Mein Kamerad und ich haben uns auf dem Fahrzeug schon als Angriffstrupp die Atemschutzausrüstung angelegt. Der Angriffstrupp geht immer als Erster in das Gebäude.
Vor dem betroffenen Haus haben sich mittlerweile ca. 50 Personen versammelt: Nachbarn, Freunde, Schaulustige. Man hört selbst durch den Helm

> und die sogenannte Flammschutzhaube, die für den Innenangriff notwendig ist, aus allen Richtungen Martinshörner von weiter anrückenden Löschfahrzeugen. Sofort nach unserem Eintreffen wird eine sogenannte Alarmstufenerhöhung an die Leitstelle gemeldet, da die Lage sehr unübersichtlich ist. Also werden zusätzlich weitere Einheiten alarmiert.
> Die Fahrzeugbesatzung stellt sich hinter dem Auto auf, der Zugführer gibt sofort den Befehl: *„Angriffstrupp zur Menschenrettung mit 1. C-Rohr über den Platz zur Haustür VOR!"*
> Mein Angriffstruppmann und ich rüsten uns mit dem notwendigen Equipment aus und rennen zur Haustür. Wir stoßen sie auf, mit uns geht ein weiterer Angriffstrupp ins Gebäude. Die Holz-Haustür lässt darauf schließen, dass auch im Haus viel mit Holz ausgekleidet ist – was eine hohe Brandlast zur Folge hat, wie es im Feuerwehrjargon heißt. Sprich: Die Bude brennt wie Zunder! Zu viert gehen wir also über das verqualmte Treppenhaus in das Dachgeschoss. Der Rauch ist pechschwarz, man sieht die Hand vor Augen nicht. Ich funke den Löschzugführer an: „Sind im Dachgeschoss angekommen, alles verqualmt. Sind noch Personen im Haus?" Denn das wurde schließlich gemeldet und wir haben keine weitere Info erhalten. Er antwortet: „Keine weitere Info. Sucht die Wohnung ab."
> Mein Truppmann und ich gehen also weiter vor. Sie müssen sich das so vorstellen, als hätten Sie einen blickdichten Sack über dem Kopf – im Brandrauch sehen Sie nichts. Wir teilen uns auf. Der andere Trupp robbt in den linken Teil der Wohnung, wir tasten uns rechts der Wand entlang. Wir kommen an eine Tür, stoßen sie auf und stolpern über Kinderspielzeug. Mein Truppmann und ich halten uns an der Hand – das mag für Außenstehende seltsam klingen, ist in der Situation allerdings lebensrettend, da man bei „Nullsicht" sehr schnell die Orientierung verliert. Wir gehen im Zimmer weiter vor und erfühlen ein Bett aus Holz. Weil wir beide unsere starken Lampen auf das Bett richten, können wir ganz schemenhaft ein verspieltes Muster auf der Bettwäsche erkennen. Ich sehe das Gesicht meines Kameraden nicht, bin mir aber ganz sicher, dass er genau wie ich kreidebleich ist. Zu dem Zeitpunkt war ich Vater einer ca. zweijährigen Tochter. Was haben wir gebetet, dass wir keine Kinder in der Wohnung finden.
> Wir durchsuchen die Betten – Schränke etc., wie wir es gelernt haben. Ich meldete an den Zugführer: „Ein Kinderzimmer durchsucht, keine Person gefunden, suchen weiter." Das Ergebnis des Einsatzes war, dass sich tatsächlich im gesamten Obergeschoss keine Personen befanden. Wir haben den Brandherd ausfindig gemacht und gelöscht, anschließend das Gebäude belüftet.

Warum ich Ihnen das hier erzähle? Nun, wir haben vorhin von den Aufblühaktivitäten gesprochen. Glauben Sie, dass folgende Aktivitäten oder Aufgaben eines Feuerwehrmanns zu der oben erwähnten Definition einer Aufblühaktivität zählt? Nein, zählt es nicht. Es sind durchweg Aufbauaktivitäten, teils sogar aus der Kategorie 2 (Angst).

- In eine verqualmte und im Vollbrand stehende Wohnung zu gehen, und zwar in völliger Unkenntnis darüber, was einen erwartet (Kinder in Betten, Leichen, einstürzende Bauteile)
- Zu jeder Tages- und Nachtzeit einsatzbereit zu sein, zu 90 % für
  - Fehlalarme (gerne in Seniorenwohnungen, in denen die Bewohner anscheinend so manches Mal testen, wie lange man ein Schnitzel braten kann, bis es brennt),
  - das Wegfegen von Ölspuren,
  - das Entfernen von Baumstämmen von Straßen – vornehmlich bei teils eiskalten Unwetterlagen, bei denen andere gemütlich auf dem Sofa im Trockenen sitzen oder im gemütlich warmen Bett schlafen,
  - Schläuche rollen, gefühlt bis zum St. Nimmerleinstag,
  - unzählige Abende und Wochenenden für Weiterbildungen und Übungen
  - usw.

Ich könnte diese Liste noch sehr lange weiter füllen, ohne dass auch nur eine einzige Tätigkeit dabei wäre, bei der Sie und ich sagen würden: „Toll, das mache ich gerne freiwillig." Und trotzdem gibt es ca. 900.000 Freiwillige Feuerwehrleute in Deutschland und viele berufstätige Feuerwehrleute, von denen es mit Sicherheit kein Einziger des Geldes wegen macht (ein Blick in die Vergütungstabellen für Rettungsbedienstete wird das jedem Zweifler bestätigen). Also muss es einen anderen Grund geben, warum wir das tun.

> **Wort-Melder**
> Wenn wir etwas mit verhältnismäßig wenig Aufwand erreicht haben, ist unser Glücksempfinden bei weitem nicht so hoch, als wenn wir dafür mehr Aufwand aufgewendet hätten. Dabei spielt es keine Rolle, worum es geht.

Rolf Dobelli führt seinem Buch „Die Kunst des klugen Handelns" (Dobelli 2012) einen klassischen Denkfehler an, der weit verbreitet ist. Wir schätzen Dinge mehr wert, wenn wir mit ihrer Erlangung einen großen Aufwand verbinden. Dazu gibt es eine kleine Geschichte von einem Hersteller von fertigen Backmischungen. Diese Firma hat eine komplett fertige Backmischung produziert, bei der man lediglich noch Wasser hinzufügen musste und rühren – sonst nichts. Der Erfolg dieser Mischung war überschaubar. Erst als man aus der Rezeptur wieder mehrere Zutaten entnommen hat, wie zum Beispiel Eier, Milch, Zucker etc., entwickelte sich das Produkt zu einem Verkaufsschlager. Der Effekt war glasklar: Bei der ersten Variante musste der Hausmann oder die Hausfrau kaum noch etwas tun, um den Kuchen herzustellen. Bei der zweiten Variante war deutlich mehr eigener Aufwand erforderlich. Das Glücksgefühl war bei der zweiten Variante signifikant höher.

Nichts anderes gilt im Vertrieb. Sie kennen das doch auch, wenn Sie ein Projekt mit einem schwierigen Kunden über viele Hürden gewonnen haben, dann jubelt die ganze Abteilung (natürlich außer den Vollzeitskeptikern, die schon adäquate Probleme suchen). Es kommen solche Aussprüche wie: „Meine Herren, war das ein Kampf, aber wir haben gesiegt!" Wenn der Auftrag einfach im Posteingang auftaucht, dann nimmt man ihn gerne wohlwollend zur Kenntnis. Das Glücksgefühl ist bei der ersten Variante deutlich höher, auch wenn Umsatz und Ertrag im Ergebnis sogar identisch waren.

Für das Gewinnen eines Projekts oder eines großen Auftrags reichen in aller Regel leider Gottes nicht nur die Aufblühaktivitäten aus. Das wäre ja langweilig. Das ist auch bei der Feuerwehr so – der weitaus größte Teil der Arbeit besteht aus den oben erwähnten Aufbauaktivitäten. Und genau da hakt es häufig im Vertrieb.

Einsatzübung Nr. 11: Aufbauaktivitäten-Liste
Übungszeitpunkt:
Jederzeit
Ziel der Übung:
Sie fühlen den Gemütszustand Ihrer Kameraden bei den Aufbauaktivitäten und werden merken, warum Geld alleine nicht ausreichen wird, um Energie und Muße aufzubringen, um diese Tätigkeiten trotzdem zügig und gut umzusetzen.
Ablauf:
Schreiben Sie doch einmal die üblichen Aufbauaktivitäten auf, die Ihnen bei Ihrer Tätigkeit nicht gefallen. Die Dinge, von denen Sie sich wünschten, Sie könnten Sie am besten vorgestern abgeben.

Wenn Sie sich diese Liste so anschauen, wie verändert sich dann Ihr Gemütszustand, wenn Sie an diese Tätigkeiten denken? Sehen Sie? Und so fühlen sich auch Ihre Kameraden im Verkauf, wenn es um diese Tätigkeiten geht. Die Ursache liegt darin begründet, dass den wenigsten klar ist, dass zum einen die Anzahl der Aufblühaktivitäten steigt, je mehr ich bereit bin, Aufbauaktivitäten *zielgerichtet* zu unternehmen. Warum? Je mehr Aufbauaktivitäten ich zu erledigen bereit bin, desto schneller komme ich meinen Wünschen und Zielen näher. Je näher ich diesen Wünschen und Zielen komme, desto häufiger kann ich die Dinge tun, die Freude bereiten.

Bei der Feuerwehr sind Kameraden bereit, viele Aufbauaktivitäten in Kauf zu nehmen. Ein gewichtiger Grund ist, dass sie wissen, dass damit wichtige Werte erfüllt werden. Sie helfen anderen Menschen in Not. Um bei der oben erwähnten realen Geschichte zu bleiben: Wer als Angriffstrupp dem Löschzugführer die Meldung geben kann, dass sich keine Personen im Gebäude befinden und wenn er nach dem Einsatz von Familienangehörigen vor Dankbarkeit umarmt wird, dann weiß er, wofür er das macht. Dieser Kamerad hat eine Aufbauaktivität der Kategorie 2 (Angst) in Kauf genommen, um wichtige Werte zu erfüllen – Dankbarkeit und Altruismus.

Im Vertrieb ist den meisten nicht klar, welchem größeren wichtigen Wert, Wunsch oder Ziel so manche Aufbauaktivität dient. Das ist einer der Gründe, warum Geld alleine kaum motiviert. Erst wenn klar ist, welche Werte, Ziele und Wünsche man sich damit erfüllen kann, motiviert es.

Sie können sich das wie eine Kette vorstellen, in der bisher ein Glied fehlt. Das bedeutet, sich und Ihren Kameraden klarzumachen, inwiefern eine Aufbauaktivität Sie den eigenen großen Zielen, Wünschen und Werten näherbringt. Csikszentmihalyi erwähnt in diesem Zusammenhang die psychische Entropie, auch Unordnung im Bewusstsein genannt. Diese trübt das Bewusstsein, wirkt sich negativ auf den eigenen Zustand aus und lähmt uns, was wiederum in Bezug auf den Vertrieb zu weniger Kraft an der Kundenfront führt. Das Gegenteil dieser Entropie ist nach seinen Erkenntnissen die „optimale Erfahrung". Das bedeutet: Wenn Informationen ins Bewusstsein gelangen, die mit eigenen Zielen und Wünschen übereinstimmen, dann fließt psychische Energie. Man ist also aktiviert und könnte Bäume ausreißen, denn man sieht, dass man seinen Zielen näher kommt (Csikszentmihalyi 2018).

Unglücklicherweise haben sehr wenige Menschen einen Plan, um diese optimale Erfahrung, diese Ordnung im Bewusstsein herzustellen. Dazu habe ich die Vertriebskraftkette (s. Abschn. 2.7) in Verbindung mit der Lebensstrategie (s. Abschn. 3.1.4) entwickelt. Wer als Chef diese Modelle verstanden hat und aktiv bei seinen Kameraden anwendet, wird feststellen, wie stark die beiden wichtigen „L" (Leistung und Loyalität) steigen können.

Wie ich mit der Vertriebskraftkette dafür gesorgt habe, dass es ein Vertriebler nicht mehr erwarten konnte, mehrere hundert Kaltakquise-Telefonate durchzuführen? Das erfahren Sie in den nächsten beiden Abschnitten.

Einsatzbericht

Erkenntnisse aus dem Einsatz

- Sie als Chef sind maßgeblich dafür verantwortlich, die Voraussetzungen dafür zu schaffen, dass Ihre Kameraden deutlich häufiger im „Flow"-Zustand arbeiten können. Das bedeutet nicht, jedermanns Liebling zu sein – so manches Mal ist das Gegenteil der Fall. Denn um häufiger in den Flow-Zustand zu kommen, sind nicht selten deutliche Änderungen im Jobprofil notwendig. Dazu benötigen Sie zunächst Klarheit über die wahren (Charakter-)Stärken Ihrer Kameraden sowie das individuelle Portfolio an Aufbau- und Aufblühaktivitäten. Gehen Sie daher mit den folgenden drei Schritten vor.

Wie nutzen Sie dies für Ihren Einsatz?

1. Erforschen Sie Ihre eigenen und die Charakterstärken Ihrer Kameraden mittels www.charakterstaerken.org und drucken Sie das Ergebnis aus oder kopieren es in eine Excel Liste.
2. Prüfen Sie, wie Sie mehr dieser Charakterstärken im derzeitigen Job einsetzen können. Allein mit dieser Maßnahme wird sich das Glücksempfinden steigern, dazu genügt ein Blick auf die Ergebnisse der Forschung von Ed Diener und Daniela Blickhan oder auf die Ergebnisse der Gallup Studie. Am besten wirkt es aber, es selbst auszuprobieren.
3. Legen Sie Aufblüh- und Aufbauaktivitäten fest – diese benötigen wir im weiteren Verlauf.

2.6 „Warum": Die Frage nach dem Sinn

Wann haben Sie ein Gefühl der Erfüllung bei Ihrer Arbeit? Wenn Sie das letzte halbe Jahr Revue passieren lassen, überlegen Sie, an welchem Tag Sie abends zu sich selbst gesagt haben: „Das war ein grandioser Arbeitstag, das hat richtig Spaß gemacht!" Was war die Tätigkeit, bei der Sie förmlich aufgegangen sind? Wir reden hier von den eben schon beschriebenen Aufblühaktivitäten.

Üblicherweise sind dies Tätigkeiten, bei denen wir davon ausgehen, dass sie für uns einen tieferen Sinn ergeben. Spricht man mit unzufriedenen Arbeitnehmern oder Vertriebsmitarbeitern, dann haben sie häufig das Gefühl, dass sie „nichts erschaffen" haben, nichts „Bedeutendes" gemacht haben. Dass sie viel „interne Rennerei" hatten und am Ende des Tages irgendwie doch nur wenig „bewegt" haben. Es war also auch für sie nicht bewegend. Diese Bedeutsamkeit, die Sinnhaftigkeit ist ein elementarer Bestandteil, um Leidenschaft im Beruf entflammen zu lassen.

In meinem Interview mit dem Präsidenten des Deutschen Feuerwehrverbands Hartmut Ziebs bin ich dieser Frage bei Feuerwehrleuten auf den Grund gegangen (Kober 2018). Er repräsentiert ca. eine Million Feuerwehrleute in Deutschland und ist seit 42 Jahren in der Feuerwehr aktiv. Wenn es einer wissen muss, dann er! – Das war mein Gedanke, als ich ihn für ein Gespräch akquirierte. In diesem Interview ging es auch darum, wie man die Leidenschaft von Feuerwehrleuten bei Übung und Einsatz auf den Vertrieb übertragen kann.

Hartmut Ziebs unterstrich im Interview noch einmal, was im vorigen Kapitel bereits angerissen wurde: Feuerwehrleute blühen bei ihrer Tätigkeit auf, wenn sie anderen Menschen helfen, manches Mal sogar Leben retten. Das ist für sie der tiefere Sinn. Das ist für sie der Grund, alle anderen Strapazen in Kauf zu nehmen. Sei es, sich nächtelang auf Straßen herumzutreiben, um Ölspuren abzufegen. Oder sei es, nachts um 4:00 Uhr mit einem „Pulssprung" von 60 auf 140 aus dem Bett zu springen beim Alarm einer Brandmeldeanlage – von der jeder Feuerwehrmann weiß, dass es sehr wahrscheinlich wieder nur ein Fehlalarm ist.

Interessanterweise sind der oberste Repräsentant aller Brandschützer und ich in diesem Interview allerdings auch darauf gekommen, dass man sich auch bei der Feuerwehr meistens dieses tieferen Sinns gar nicht ständig bewusst ist. Man macht das einfach. Meist war dieser Sinn, anderen helfen zu wollen, die Triebfeder, um entweder der Freiwilligen Feuerwehr beizutreten oder sich für den Beruf des Feuerwehrmanns zu entscheiden. Während der Tätigkeit hat man diesen tieferen Sinn aber nicht ständig im Bewusstsein. Unterbewusst ist er vorhanden – allerdings auch nur deshalb, weil er einst klar formuliert wurde und weil er bei der Tätigkeit zwar selten, aber dennoch so manches Mal das Herz eines Feuerwehrmanns aufblühen lässt. Dies passiert beispielsweise in brenzligen Situationen, wenn Menschen, Tiere oder Sachwerte gerettet bzw. geschützt werden. Oder wenn der seltene Fall eintritt, dass sich die in Not geratenen Personen einfach nur bedanken.

Auf den Vertrieb bezogen: Was ist dort der tiefere Sinn der Tätigkeit Ihrer Verkäufer oder auch für Sie selbst? Was ist Ihre Antwort (und die Ihrer Kameraden) auf die Frage: „Warum mache ich das eigentlich?" Ist es das „Geld verdienen" für die Familie? Möglich. Aber was sind 10.000 Euro auf dem Konto wert gegen zwei warme Kinderhände, die sich glücklich um Ihren Hals legen? Selbstredend: Das finanzielle Fundament muss vorhanden sein, um auch in der Familie mehr Glück zu erleben.

Aber wie wir schon in Abschn. 2.2 gesehen haben, reißt es niemandem vom Hocker, ob er pro Jahr nun 65.000 oder 70.000 Euro verdient. Natürlich ist ein vernünftiges und leistungsgerechtes Entlohnungssystem die Grundlage dafür, dass Sie die guten Leute an Bord ziehen und halten. Für brennende Leidenschaft aber ist das bei weitem nicht genug. Was mich immer wieder zum Erstaunen bringt: Dass Geld als Hauptmotivationsfaktor nicht funktioniert, weiß jeder, der die letzten 20 Jahre psychologischer Erkenntnisse nicht komplett verschlafen hat. Interessant ist nur: Das einzige, was sich ändert, ist, dass man nun versucht, die Entlohnungssysteme komplizierter zu machen, sodass sie keiner mehr so richtig nachvollziehen kann.

Ich verweise hier wieder mal auf die Freiwillige Feuerwehr, bei der die Kameraden nicht einen einzigen Cent dafür erhalten, dass sie teilweise ihr Leben riskieren, um andere zu retten. Also *kann* Geld nicht der Auslöser sein.

Lassen Sie uns einmal tief in die wissenschaftlichen Erkenntnisse gehen. Konkret für Ihre Praxis als Chef bedeutet das, sich neben dem üblichen Provisionssystem mit Ansätzen zu beschäftigen, wie Sie der Tätigkeit Ihrer Kameraden mehr Sinn verleihen können. Sinn kann man allerdings – sehr zum Leidwesen einfacher Gemüter, die das Bücherlesen als Zeitverschwendung abtun – nicht einfach verordnen, sondern man sollte sich mit zwei Ansätzen bzw. Fragestellungen beschäftigen:

a. Wie Sie Sinn während der Vertriebsarbeit erleb- und spürbar werden lassen.
b. Wie Sie diese Ansätze in die tägliche Praxis einbetten.

Zu a. beschäftigen wir uns im Folgenden mit den Erkenntnissen der Wissenschaft. Zu b. erhalten Sie in Abschn. 3.1.4 eine klare Anleitung.

Daniela Blickhan listet in Ihrem Buch „Positive Psychologie" (Blickhan 2015) u. a. folgende Punkte auf, die den Sinn einer Tätigkeit erlebbar machen:

- Leistung und Arbeit
- Selbsttranszendenz
- Religion und Spiritualität
- Gelingen

2.6.1 Leistung und Arbeit

Es stiftet Sinn, wenn man vom Wert der eigenen Arbeit überzeugt ist. Das bedeutet, dass man sieht und erkennt, dass man etwas „erschafft". Dies kann sich in folgenden Punkten widerspiegeln:

- Die Arbeit sorgt dafür, dass andere Menschen und Lebewesen sich wohler fühlen. Beispiel im Vertrieb: Mit Ihren Leistungen oder Produkten sorgen Sie dafür, dass Sie an irgendeiner Stelle das Leben

der Menschen einfacher und bequemer machen. Dass Sie mit Ihrer Lösung ein höheres Freiheitsgefühl geben, indem bspw. Ihre Maschine Prozesse automatisiert und der Kunde nicht jeden einzelnen Teilschritt überwachen muss.
- Die Arbeit ist mit einem persönlich wichtigen Wert verbunden. Dieses Beispiel ist am besten mit der Vertriebskraftkette zu umschreiben – dieses Konstrukt erläutere ich in Abschn. 2.7.

Wenn dem Kameraden klar ist, dass er durch mehr Telefonakquisition mehr Umsatz generiert und dadurch in absehbarer Zeit in seinem Job auch mehr Freiheiten und Kompetenzen bekommt, dann stiftet das Sinn. Diese erweiterten Kompetenzen können z. B. sein, dass der Kamerad ein höheres freies Budget erhält, um schnell selbst Entscheidungen zu treffen. Nur muss dem Kameraden diese Korrelation auch vor Augen geführt werden, damit der Sinn der Tätigkeit diesbezüglich klar wird.

2.6.2 Selbsttranszendenz

Die Selbsttranszendenz ist in diesem Zusammenhang folgendermaßen zu verstehen: In der praktischen Anwendung im Vertrieb stiftet es Sinn, den Kameraden die latente Frage zu beantworten, welchen konkreten Anteil sie haben, um die Vision der Firma beispielsweise in zehn Jahren zu erreichen. Dem weitaus größten Anteil der Kameraden ist nicht klar, *wozu* Maßnahmen einer guten Vertriebsstrategie konkret *wie* in der Praxis umgesetzt werden sollten und *warum* sich das für beide (Firma und Kamerad) lohnt – nicht ausschließlich monetär.

Glauben Sie nicht? Dann stellen Sie die Frage aus dem Einsatzbericht aus Kap. 1: „Wie sieht unsere aktuelle Vertriebsstrategie aus?" Wenn Sie das noch übertrumpfen möchten, dann fragen Sie, welche konkreten drei wichtigsten Maßnahmen er derzeit umsetzt, um welche Vision zu erreichen. Machen Sie diesen kleinen Test, und Sie werden erkennen, wie wenig Klarheit in der Mannschaft herrscht (und wie viel Potenzial gleichzeitig noch zu heben ist, wenn diese Punkte geklärt sind). Genau dazu habe ich STAKKATO entwickelt, den pragmatischen Fahrplan, um diese Klarheit in Ihrem Unternehmen zu etablieren, denn sie entfacht wahre Vertriebskraft.

Es gibt auch im Vertrieb große Erfolge, von denen man noch lange spricht. Beispielsweise wenn sich zwei Kameraden aus dem Vertrieb unterhalten und die Unterhaltung in etwa folgendermaßen abläuft:

> **Beispiel**
>
> **Franz:**
> „Karl, weißt du noch, wie Klaus vor drei Jahren den Kunden Schulze mit dem Riesenprojekt noch rumgekriegt hat? Obwohl das Projekt schon beim Mitbewerber sicher war? Ein Haudegen ist der, von dem können wir noch viel lernen."
> **Karl:**
> „Ja, du hast recht. Ich muss zwar zugeben, dass Klaus nicht immer der Einfachste ist, aber damit hat er sich ein Denkmal gesetzt."

Denkmal – denk mal. Ein „Vermächtnis" an die Nachwelt ist sinnstiftend. Klären Sie mit Ihren Kameraden, was ein Denkmal wäre. Was wäre beinahe unglaublich, wenn er oder sie das schaffen würde? Warum nicht einmal mit einem Augenzwinkern formulieren: „Wer das schafft, dem bauen wir ein Denkmal." Vor dem Haupteingang meines ehemaligen Arbeitgebers steht eine große Steinsäule, in der die Zusammenarbeit zwischen dem Lieferanten Hewlett Packard und meinem seinerzeitigen Arbeitsgeber an prominenter Stelle dargestellt wird. Jeder Mitarbeiter, Kunde und Lieferant der Firma kennt sie.

Diese Denkmäler müssen keine Steinsäulen sein, es können auch Pokale sein, die ein Team bekommt. Es können gut gemachte eingerahmte Poster sein (hochwertig muss es selbstredend aussehen). Es können sogar subtile Anstecknadeln sein, an denen intern zu erkennen ist, was die Person schon erreicht hat.

Schon Napoleon nutzte den starken Effekt der Auszeichnungen und wusste, dass er damit seine Soldaten motivieren konnte. Natürlich hat das nur einen Effekt, wenn diese Auszeichnungen ernst gemeint sind. Schauen Sie sich das Ehrenamt an, egal, ob es das Bundesverdienstkreuz ist, welches häufig an Ehrenämter verliehen wird, oder die verschiedenen Auszeichnungen, die man zum Beispiel auch bei der Feuerwehr erreichen kann – es funktioniert. Der Mensch strebt stets nach Aufmerksamkeit und Anerkennung, und üblicherweise bekommt er subjektiv betrachtet von beidem zu wenig.

Für den Vertrieb bedeutet das: Überlegen Sie, ob Sie nicht analog der Dienstgrade bei der Feuerwehr auch dort eine horizontale Weiterentwicklung ermöglichen. Bei der Feuerwehr in NRW gibt es bspw. diese Dienstgrade:

- Feuerwehrmannanwärter
- Feuerwehrmann
- Oberfeuerwehrmann
- Hauptfeuerwehrmann
- Unterbrandmeister
- Brandmeister
- Oberbrandmeister
- Hauptbrandmeister
- usw.

Beim Sprung z. B. vom Hauptfeuerwehrmann zum Unterbrandmeister erweitern sich die Befugnisse. Dazu ist eine Weiterbildung inklusive Prüfung notwendig. Wenn nicht schon geschehen: Warum führen Sie das nicht auch im Vertrieb ein? Es ist ein weiterer Baustein für die Anerkennung und damit verbundene Motivation, weiter zu kommen. Konkret meine ich damit eine klar definierte Weiterbildung für Ihre Kameraden im Vertrieb. Der Weg vom ersten „Hallo" bis zur Fähigkeit, den Abschluss des Verkaufsprozesses für den Kunden zum Erlebnis zu machen, das ihn wirklich weiterbringt, will gelernt sein. Bieten Sie dazu eine Vertriebsausbildung mit mehreren Stufen an, die aufeinander aufbauen. Jede Stufe beinhaltet eine Abschlussprüfung. Bei erfolgreicher Absolvierung erhält der Kamerad eine weitergehenden „Dienstgrad". Der Kreativität sind ja keine Grenzen gesetzt. Wenn ich mir allerdings das aktuelle Durcheinander bei Bezeichnungen von Verkäufern anschaue, dann wünsche ich mir schon häufig zumindest innerhalb einer Firma eine klare Bezeichnung, die besagt, wie gut die Person in Verkaufsbelangen ausgebildet ist und wie erfolgreich sie bisher war. Verstehen Sie die folgenden Beispiele als mögliche Idee.

- Vertriebsmann/frau
- Vertriebs-Meister
- Vertriebs-Obermeister
- usw.

Weitere Beispiele dazu finden Sie in Abschn. 3.3. Klingt das zu außergewöhnlich? Natürlich ist das zunächst ungewöhnlich, aber für den üblichen "Standard" stehen weder Sie noch ich morgens auf. Natürlich werden Kunden Ihre Kameraden darauf ansprechen, wenn sie derartige Titel auf der Visitenkarte sehen. Und was ist der Effekt? Ihr Kamerad hat sofort wieder einen Aufhänger, das Gespräch solide zu starten. Er könnte erwähnen, dass Sie intern den Vertrieb in verschiedenen Stufen ausbilden, um beim Kunden nachhaltig zu begeistern. Ich kenne nur wenige Kunden, die darauf abträglich reagieren würden (das sind dann auch nicht meine Kunden). Verwundert und interessiert trifft es deutlich besser, und diesen Zustand sollten Sie zu Beginn eines Kundengesprächs erreichen, wenn es für Ihr Gegenüber interessant werden soll. Im Übrigen: Ich mag deutsche Bezeichnungen. Sind Sie international unterwegs, sind natürlich englische Übersetzungen sinnvoll, aber zwanghafte Anglizismen langweilen mich. Dafür ist die deutsche Sprache zu schön. Haben Sie Bedenken, dass das eventuell nicht zutreffen oder keine Effekte könnte? Dann denken Sie bitte kurz daran, welche Kämpfe diese Personen ausgefochten haben, um ihre Doktortitel behalten zu dürfen:

- Karl-Theodor zu Guttenberg
- Veronica Saß (geb. Stoiber)
- Silvana Koch-Mehrin
- Jorgo Chatzimarkakis
- Annette Schavan

Titel sind vielen Menschen wichtig (auch wenn es die meisten nicht offen zugeben), denn sie bringen Anerkennung für den geleisteten Aufwand – wenn die Titel im „objektiven Empfängerhorizont" einen Aufwand zur Erlangung mit sich bringen. Beim Doktortitel ist das der Fall, ob das bei Ihren internen Titeln ebenso zutrifft, liegt in Ihrer Hand, indem Sie festlegen, wie groß der Aufwand ist, um den Titel zu erlangen. Bitte vergessen Sie dabei auch nicht, Privilegien für die Titelinhaber bereit zu halten (nicht notwendigerweise mehr Gehalt, sondern insbesondere höhere Befugnisse).

2.6.3 Religion und Spiritualität

An etwas zu glauben, versetzt nicht nur sprichwörtlich Berge, sondern setzt Kraft frei. Welche enorme Kraft der eigene Glaube entfalten kann, das brauche ich Ihnen an dieser Stelle sicherlich nicht tiefer zu erläutern, richten Sie dazu nur Ihren Blick auf Religionen, im Negativen auf Terrorismus, im Positiven zum Beispiel auch sportliche Höchstleistungen. Sportler erreichen höchste Ziele nur, wenn sie tief und fest daran glauben und natürlich wie ein „Irrer" trainieren. Werter Leser, haben Sie bitte keine Sorge. Ich gehöre nicht zu der Fraktion Menschen, die anderen glauben machen wollen, sie könnten wirklich *alles* erreichen, wenn Sie nur daran glaubten. Hätte beispielsweise jemand die glühende Vision, die deutschlandweit größte Brennholzvermietung zu betreiben, dann sollte er das nächste Gespräch nicht mit einer Bank, sondern eher mit einem guten Psychologen führen. Auch das Besiedeln von außerirdischen Himmelskörpern mittels der Holzrakete von Dr. Snuggels sowie die Idee von Menschen im Alter und mit der Figur von Rainer Calmund, sich bei Olympia im Triathlon einen Medaillenplatz zu erreichen, sollten noch mal Gegenstand ausgiebiger Abwägungen werden.

Wenn man aber zum Beispiel daran glaubt, dass man seine eigene Vision wie unter Abschn. 1.1 erwähnt, mit seiner täglichen Arbeit im Vertrieb erreichen kann, dann werden Sie feststellen, dass man unter Zuhilfenahme der Vertriebskraftkette (s. Abschn. 2.7) und unter Berücksichtigung der Kongruenz zwischen Anforderungen, Fähigkeiten und Werten (s. „Flow", Abschn. 2.5) erstaunliche Ergebnisse erreichen kann. Dieser WUZAK-Prozess (vom **Wu**nsch zum **Z**iel zur **Ak**tion) muss vom

Chef angestoßen und geführt werden – selbstständig werden die Wenigsten darauf kommen.

- **WU**: Klare Formulierung der Wünsche und Träume. Was möchte ich im Leben noch erreicht, gekauft, erlebt haben?
- **Z**: Klare Ziele nach der SMARTs-Logik (ein gutes Ziel ist spezifisch, messbar, attraktiv, realistisch, terminiert und schriftlich dargelegt).
- **AK**: Aktionen. Erst wenn die ersten beiden Punkte klar sind, hat der Kamerad ausreichend innere Energie, mit vollem Einsatz die Aufgaben zu übernehmen – inklusive aller Hindernisse. Es werden „LKW-Ladungen" voller Rückschläge und Niederlagen folgen – wir brauchen dazu ein Mittel, dem standzuhalten.

Sie können diesen Glaubensaspekt in Ihre Arbeit zum Beispiel einbinden, indem auch Sie Ihren Kameraden signalisieren, dass Sie an sie glauben. Das kann zum Beispiel darin münden, dass Sie ein Ritual einführen. Dieses Ritual kann am Ende vom regelmäßigen Vertriebsmeeting stattfinden, beispielsweise indem Sie als Vertriebsleiter sagen: „Ihr könnt an mich glauben, dass ich den wichtigsten besprochenen Punkt für Euch bis zum nächsten Mal umgesetzt habe (das kann z. B. ein interner Prozess sein, der die Kameraden beim Verkaufen stört). Ich glaube fest an Euch, dass Ihr die Neukundenakquisemaßnahmen aus unserer Vertriebsstrategie bis zum nächsten Mal mit den besprochenen Kennzahlen umsetzt. Einverstanden?"

Wird das für Verwunderung bei den Kameraden sorgen, wenn Sie so etwas das erste Mal machen? Ich kann es Ihnen nahezu garantieren. Werden Sie damit ein Muster brechen, maximale Aufmerksamkeit erhalten und werden die Kameraden sich an diese Vereinbarung erinnern? Mit Sicherheit – und das ist gut so.

2.6.4 Gelingen

Wenn das „Gelingen" visualisiert wird, stiftet die Tätigkeit mehr Sinn. Der Fortschritt zum Ziel, das Erschaffene muss sichtbar werden. Jetzt ist das im Vertrieb nicht immer ganz einfach, denn schließlich handelt es sich hier häufig um ZDF (**Z**ahlen, **D**aten, **F**akten) statt ARD (**A**lle **R**eden

Drumherum). Wobei, und dieser kleine Exkurs sei mir erlaubt, der von mir sogenannte ARD-Faktor durch einen aus meiner Wahrnehmung tendenziell stark steigenden Quassel-Index leider stetig größer wird. Wer kennt diese Meetings nicht, in denen schon längst alles gesagt wurde, dummerweise noch nicht von jedem? Bei solchen Meetings hilft folgendes Vorgehen, das bereits von sehr großen und erfolgreichen amerikanischen Firmen praktiziert wird: Lassen Sie bei einem Meeting immer einen Stuhl unbesetzt. Auf diesem Stuhl sitzt der imaginäre Kunde. Sollte der Quassel-Index in einer Besprechung mal wieder unerträglich werden, fragen Sie, inwieweit diese Diskussion dem Kunden der Firma noch irgendeinen Nutzen bringt. Stellt sich dann – wie so häufig – beredtes Schweigen ein, kann man die Besprechung getrost beenden oder zum nächsten relevanten Punkt übergehen.

Wenn man nun das schon erwähnte eudaimonische Glück mit ins Spiel bringt, so wird eine Tätigkeit dann besonders sinnstiftend, wenn das Ergebnis der Tätigkeit das Werteglück des Kameraden steigert. Wenn dieses Ergebnis zusätzlich visualisiert wird, verstärkt sich dieser Effekt noch. Ich möchte Ihnen dazu ein Beispiel geben.

Beispiel

Unsere Freiwillige Feuerwehr hat sich vor einigen Jahren vorgenommen, das Feuerwehrhaus zu erweitern. Jeder, der in einem Verein aktiv ist, weiß, dass das mit viel Eigenleistung einhergeht. Somit wurde ein Plan erstellt. Wir haben ein rot verklinkertes Gebäude mit zwei größeren Rolltoren für die Fahrzeuge. In mehreren Versammlungen mit den Kameraden wurde in Skizzen und Zeichnungen dargestellt, was wir damit erreichen möchten – nämlich einen deutlich größeren Versammlungsraum für unseren Löschzug und eine Herberge für die Jugendfeuerwehr.

Ob es nun für den ein oder anderen eine besondere Motivation war, dass in dem Versammlungsraum für die aktiven Kameraden auch eine schöne Theke eingebaut wird, kann ich im Nachgang nicht mehr genau sagen, will es aber auch nicht ausschließen. Fakt war, dass ein Großteil des Löschzugs quer durch alle Altersklassen sich sehr stark engagiert hat, gemeinsam an diesem Projekt zu arbeiten. Der Fortschritt (in Form von weiteren Mauern und Räumlichkeiten etc.) war sofort sichtbar.

Es hat die Werte berührt, denn durch den Ausbau unseres Gerätehauses konnten wir die Jugendfeuerwehr beherbergen. Dies bedeutet also, jungen Kameradinnen und Kameraden eine Perspektive zu geben. Die aktivierten Werte bei dieser Aktion waren/sind: Optimismus, Aktivität,

> Begeisterung, Nachhaltigkeit, Leidenschaft, Integrität, Altruismus, jemandem dienen, Verbundenheit, Fairness.
> Viele Stunden wurden von den Kameraden investiert, um das Gebäude zu errichten. Selbstredend ohne jegliche „Provisionsregelung".

Warum vereinbaren Sie mit Ihren Kameraden im Vertrieb nicht neben dem üblichen monetären Zielen auch generative Ziele? Diese Art von Ziel fokussiert sich darauf, dass bei Erreichen des Ziels für andere, die Hilfe benötigen, etwas Gutes getan wird. Durchschnittlich ab ca. dem 40. Lebensjahr wird es für Menschen wichtiger, sich aktiv für andere einzusetzen, wenn es ihnen möglich ist. Deswegen wird nicht jeder Vertriebler zur Mutter Theresa und es gibt immer egozentrische Ausnahmen, dennoch trifft es auf das Gros der Kameraden zu (vgl. Blickhan 2015).

Warum sollte man nicht für die Vertriebsregionen ein Teamziel vereinbaren? Motto: „Wenn dieses Teamziel erreicht wird, bauen wir in Afrika eine Schule." Damit der Fortschritt beim Erreichen des Ziels ständig visualisiert wird, könnte man dies mit einer einfachen Animation in einer PowerPoint-Präsentation sehr schnell realisiert werden – in etwa nach dem Motto: Jede weitere Umsatzmillion lässt eine Mauer in der Schule entstehen, bestenfalls dargestellt mit realen Bildern von dem Projekt, das Sie fördern.

Der Effekt? Die (Vertriebs-)Arbeit stiftet sofort wieder mehr Sinn, das eudaimonische Glück der Kameraden wird direkt aktiviert, der Kamerad sieht, dass er etwas Sinnvolles erschafft und kann dabei auch den Fortschritt beobachten. Dieser Effekt ist erstklassig mit der in Abschn. 2.7 veranschaulichten Vertriebskraftkette kombinierbar (Aufbautätigkeit -> Nutzen -> Wert). Zusammengefasst bedeutet das: „Bei meiner telefonischen Kaltakquise in meiner Zielgruppe sorge ich neben dem, was ich mehr verdiene (und damit z.B. meine Familie ernähre), dafür, dass wieder ein Stein mehr für die Schule in Afrika gekauft werden kann."

Ich habe schon Gespräche mit Verkäufern geführt, die alles hinwerfen wollten und sich gewünscht haben, „Maurer" zu werden. „Da kannst du jeden Tag sehen, was du ‚erschaffen' hast, und sei es ausschließlich eine Mauer, aus der im Ergebnis ein Haus entsteht. Im Verkauf sehe ich das nicht, ich sehe nur Zahlen. Es ergibt für mich keinen Sinn!"

Nun ist der fehlende Sinn Gott sei Dank nicht bei jedem Verkäufer derart ausgeprägt, dennoch gilt: Je besser Sie visualisieren, was der Kamerad im Verkauf zum Beispiel mit generativen Zielen erschafft, desto besser.

Wie die nun folgende Vertriebskraftkette dafür sorgte, dass ein Trainingsteilnehmer an einem Tag über eine dreiviertel Million Euro Projektangebotsvolumen bei 20 verschiedenen Potenzialkunden mit über 100 Telefonaten akquirierte, erfahren Sie jetzt.

2.7 Wie die Vertriebskraftkette wirkt

Wer kennt das Problem als Führungskraft nicht? Wenn es um Tätigkeiten geht, auf die man entweder selbst oder der Kamerad keine Lust hat, geht es nicht vorwärts. Nehmen wir als Beispiel die telefonische Neukundenakquise. In der Situation eines Vertriebschefs ist es in aller Regel so, dass ständig darauf hingewiesen wird, dass zu wenige Neukunden akquiriert werden. Und jeder Vertriebschef kennt die üblichen Ausreden der Kameraden, warum gerade in dieser Woche wirklich überhaupt keine Zeit war, um Neukunden zu akquirieren.

Wie schaffen wir es also, diese meist stiefmütterlich behandelten Aufbauaktivitäten trotzdem in den täglichen Ablauf der Kameraden zu etablieren? Bei der Feuerwehr klappt es schließlich auch. Ein Großteil der Kameraden ist bereit, sogar zu einem überwiegenden Teil der Einsätze Tätigkeiten auszuführen, die garantiert keinen Spaß machen. Vielleicht gibt es Menschen, denen es Spaß macht, nachts um 3:30 Uhr bei eiskaltem Wind auf einer Bundesstraße Ölspuren weg zu fegen. Ich glaube allerdings, dass dieser Anteil ähnlich gering ist wie der prozentuale Anteil der Züge, die bei der Deutschen Bahn wirklich pünktlich fahren. Der Grund dafür ist, dass die Korrelation zwischen der Aufbauaktivität, dem Nutzen und dem persönlichen Wert vorhanden ist. Interessanterweise ist die Korrelation weiß Gott nicht jedem Kameraden bei jedem Einsatz bewusst, dennoch ist es die unterbewusste Triebfeder. Den Aufbau der Vertriebskraftkette sehen Sie in Abb. 2.6.

Beim Feld Stärke/Wert/Wunsch/Ziel gehen Sie mit Ihrem Kameraden diese Fragen durch:

2 Glück und Erfüllung im Vertrieb

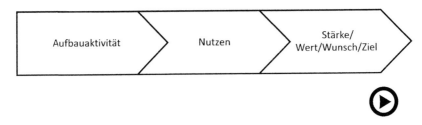

Abb. 2.6 Vertriebskraftkette

- Welche Stärke kann der Kamerad bei dieser Aktivität einsetzen? Wie wir in Abschn. 2.4 gesehen haben, ist es ein erfüllendes Gefühl, seine eigenen Stärken auf verschiedene Weise einsetzen zu können.
- Welchen für ihn wichtigen Wert kann er damit erfüllen?
- Welchen Wunsch kann er damit (schrittweise) in Erfüllung gehen lassen?
- Welchem Ziel kommt er damit (sukzessive) näher?

Welches Bild möchte er vor seinem geistigen Auge sehen, wenn er morgens aufsteht? Wofür springt er aus dem Bett? Aus dem Interview mit Hartmut Ziebs wurde übrigens klar: Die Kameraden nicht im Stich zu lassen ist ebenso eine starke Triebfeder. Dieses Bedürfnis habe ich aber nur, wenn Vertrauen in der Truppe herrscht.

Darüber hinaus: Was würde er kaufen oder machen, wenn er 1 Million Euro zur freien Verwendung hätte? Üblicherweise ist das gar nicht definiert, insofern müssen Sie das mit Ihren Kameraden klar besprechen und die richtigen Fragen stellen. Zur Vorbereitung eines solchen Gesprächs mit Ihrem Kameraden können Sie auch die Fragen aus der Einsatzübung Nr. 10 nehmen. Das Ziel dieses Gesprächs ist, das dritte Glied der Vertriebskraftkette je Kamerad individuell mit Leben zu füllen. Das bedeutet, die Fragen zu beantworten, worauf er hinarbeitet und inwiefern die Aufbauaktivität dabei hilft, genau das zu erreichen bzw. zu erfüllen.

Legen Sie sich vor dem Gespräch ein paar Fragen zurecht, Beispiele finden Sie in der eben genannten Übung. Bei der Feuerwehr ist diese Kette wie in Abb. 2.7 aufgebaut.

Bei den Brandschützern könnte man diese Kette für jede Aufbauaktivität ausfüllen. Im Vertrieb geht das ebenso. Lassen Sie mich dazu einen kurzen Erfahrungsbericht erzählen.

In brennendes Haus laufen	→	Menschen retten	→	Mut/Altruismus/ Mitgefühl / Dankbarkeit

Abb. 2.7 Vertriebskraftkette: Aufbauaktivitäten am Beispiel der Feuerwehr

Beispiel

Ein Auftraggeber im Bereich des Maschinenbaus hatte mich gebeten, einen seiner guten Leute (namens Martin) einzeln zu trainieren. Wir trafen uns an einem Dienstagmorgen um 8:00 Uhr in der Nähe von Braunschweig in der Filiale des Unternehmens. Der Besprechungsraum war schön mit Holz ausgekleidet – nett. Wir waren beim „Du", und so stiegen wir gleich zackig in das Training ein.

Martin war etwas skeptisch, denn als erfolgreicher Maschinenverkäufer hatte er schon viele Verkaufstrainings mitgemacht, die ihm nicht wirklich viel gebracht haben.

Ich legte einen Zettel vor ihn auf den Tisch. Auf dem Zettel stand nur eine einzige Bitte: „Schreib hier deine Wünsche und Träume auf". Er schaute mich sehr verdutzt an und sah sich in seiner Skepsis bestätigt. Es folgte eine längere Pause. Er schrieb ein paar Stichpunkte auf, und plötzlich sprang er auf und schrie in den Raum „Männerkeller!".

„In unserem Haus befindet sich im Keller ein großer Raum. Dort muss ein hochfloriger Teppich rein. Die Decke und die Wände möchte ich schwarz mit Eiche verkleiden. Hinten links in der Ecke soll eine Bar stehen, in den Regalen der Bar befinden sich kostbare Whiskysorten. In diesem Männerkeller stehen große Ledersessel, bei denen die Knöpfe tief eingedrückt sind. Englische Machart eben! Zudem befindet sich dort ein 64 Zoll Curve Flachbildfernseher, darunter steht die neueste und beste Spielekonsole, die man für Geld kaufen kann! Und in diesem Männerkeller, Stephan, möchte ich einmal in der Woche meine Jungs treffen, etwas Fußball gucken, online Fußball spielen und in Ruhe ein Bier trinken. Das ist mein Traum."

Ich guckte anfangs etwas erstaunt, stellte mir das vor, und dachte: „Warum nicht?" Ich fragte ihn: „Wie viel Geld brauchst du dafür?"

Er: „Wenn ich so überschlage, ca. 10.000 Euro"

Ich: „Alles klar. Dann rechnen wir nun schnell aus, wie viele Neukundentelefonate du machen wirst, bis dein Ziel erreicht sein wird. Ok?"

Er schaute mich wieder etwas verdutzt an. Wir haben dann gemeinsam errechnet, wie viele Wählversuche er in seinem Verkaufsgebiet bei Neukunden machen musste, um 10.000 Euro netto an Provision zu erhalten. Das Ergebnis waren 300 Anrufe. Innerhalb der darauffolgenden vier Wochen

2 Glück und Erfüllung im Vertrieb

hat er an vier Arbeitstagen jeweils zwischen 80 und 100 Wählversuche getätigt. Er hat sich überlegt, wie er in das Telefonat einsteigen kann, damit sofort Interesse beim potenziellen Kunden geweckt werden kann. Er bereitete sich strukturiert auf die Telefonate nach unserem Plan vor und er war äußerst hartnäckig.

Das einzige Problem, das Martin nach dieser Trainingsrunde nur noch hatte, war, dass es schwierig wurde, alle durch die Telefonakquise vereinbarten Termine einzuhalten. Sein Telefon brannte, sein Wille war entzündet. Von den eingangs erwähnten ca. 750.000 Euro Angebotsvolumen, das er akquirierte, konnte er ca. 450.000 Euro Umsatz generieren. Das wurde maßgeblich mithilfe der „Vertriebskraftkette" erreicht.

Wie die Vertriebskraftkette über die Aufbauaktivität „Neukunden-Kaltakquise" in diesem Fall wirkte, sehen Sie in Abb. 2.8.

Es hilft ungemein, Ihren Kameraden klar vor Augen zu führen, inwiefern die jeweilige Aufbauaktivität zu den individuellen Wünschen, Zielen oder Werten führt. Auch hier sollten Sie Ihre Kameraden nicht per PowerPoint-Präsentation frontalbeschallen, sondern die Kette gemeinsam erarbeiten. In diesem Kontext wird die enorme Bedeutung des Zitats von Werner von Siemens deutlich:

Wort-Melder

„[...] In dem ‚Ich will' liegt eine mächtige Zauberkraft, wenn es ernst damit ist und Tatkraft dahinter steht!"

Im Folgenden finden Sie die Anleitung zur Anwendung der Vertriebskraftkette in der Vertriebspraxis.

Abb. 2.8 Vertriebskraftkette: Aufbauaktivitäten am Beispiel telefonische Neukundenakquise

> **Einsatzübung Nr. 12: Vertriebskraftkette**
> **Übungszeitpunkt:**
> Beim nächsten Gespräch mit einem Ihrer Kameraden.
> **Ziel der Übung:**
> Sie wissen konkret, wie Sie die Vertriebskraftkette in Ihrer Praxis anwenden können.
> **Ablauf:**
> Geben Sie die folgende Adresse in Ihren Browser ein und laden die Vorlage „Vertriebskraftkette" herunter: https://koberaktiviert.de/buch_feuer_flamme_downloads oder scannen Sie diesen QR Code:
>
>
>
> Sehen Sie sich zudem das Video in Abb. 2.6 an.

Wenn Sie wirklich die Herzen Ihrer Kameraden erreichen möchten, sprechen Sie von Dingen, die *sie* interessieren. Und nicht ausschließlich von den Dingen, die *Sie* interessieren. Auch wenn das vielleicht viele von Ihnen nicht hören möchten, aber das erste Interesse Ihrer Kameraden ist eben nicht immer, dass möglichst viel Umsatz und Ertrag in den Gebieten erzielt wird. Die wahre Motivation liegt deutlich tiefer, nämlich in der Erfüllung der eigene Werte, Ziele und Wünsche.

Verbinden Sie diese beiden „Seilenden", also das unangenehme Erledigen von Aufbauaktivitäten über den Nutzen hin zur Erfüllung von Werten Ziele und Wünschen, dann wird Kraft freigesetzt. Unbändige Energie! Auf den Punkt gebracht:

> **Wort-Melder**
> Bei der Vertriebskraftkette geht es darum, gemeinsam und individuell eine Symbiose aus dem, was dem Menschen wichtig ist (Werteebene), was er gut

> kann und gerne macht (Aufblühaktivitäten in Verbindung mit Charakterstärken) und Handlungsenergie für die Aufbauaktivitäten zu schaffen und zu aktivieren. **Die Intensität des Verlangens bestimmt den Grad der Entschlossenheit.**

Damit sich auch die Skeptikerfraktion unter Ihnen schwertut, passende Probleme für diese Lösung zu finden: Der Neurologe und Autor Professor Christof Kessler geht dafür in die weite Welt unseres Gehirns, um dieses Phänomen zu erklären. Vorweg erwähne ich zur Klarstellung der Nomenklatur: Antizipation beschreibt die mentale Vorwegnahme eines zukünftigen positiven Erlebnisses. Beispiel: Der Läufer trainiert hart in der Erwartung, dass er den Marathon besteht oder gar gewinnt. Bestenfalls hat er vor seinem geistigen Auge visualisiert, wie er (womöglich als Erster) durch die Ziellinie rennt. Professor Kessler schreibt, dass im Hirn das sogenannte „Cingulum" dafür verantwortlich ist, dass sich wahre Erfolgserlebnisse erst einstellen können, wenn vorher ein gewisser Verzicht stattgefunden hat. Man könnte es ebenso den Belohnungsaufschub nennen. Erinnern Sie sich bitte an das Beispiel mit der Backmischung – wenn wir für eine gewisse Sache nur wenig Aufwand hatten, bewerten wir sie tendenziell als weniger „glücksstiftend". Wenn wir allerdings viel Aufwand betreiben und in Erwartung eines freudigen Ergebnisses sind, vollzieht sich die Antizipation und das Glücksgefühl ist höher (vgl. Kessler 2017). Eine Aufgabe der Vertriebskraftkette ist, diese Verbindung herzustellen zwischen Verzicht/Aufwand und dem Wunsch, um damit die Antizipation zu erleben. Das erkannte schon Muhammad Ali, als er sagte: „I hated every minute of training, but I said, ‚Don't quit. Suffer now and live the rest of your life as a champion.'" (BrainyQuote o. J.)

Wenn Sie es als Chef hinbekommen, sich in die Lage Ihres Verkäufers zu versetzen und den wirklichen Wunsch innehaben, den Mensch hinter diesem Verkäufer glücklicher zu machen, dann haben Sie eine perfekte Grundlage für eine enorme Leistungssteigerung in Form von mehr Neukunden, höheren Umsätzen und weniger Preisrabatten geschaffen. In diesem Punkt möchte ich auf den Bestsellerautor Steven Covey verweisen. Das Grundprinzip lautet: „Erst verstehen, dann verstanden werden"

(Covey 2014). Exakt dieses Prinzip wendet sowohl der erfolgreiche Löschzugführer als auch der exzellente Vertriebsleiter an.

Die Selbstwirksamkeit (Zusammenspiel zwischen Selbstvertrauen und der Fähigkeit, die eigenen Stärken in der Praxis in die Tat umzusetzen) wird unweigerlich steigen. Sie werden nach der Mitarbeiter-Begeisterung mehr Kunden-Begeisterung spüren, denn das überträgt sich automatisch auf das tägliche Handeln Ihres Kameraden, wenn er direkt mit dem Kunden zusammenarbeitet.

> **Wort-Melder**
>
> „If you look after your staff, they'll look after your customers. It's that simple" Sir Richard Branson (2018).

Fakt ist aber auch, dass den wenigsten Menschen diese Zusammenhänge klar sind. Wenn der Impuls nicht von Ihnen kommt, dann wird alles so weiterlaufen wie bisher. Aber ich glaube nicht, dass Sie, werter Leser, für das Mittelmaß jeden Morgen aufstehen. Ich möchte auf meinem Gebiet der Beste sein, ich bin sicher, Sie möchten das auch.

Ich habe anfangs von einer Schritt-für-Schritt-Anleitung gesprochen, die Ihnen hilft, die besten Verkäufer Ihrer Branche zu finden und zu halten und die lukrativsten Kunden zu gewinnen. Diese folgt nun in Kap. 3 in Form des STAKKATO-Modells.

> **Einsatzbericht**
>
> **Erkenntnisse aus dem Einsatz:**
>
> - Menschen neigen dazu, das hedonische Glück zu bevorzugen, weil es schneller zu erreichen ist. Das ist der Unterschied zwischen Spaß/Vergnügen und Glück. Vergnügen ist das Erlebnis im Augenblick, Glück berührt die Werte und hält länger an. Um Leistung und Loyalität Ihrer Mitarbeiter zu steigern, sollten Sie einen Weg anbieten, der ihnen die Möglichkeit bietet, mehr vom eudaimonischen Glück zu erleben. Das ist keine Anleitung zur Askese, sondern eine Chance auf ein größeres Gefühl der Erfüllung und zu mehr Antrieb, um Vertriebserfolge zu forcieren (und dafür Energie zu investieren). Die alten Methoden der Vertriebsführung berücksichtigen das nicht.

- Die Ordnung im Bewusstsein und der Flow unterstützten dabei. Sinnstiftende Aufgaben geben dem Kameraden eine Antwort auf das „Warum" – es sich lohnt, vollen Einsatz zu zeigen.

Wie nutzen Sie dies für Ihren „Einsatz"?

- Führen Sie den „Values in Action"-Test auf www.charakterstaerken.org durch. Bieten Sie das auch Ihren Kameraden an.
- Laden Sie das Flow-Modell herunter und schreiben Sie für sich Namen an die jeweiligen Emotionen – welcher Ihrer Kameraden steht im Modell an welcher Emotion? Legen Sie später bei der Formulierung der Vertriebs- und Lebensstrategie (Abschn. 3.1.4) fest, was Sie unternehmen, sollte sich der Kamerad zu selten im „Flow" befinden.
- Testen Sie bei Aufbauaktivitäten mit Ihren Kameraden die Vertriebskraftkette und beginnen Sie nicht mit den hauptamtlichen Bedenkenträgern, sondern mit denen, die offen für Neues sind. Damit ist es für Sie einfacher, die praktische Anwendung zu üben, ohne dass Ihnen gleich jemand suggeriert, dass das wieder „neumodischer Quatsch" sei.
- Sollten Ihre Kameraden bei neuen Methoden skeptisch werden, halten Sie durch! Skepsis ist ein besonders gutes Zeichen, denn Sie brechen damit altbekannte Muster und Strukturen auf.

Literatur

Blickhan D (2015) Positive Psychologie. Junfermann, Paderborn

BrainyQuote (o. J.) Muhammad Ali. https://www.brainyquote.com/quotes/muhammad_ali_148629. Zugegriffen am 15.05.2019

Branson R (2018) Look after your staff, they'll look after your customers. It's that simple. http://virg.in/lys. https://twitter.com/richardbranson/status/449234741661687809?lang=de. Zugegriffen am 18.11.2018

Buckingham M, Clifton DO (2002) Entdecken Sie Ihre Stärken jetzt!: Das Gallup Prinzip für individuelle Entwicklung und erfolgreiche Führung. Campus, Frankfurt am Main/New York

Carnegie D (2017) Wie man Freunde gewinnt. Fischer Taschenbuch, Frankfurt am Main

Collins CJ (2007) Research Report on Phase 5 of Cornell University/Gevity Institute Study: Human Resource Management Practices and Firm

Covey S (2014) Die 7 Wege zur Effektivität. Gabal, Offenbach

Csikszentmihalyi M (2018) Flow. Klett-Cotta, Stuttgart

Diener E (2011) Happiness: Unlocking the mysteries of psychological wealth. Blackwell Publishing, Malden
Dobelli R (2012) Die Kunst des klugen Handelns. Hanser, München
Ferris T (2015) Die 4-Stunden-Woche. Ullstein, Berlin
Honigstein R (2017) Ich mag wenn's kracht. Ullstein extra, Berlin
Kahneman D, Deaton A (2010) High income improves evaluation of life but not emotional well- being. https://www.pnas.org/content/pnas/107/38/16489.full.pdf. Zugegriffen am 20.12.2018
Kessler C (2017) Glücksgefühle. Bertelsmann, München
Keyes CLM (2002) The mental health continuum: from languishing to flourishing in life. J Health Soc Behav 43(2):207. https://doi.org/10.2307/3090197
Kober S (2018) Feuerwehr macht glücklich. Interview mit Hartmut Ziebs. https://koberaktiviert.de/interview-feuerwehrpraesident. Zugegriffen am 23.10.2018
Lyubomirsky S (2008) The How of Happiness: A new approach to getting the life you want. Penguin Books, New York
Nink M (2016) Engagement Index Deutschland 2016. Pressegespräch 22. März 2017. https://www.gallup.de/183104/engagement-index-deutschland.aspx. Zugegriffen am 19.12.2018
Universität Zürich (o. J.) Was sind Ihre Stärken? https://www.charakterstaerken.org/. Zugegriffen am 15.08.2018

3
STAKKATO für Feuer im Vertrieb – das Was, Warum und Wie

Zusammenfassung In diesem Kapitel erfahren Sie, welche Vertriebskraft entsteht, wenn die Vertriebsstrategie gemeinsam erarbeitet, verstanden und akzeptiert wird. Außerdem lesen Sie, warum in dieser Strategie das „große Bild" Ihres Unternehmens wichtig ist und warum Sie daraus eine lebendige Zukunftsstory kreieren sollten. Welche Muster können Sie von der Feuerwehr und den erfolgreichsten Fußballtrainern einfach kopieren, um damit in Mannschaften etwas auszulösen? Wir gehen darauf ein, warum der Vertrieb innerhalb des Unternehmens deutlich mehr zu sagen haben muss und wie Sie das innere Feuer Ihrer Kameraden aktivieren. Zudem erfahren Sie, welche Aspekte Sie bei der Erstellung einer packenden Zukunftsgeschichte Ihres Unternehmens beachten sollten und warum Sie auf keinen Fall die interne Präsentation so durchführen sollten, wie es üblich ist. Sie erhalten Antworten auf die Frage, warum ständiges Training unentbehrlich ist und wie Sie es schaffen, dass die

---

Elektronisches Zusatzmaterial Die elektronische Version dieses Kapitels enthält Zusatzmaterial, das berechtigten Benutzern zur Verfügung steht https://doi.org/10.1007/978-3-658-26526-7_3. Die Videos lassen sich mit Hilfe der SN More Media App abspielen, wenn Sie die gekennzeichneten Abbildungen mit der App scannen.

richtigen Methoden trainiert und in der Praxis angewendet werden, um schneller Erfolge zu erzielen. Was die eigenen Werte, Charakterstärken und der sogenannte „Flow-Zustand" damit zu tun haben und warum „sinn-volles" Vorgehen entscheidend ist, um all diese Fragen dreht sich das folgende Kapitel. Zu guter Letzt biete ich Optionen an, wie Sie die Organisation außerhalb des Vertriebs motivieren, an einem Strang zu ziehen. Und ja, Ihre jetzige Vermutung ist korrekt: Es ist ein umfangreiches Kapitel, aber es macht Freude!

Fragt man die Kameraden, welches Bild sie von ihrem Unternehmen in den nächsten fünf Jahren haben, dann erntet man ähnlich große Augen wie die des erschrockenen Rehs im Fernlichtkegel eines Autos. Ich nenne es den „Reh-Effekt". Gewöhnlich folgt darauf der „Hamster-Effekt" - nämlich prustende dicke Backen, verbunden mit einem ahnungslosen Seufzer. Wenn jedoch den Kameraden an der operativen Front dieses Bild nicht klar ist, wie sollen sie dann daran mitarbeiten, es zu erreichen? Wie soll da jemals im Team ein Bild entstehen, nach dem Motto: „Wir arbeiten zusammen an etwas Großem"? Mit dem STAKKATO-Modell möchte ich die Lücke zwischen dem, was Chefs wollen, und dem, was die Kameraden aus eigenem Antrieb umsetzen, endlich schließen.

Der Weg zum vertrieblichen Marktführer ist erstens kein einfacher und zweitens gibt es dazu keine Abkürzung. Wäre es so, gäbe es sehr viele Marktführer, und das ist an sich schon ein Paradoxon. Das ist die schlechte Nachricht. Die gute Nachricht ist, dass das Modell im Grunde einfach ist – aber nicht immer leicht. Das heißt: Es ist zwar einfach, die angewandte Methode zu verstehen und das Modell nachzuvollziehen, es ist aber sicher nicht immer leicht, die Dinge in der Praxis umzusetzen. Der Stress des Alltags und die vielen internen Widerstände sorgen dafür, dass Sie als Galionsfigur, die bei dem Prozess vorangeht, ein mächtiges Rückgrat haben müssen, um die Dinge umzusetzen. Das wird umso schwerer, je besser die derzeitige Auftragslage ist, denn dann sieht keiner die Notwendigkeit, etwas zu verändern. Dazu sei an dieser Stelle von meiner Seite der Appell an Sie gerichtet: Halten Sie durch, es lohnt sich! Denn erfolgreiche Vertriebschefs sind wie exzellente Löschzugführer: Sie lassen erst von ihrem Vorhaben ab, wenn der Einsatzauftrag erfolgreich abgeschlossen ist – gegen alle (!) Widerstände. Ein Löschzugführer kann schließlich bei einem Großbrand auch nicht sagen: „Hoppla, die Flammen sind aber doch recht hoch. Lass mal, dann rücken wir lieber wieder ab."

> **Das Akronym STAKKATO**
>
> - **ST** – Strategie: Erstellen Sie eine klare Vertriebsstrategie und ein Bild von Ihrer Firma in fünf oder zehn Jahren. Bieten Sie Ihren Kameraden an, gemeinsam eine „Lebensstrategie" zu erstellen.
> - **AK** – Aktivieren: Mithilfe der eigenen Zukunftsstory, etwa in Form eines Zeitungsartikels, können Sie sich und Ihr Team aktivieren. Sie nehmen vorweg, was in diesem Artikel eines renommierten Blatts in fünf bzw. zehn Jahren stehen soll.
> - **KAT** – Kraft aus Training: Welche Bereiche müssen wie trainiert werden, um die Umsetzung zu befeuern?
> - **O** – Organisation: Die beste Strategie, die packendste Story und das aktivierende Training nützen nur wenig, wenn die internen Abläufe so rund laufen wie ein V6-Dieselmotor, der mit Schweröl betankt wird. Die Organisation dahinter, d. h. die Zusammenarbeit zwischen Innen- und Außendienst, muss funktionieren.

Ich „seziere" nun das Modell für Sie, sodass Sie jeden einzelnen Teilschritt nachvollziehen können.

3.1 ST: Starke *St*rategie statt blinder Aktionismus

Sagen Sie, in welcher Zeile von Abb. 3.1 finden Sie sich mit Ihrem Unternehmen wieder?

Es soll Unternehmen geben, die diesbezüglich den allseits bekannten Spruch aus dem Film „Das Leben des Bryan" – „Jeder nur ein Kreuz" leider nicht beherzigen können. Denn wenn ich Führungskräfte frage, was ihre Verkäufer auf die Frage: „Wie sieht die Vertriebsstrategie unserer Firma aus?" antworten würden, gibt es im Normalfall zwei Varianten der Antwort.

1. Die Antwort mit vielen Management-Phrasen: „Wir haben die Vertriebsstrategie auf dem letzten Vertriebsmeeting präsentiert und über die Führungskräfte kaskadiert. Damit soll sichergestellt sein, dass der Wissenstransfer vom Management über die mittlere Führungsebene …" usw. usf., ich erspare Ihnen die weiteren Worthülsen.

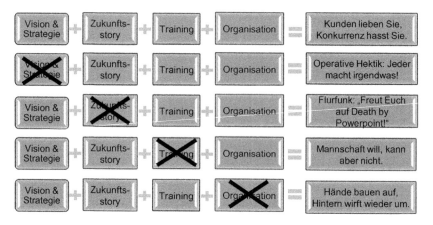

Abb. 3.1 So funktioniert B2B-Vertrieb

2. Die ehrliche Antwort: „Vermutlich schauen die mich mit großen Augen an und fragen sich, was ich jetzt wieder will."

Verbal und nonverbal kann ich erkennen: Nahezu jeder der bisher Befragten fühlt sich insgeheim ertappt, dass das wohl bei denen, die die Strategie umsetzen sollen, nicht präsent ist. Dem Rezipienten der Frage wird dann bewusst, dass es nicht besonders clever ist, die Strategie in abgeschotteten Managementrunden zu entwickeln und dann per PowerPoint zu „kaskadieren". Die Strategie kommt schlicht und ergreifend nicht bei den Protagonisten an, die sie umsetzen sollen.

Sollten Sie darauf unerwartet spontan eine klare Antwort erhalten, die sich mit dem deckt, was Sie unter Ihrer Vertriebsstrategie verstehen, dann haben Sie bereits einen entscheidenden Vorteil gegenüber einem Großteil Ihrer Konkurrenz. Bei allen anderen Reaktionsmöglichkeiten (Achselzucken, nichtssagende Phrasen wie „wir müssen mehr Umsatz machen" oder „gute Kundenbeziehungen aufbauen" oder „das wüssten wir auch gerne") sollten Sie dieses Buch geradezu aufsaugen.

Es kann als Chef gefährlich sein, keine allgemein bekannte, akzeptierte und schnell anwendbare Vertriebsstrategie vorzuweisen. Kennen Sie Kollegen in der Branche, die sich auf der linken Seite der von Abb. 3.2 wiederfinden?

3 STAKKATO für Feuer im Vertrieb – das Was, Warum und Wie

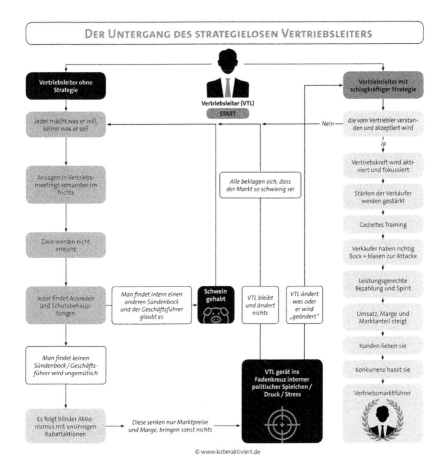

Abb. 3.2 Der Untergang des strategielosen Vertriebsleiters

Nach meiner Erfahrung gibt es zwei Hauptgründe, warum Unternehmen im Vertrieb viele (Umsatz-)Möglichkeiten liegen lassen:

1. Es gibt keine Vertriebsstrategie. Der Chef hat meistens zumindest unterbewusst einen relativ klaren Plan, wo er mit der Firma bzw. seinem Vertrieb hin möchte. Befragt man diese Führungskräfte allerdings danach, wie es um den Wissensstand der Strategie in der Mannschaft steht (siehe die Frage nach der aktuellen Vertriebsstrategie), dann wird es häufig sehr still im Raum. Es liegt keine Strategie vor,

die den Namen verdienen würde. Lieblos zusammengeklatschte PowerPoint-Folien voll mit Faktengräbern und lustlosen Excel-Diagrammen zählen ausdrücklich nicht dazu.
2. Es gibt eine Vertriebsstrategie, aber keiner setzt sie um. Der Führungskreis wiegt sich in Sicherheit, denn er hat aus seiner Sicht die Hausaufgaben gemacht: Es gibt eine (Vertriebs-)Strategie. Auch hier hilft wieder der Test mit der Frage an die Verkäufer, wie die aktuelle Vertriebsstrategie aussieht.

Machen auch Sie den Test, egal ob Sie glauben, dass Sie eine Vertriebsstrategie haben oder nicht. In den seltensten Fällen herrscht Kongruenz zwischen der Strategie, die die Führungskräfte im Kopf haben, und der der Kameraden. Führen Sie einfach diese Einsatzübung durch:

Einsatzübung Nr. 13: Vertriebsstrategie-Test

Bester Übungszeitpunkt:
Das nächste Gespräch mit Ihren Kameraden, am besten in Einzelgesprächen.
Ziel der Übung:
Sie gewinnen Klarheit darüber, wie gut Ihre Verkäufer über Ihre aktuelle Vertriebsstrategie Bescheid wissen.
Ablauf:
Stellen und diskutieren Sie im nächsten Gespräch mit Ihren Verkäufern diese Fragen:

- Was sind aus Ihrer Sicht die Kerninhalte unserer Vertriebsstrategie?
- So, wie Sie die Strategie verstanden haben: Wo wollen wir hin?
- Wie und warum machen wir das?
- Was ist Ihre persönliche Aufgabe in diesem „Spiel", damit wir das „große Bild" erreichen?
- Und was sind die zwei wichtigsten Maßnahmen, die Sie derzeit dazu konkret umsetzen?

Das sind Fragen, auf die Ihre Kameraden eine sofortige Antwort parat haben sollten. Denn wenn diejenigen, die die Strategie in die Praxis umsetzen sollen, sie nicht kennen oder nicht konkret wissen, welche Maßnahmen sie dafür umsetzen müssen, kann die Strategie niemals Früchte tragen.

Lassen Sie uns das mit einem Feuerwehreinsatz vergleichen. Dort gibt es zu jedem Alarm absolut eindeutige Informationen zu den Fragen:

- Wo ist der Einsatzort?
- Was ist das Einsatzziel?
- Wie kommen wir zum Einsatzort?
- Welche Kräfte werden alarmiert und benötigt, um das Ziel zu erreichen?

Zudem gibt es zu jedem Einsatzstichwort eine Einsatzstrategie und Taktik, um schnellstmöglich beste Ergebnisse zu erreichen. Diese Strategie und Taktik werden in der Gruppe entwickelt und trainiert. Strategie und Taktik werden ohne Diskussion umgesetzt. Was nicht heißt, dass die Kameraden mundtot gemacht werden – in der Vorbereitung und in der Übung wird viel diskutiert und besprochen. Aber im Einsatz hat das Diskutieren nichts verloren – meine Erfahrung ist, dass in Unternehmen viel zu viel diskutiert und viel zu wenig umgesetzt wird.

Sehen Sie sich bitte das Beispiel eines Alarm-Faxes an (Abb. 3.3). Auf einer Seite sind alle relevanten Infos kurz und knapp zusammengefasst – nicht zu umfangreich, aber doch in der notwendigen Ausführlichkeit, die der Zugführer und die Kameraden benötigen, um den Einsatzauftrag möglichst effizient und erfolgreich abzuarbeiten (zur Erläuterung: „Alarmdepesche" ist das Alarm-Fax im Feuerwehrjargon).

Anders verhält es sich bei vielen Vertriebsstrategien: Entweder sind sie schlicht und ergreifend nicht vorhanden oder viel zu inhaltsleer formuliert. Eine weitere Möglichkeit: Sie fristen ihr glanzloses Dasein in elendig überlangen und nichtssagenden PowerPoint-Präsentationen, deren Inhalte meist selbst die Führungskräfte nicht in klaren, knappen Worten umreißen können.

Zur Vertriebsstrategie gehört die Vision, also das Bild von Ihrem Unternehmen in fünf oder zehn Jahren. Damit meine ich nicht, dass Sie jetzt langatmige Marketing-Workshops durchführen müssen, welche als Ergebnis eine nahezu komatös langweilig anmutende Vision hervorbringen, die für jede Firma gelten könnte. Vielmehr geht es darum, ein konkretes und anschauliches Bild zu kreieren, das zeigt, wofür Ihre Firma steht – ein Bild, das jeder Verkäufer im Kundengespräch vor seinem geistigen Auge

```
=================================================================
Feuerwehr-/Rettungsleitstelle
Kreis Beispielkreis

                        ALARMDEPESCHE
                            Brand


Einsatz-Nr.      Datum-Uhrzeit        Meldeweg           angelegt von
4711-0815        01.04.2019 12:00     tel., Herr Muster  Disponent XY
Einsatzmeldung
=================================================================
Str./Hausnr.     Blumenstraße 44|
Ortst./Gem.      Musterort, Stadt Beispielstadt

Stichwort        Brand_1 „unklare Rauchentwicklung"
Bemerkungen      Anwohner meldet Rauchentwicklung bei landwirtschaftlichem Anwesen


Alarmierungen
=================================================================
Bezeichnung      Funkruf              Stärke       alarmiert    eingetroffen
-----------------------------------------------------------------
LF20 BWK         FI Erw 3 LF20 1      0/0/1/8//9   12:01
LF10 BWK         FI Erw 3 LF10 1      0/0/1/8//9   12:01


=================================================================
=================================================================
```

Abb. 3.3 Alarmfax der Feuerwehr

aufrufen kann, um dann auch dem Kunden eine Vorstellung davon zu vermitteln. Wenn ein berühmter Regisseur in zehn Jahren einen Film über Ihre Firma drehen würde: Was würden die Zuschauer sehen, welche Kernbotschaft würde transportiert?

Überlegen Sie sich genau, wie es gelingt, dass sich Ihre Verkäufer und Sie, ja, im Prinzip alle Beteiligten, die Vision vor das geistige Auge rufen und sie visualisieren können. Dies ist substanziell wichtig, damit sich jeder im wahrsten Sinne des Wortes ein Bild davon machen kann, warum er vollen Einsatz zeigen und die Strategie mit Leben füllen will. Das Bild muss die Menschen und deren Herzen aufwühlen und bewegen. Ich selber engagiere dazu beispielsweise Illustratoren, die Bilder davon zeichnen, was wir mit unserem Team in 5 Jahren (spätestens) erreicht haben möchten.

Nun werden Sie sicherlich schon einige Bücher zu den Themen Strategie, Vertrieb und Führung gelesen haben. Was glauben Sie: Wie viel Prozent dessen, was Sie bisher in Schule, Studium und Weiterbildungen zu diesen Themen gelesen und erfahren haben, konnten Sie wirklich in der Praxis umsetzen? Häufig ist das zu wenig. Beachten Sie daher den EBA-Check:

> **Wort-Melder**
>
> **EBA-Check**: Prüfen Sie ab jetzt bei jeder Aufgabe, die Sie anpacken, ob es eine EBA ist, also eine erfolgsbringende Aktivität. Bringt die derzeitige Aufgabe, die Sie erledigen, Sie also Ihren Zielen und Wünschen im Leitbild näher – oder nicht?

Jetzt in diesem Augenblick ist es ganz sicher so, denn Sie lesen dieses Buch. Aber checken Sie das nun auch bei allen anderen Aufgaben, und wenn der EBA-Check negativ ausfällt, überlegen Sie sich, was passiert, wenn Sie diese Aufgabe einfach links liegen lassen. In erstaunlich vielen Fällen passiert nichts, außer, dass Sie Zeit für die wichtigen Themen gewonnen haben. Und dann gehen Sie eine neue EBA an.

Wie Sie die Vertriebsstrategie konkret erarbeiten sollten, sodass sie auch wirklich umgesetzt wird, erfahren Sie jetzt.

3.1.1 Die Vertriebsstrategie: Der Schlachtplan

Beim Erarbeiten der gemeinsamen Strategie und Vision muss und darf alles hinterfragt werden. Es muss nicht alles geändert werden, aber der Prüfstand muss erlaubt sein. Führungskräfte tun gut daran, sich in solchen Runden zumindest in der Anfangsphase zurückzuhalten, um die Ideen der Teilnehmer herauszukitzeln. In diesem Kontext: Kennen Sie den „HiPPO"-Effekt? HiPPO steht für „highest paid person's opinion" – sollte also die höchstbezahlte Person im Besprechungsraum zuerst die Meinung kundtun, werden die Gedanken und Ideen der anderen Teilnehmer davon tendenziell beeinflusst (Marr 2017).

Deswegen ist der jetzt gleich geschilderte Ablauf des Workshops wichtig, und es ist ebenso entscheidend, exakt diesen Ablauf bei der Ideenfindung einzuhalten. Ansonsten ernten Sie wieder eine Veranstaltung, bei der immer diejenigen reden, die ohnehin schon den höchsten Redeanteil in Meetings für sich beanspruchen. Und im Ergebnis erhalten Sie dadurch kein umfassendes Bild und gehen am Ziel der Veranstaltung vorbei. Bei der Feuerwehr gibt es dazu eine treffende Formel:

> **Wort-Melder**
>
> SE = SE. Politisch korrekt übersetzt bedeutet diese Formel: suboptimale Erkundung = suboptimaler Einsatz. In der Praxis wird der Begriff suboptimal schlicht durch – bringen wir es auf den Punkt – „scheiß" substituiert.

Wenn die Strategie und die Vision allerdings die Menschen bewegen soll, die sie nachher umsetzen, müssen deren Gedanken gehört werden. Die derzeitige Realität muss schonungslos und ohne Management-Phrasen analysiert werden. Deswegen muss nicht alles umgesetzt werden, was auf den Tisch kommt, denn bei so manchem Vorschlag fragt man sich schon, ob da immer die hellste Leuchte aus dem Lampenladen antwortet. Aber das ist in Ordnung. Aussortieren können Sie nachher immer noch.

Eines möchte ich noch vorausschicken: Wenn man in bodenständigen mittelständischen Unternehmen in Deutschland von einem Strategieworkshop spricht, entfacht das in den meisten Fällen ähnliche Vorfreude wie der Zahnarzttermin inklusive Wurzelbehandlung. Die Ursache ist dafür klar: Die meisten Kameraden wurden schon durch langweilige Workshops geschleppt, deren dramaturgische Qualität der der meisten Bundestagsdebatten gleicht. Wenn Sie es also schaffen möchten, dass gleich zu Beginn die volle Aufmerksamkeit bei Ihnen liegt, muss schon die Einladung zum Workshop bestehende Muster durchbrechen.

3.1.2 Der Vertriebsstrategie-Workshop: So entsteht der Schlachtplan

Die Einladung zum Vertriebsstrategie-Workshop
Veranstalten Sie einen zweitägigen Workshop. Wir starten hier zunächst mit der Einladung. Formulieren Sie bei der Einladung bitte etwas, das neugierig macht. Dazu zählt nicht „Einladung zum Workshop Strategie", sondern „Wir möchten für unsere Firma Geschichte schreiben – mit

Ihnen". Wenn Sie allerdings jetzt schon wissen, dass Sie sich von dem einen oder anderen Kameraden trennen möchten, dann sollten Sie den Titel der Einladung noch einmal überdenken.

Die Durchführung des Vertriebsstrategie-Workshops
Laden Sie maximal zwölf Personen zum Vertriebsstrategie-Workshop ein. Als Teilnehmer auswählen sollten Sie:

- die wichtigsten Meinungsbildner aus dem Außendienst Vertrieb, die den Markt wirklich kennen,
- die wichtigsten operativen Vertreter aus dem Innendienst,
- die für den Bereich relevanten Führungskräfte,
- einen Moderator, der darauf achtet, dass Fragen provokant gestellt, die folgenden Phasen eingehalten und die Kernerkenntnisse in einer übersichtlichen Form zusammengetragen werden.

Ich verachte verdeckte, mit psychologischen Tricks getarnte Werbung, daher: wenn Sie einen Moderator dazu suchen, buchen Sie mich. Provokante Fragen und eine unterhaltsame Moderation liefern kann ich, und beides führt zu erlebnis- und ergebnisreichen Workshops.

Im Workshop bilden Sie zwei Teams, die sich jeweils mit den Fragen unabhängig voneinander beschäftigen. Das bedeutet, dass sich dann Gruppen von ca. jeweils sechs Personen mit den unten erwähnten Fragen beschäftigen und die Ergebnisse der Fragen auf einzelne Moderationskarten schreiben. Bei der Entwicklung der Fragestellungen zu diesem Workshop wurde ich von den Autoren Kerstin Friedrich, Fredmud Malik und Lothar Seiwert mit ihrem Werk „Das große 1x1 der Erfolgsstrategie" inspiriert (vgl. Friedrich et al. 2014).

Gehen Sie in vier Phasen vor:

Phase 1: *Sie analysieren, was Sie bereits heute außergewöhnlich gut machen und wie sich Ihr Markt derzeit entwickelt. Folgende Fragen sollen Ihnen dazu als Orientierung dienen:*

1. Warum kaufen Ihre TOP 5-Kunden heute bei Ihnen?
2. In welchem Produkt- oder Dienstleistungsbereich sind Sie der beste Problemlöser für Ihre Zielgruppe?

3. Was macht Ihr Unternehmensprofil unverwechselbar?
4. Was sind die drei herausragenden Stärken, die Sie besser machen als Ihre Mitbewerber?
5. Welche Trends prognostizieren Sie für Ihre Branche?
6. Welche Gründe gibt es, dass Kunden in Ihrer Branche genervt sind? Was ist die Ursache dafür?
7. Welche Produkte/Dienstleistungen werden von Ihren Kunden am meisten honoriert?
8. Womit überraschen Sie Ihre Kunden positiv?
9. Was sind die größten internen „Blockaden" in Form von Reibungsverlusten, z. B. bei Prozessen? Was wären die wichtigsten drei Maßnahmen, um diese Probleme zu lösen?
10. Was können Sie aus größeren erfolgreichen Kundenprojekten aus der Vergangenheit lernen?
11. Über welche Beziehungen verfügen Sie oder Mitarbeiter Ihres Unternehmens zu Kooperationspartnern, Presse, TV, Radio, Meinungsführern der Branche, Verbänden etc.?
12. Was können Sie unternehmen, damit sich Ihre Kameraden wohler fühlen und glücklicher sind (beachten Sie dabei die individuellen Charakterstärken und Werte)?

Phase 2: *Sie analysieren, in welchem Markt für Sie die sogenannten „low hanging fruits" sind. Sprich: Welches sind die Zielgruppen, deren Probleme Sie Stand heute am besten lösen? Das können bekannte oder auch neue Zielgruppen sein. Sie legen das „große Bild" für Ihr Unternehmen in den nächsten fünf Jahren fest. Nutzen Sie folgende Fragen als Orientierung:*

1. Wie und womit machen Sie Ihren Kunden das Leben leichter, sparen Geld für sie, ermöglichen ihnen, mehr Umsatz zu generieren, mehr Freude bei der Arbeit zu spüren oder ihre Reputation in ihrem Markt zu steigern?
2. Welche Mythen gibt es in Ihrer Branche? (Beispiele früher: „Günstig fliegen geht nicht"/„Taxis kann man nur per Telefon bestellen")
3. Welche dieser Mythen können Sie mit Ihren Stärken am besten auflösen? Welche Geschäftsbereiche, die mit für Sie profitablen Trends aus der Branche korrelieren (siehe Frage 5, Phase 1), sollten in der Konsequenz fokussiert werden?

4. Das große Bild: Was würde an ein Wunder grenzen, wenn Ihre Firma das innerhalb der nächsten fünf Jahre erreichen würde? („Ich arbeite mit daran, dass wir …"). Häufig überschätzen wir, was in einem Jahr möglich ist, und gleichzeitig unterschätzen wir, welche großen Sprünge im Zeitraum von fünf oder zehn Jahren möglich sind.

Phase 3: *Sie legen die erfolgversprechendsten Zielgruppen fest und analysieren diese. Lassen Sie sich dazu von folgenden Fragen inspirieren:*

1. Welche Zielgruppen sind derzeit die für Ihr Unternehmen relevantesten (welche für Umsatz, welche für Ertrag)? In dieser jeweiligen Zielgruppe: Welche Kunden sind heute für Sie die interessantesten (weil Sie sie gerne bedienen und es ein ertragreiches Geschäft für Sie ist)?
2. Welche Zielgruppen honorieren derzeit Ihre Stärken am meisten? Wo genießt Ihr Unternehmen die höchste Reputation?
3. Welche Zielgruppen passen am besten auf die erarbeiteten Stärken unter Berücksichtigung der Trends aus der Branche?
4. Wie sieht Ihr Idealkunde aus – also derjenige, dem Sie den größten Nutzen bieten? Derjenige, dessen Probleme Sie am besten lösen?
5. Was müssen Sie diesem Idealkunden bieten, damit dieser Sie als weltbester Anbieter ansieht? (Vergleich: Der Guru, der Maßgebende – z. B. Amazon im Bereich Online-Handel)
6. Bei welcher Zielgruppe können Sie das von den Kunden dieser Zielgruppen am meisten störende Problem am sichersten und schnellsten lösen?
7. Auf wen hört die Zielgruppe? Wer sind Meinungsführer?
8. Wie treten Sie mit der Zielgruppe in Kontakt? Wie kann ein Dialog aufgebaut werden (online und offline)?
9. Über welche Medien können diese Zielgruppen erreicht werden?
10. Aus welchen Quellen können Adressdaten von Zielkunden eruiert werden?

Phase 4: *Sie versetzen sich nun mit Haut und Haaren in die Perspektive der Entscheider Ihrer Zielgruppen. Diese Fragen können Ihr Antrieb dazu sein (bitte führen Sie das pro relevanter Zielgruppe durch):*

1. Wenn Entscheider dieser Zielgruppe morgens zur Arbeit fahren, was sorgt für ein ungutes Gefühl? Was frustriert sie?
2. Welche Wünsche, gar Träume haben diese Entscheider?
3. Warum gibt es Kunden aus der Zielgruppe, die heute nicht bei Ihnen kaufen?
4. Was benötigt Ihr Idealkunde in jedem Fall, um nicht nur am Markt zu bestehen, sondern um Marktführer in seinem Markt zu werden? Und was können Sie dazu beitragen?
5. Was wird von den Idealkunden in Ihrer Zielgruppe derzeit als das größte Problem wahrgenommen, was sie davon abhält, ihre Ziele schneller zu erreichen? Wie können Sie dieses Problem lösen?

Nach jeder Phase lassen Sie die Ergebnisse der beiden Gruppen abwechselnd präsentieren. Somit bleibt die Runde sehr interaktiv und es ergeben sich weitere interessante Ansätze.

Da interne Besprechungsräume häufig von Teilnehmern unterbewusst negativ konnotiert werden (da z. B. schon langweilige Besprechungen dort abgehalten wurden), sollte der Workshop extern stattfinden. Inspirationen finden Sie unter www.sinnvolltagen.de. Der Raum sollte wie in Abb. 3.4 beschaffen sein, um die besten Ergebnisse zu erreichen.

Schreiben Sie die Ergebnisse der Präsentation live am Notebook mit, sodass die Teilnehmer sie auf der Leinwand sehen können. Empfehlen kann ich dazu das Software-Tool MindManager der Firma Mindjet, „Mindmeister" oder „mind-map-online". Es sieht im Workshop dann also ungefähr wie in Abb. 3.5 aus.

Sie schreiben die Antworten der jeweiligen Gruppen dann unter die Fragen, damit alles übersichtlich dargestellt wird. Dadurch sind Sie gezwungen, alles auf den Punkt zu formulieren und keine langen Prosatexte einzupflegen. Denn bekanntermaßen ist etwas nicht perfekt, wenn man nichts mehr hinzufügen kann, sondern erst dann, wenn man nichts mehr weglassen kann (frei nach Antoine de Saint-Exupéry).

Diese Ergebnisse aus dem Workshop nutzen wir als Fundament für die Vertriebsstrategie und „gießen" sie in den „One Pager". Die Strategie wird greifbarer und besser in der Praxis umsetzbar, wenn man sie auf

3 STAKKATO für Feuer im Vertrieb – das Was, Warum und Wie

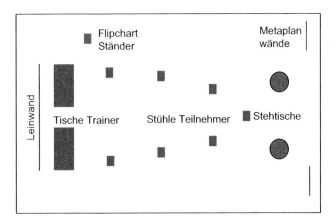

Abb. 3.4 Raumbeschaffenheit für aktiven Workshop

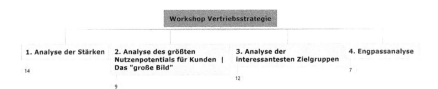

Abb. 3.5 Überschriften-Mindmap für Vertriebsstrategie Workshop

einer Seite zusammenfassen kann. Das KISS-Prinzip gilt auch hier (Keep it simple and stupid), wobei wir auf das letzte „s" verzichten.

3.1.3 Vertriebsziele: Nackte Zahlen sind nicht sexy

„0:3-Pleite, Krise perfekt, Kovac ratlos: Wie lange schauen die Bayern-Bosse noch zu?" So lautete der Titel einer Sportzeitung im Oktober 2018 (heimatsport.de 2018). Wenn Sie Fan von Bundesligaspielen sind, dann werden Ihnen mit Sicherheit schon einmal Spiele aufgefallen sein, bei denen steinreiche Bundesliga-Profis auf dem Platz wie Falschgeld herumstehen. Im oben genannten Beispiel war das offensichtlich der Fall. Nichts ist zu sehen von Enthusiasmus oder brennender Leidenschaft. Die Spieler warten, bis die Uhr „heruntertickt" – obwohl nicht selten horrende Prämien gezahlt werden, wenn Ziele erreicht werden. Haben Sie sich nicht auch schon gefragt, warum das so ist? Und warum ein Marathonläufer seinen Körper derart geißelt, nur um schnell ins Ziel zu gelangen? Warum der freiwillige Feuerwehrmann nachts um 3:00 Uhr aus dem Bett springt, vermutlich für einen Fehlalarm?

Das alles hat nichts mit monetärer Vergütung zu tun, sondern mit emotional aktivierenden Zielen und Visionen. Wie in Abschn. 2.6.4 erwähnt, müssen Ziele nach dem SMART-Prinzip formuliert sein, damit sie eine Wirkung erzielen. Dies ist eine notwendige, aber keine hinreichende Bedingung, um insbesondere Aufbauaktivitäten aus der Vertriebsstrategie nachhaltig und mit Feuer umzusetzen.

In der Fachliteratur werden Ziele als „kognitiv repräsentierte erwünschte Zustände in der Zukunft" definiert (Blickhan 2015, S. 137). Diese Zustände können in verschiedenen Formen zum Ausdruck gebracht werden: Verbal, schriftlich und visualisiert als innere Bilder vor dem geistigen Auge. Ziele lösen bei Menschen Handlungsenergie aus, wenn sie mit einem gewissen Gefühl assoziiert werden. Denn damit werden die Ziele resp. Zustände emotional repräsentiert und aktivieren innere Energie zur Umsetzung von (auch unliebsamen) Maßnahmen, um diese Zustände zu erreichen.

Im Berufsalltag überwiegen meist verbale Zielformulierungen. Innere Bilder oder gar damit assoziierte Emotionen werden meist völlig ignoriert, obwohl gerade durch diese Art der Zielformulierung Kraft zur Umsetzung aktiviert wird. Es gibt in der Fachliteratur klare Anzeichen, dass vielseitig dargestellte Ziele (also verbal, schriftlich, bildhaft und mit einem Gefühl verbunden) leichter erreichen lassen, weil unser Gehirn Informationen deutlich einfacher verarbeiten kann, wenn diese über mehrere Sinnesorgane (multisensorisch) wahrgenommen werden (vgl. Shams und Seitz 2008). Daher besteht ein gutes multisensorisches Ziel aus einer klaren verbalen und schriftlichen Formulierung sowie einem klaren Bild oder Filmsequenz vom Augenblick der Erreichung des Ziels, verbunden mit dem verdeutlichten Gefühl, welches die Kameraden spüren können, wenn das Ziel erreicht wurde (Blickhan, 2015).

Ich liste hier die für uns relevantesten Merkmale von Zielen auf, die dafür sorgen, dass auch unangenehme Aufbauaktivitäten forciert werden. Bezogen auf die Vertriebspraxis bedeutet das Folgendes:

Visualisieren Sie die Ziele vor dem geistigen Auge Ihrer Kameraden
Umsatzziele wie zum Beispiel „Wir möchten X Millionen Euro Umsatz mit einer Marge von Y im Jahr Z in diesen Zielgruppen generieren" aktivieren emotional ungefähr genauso wie das Erstellen der jährlichen Steuererklärung. Allerdings ist das weit entfernt vom brennenden Verlangen, diese Ziele auch zu erreichen – auch wenn es anstrengend und mit Rückschlägen und Niederlagen verbunden ist oder man sich außerhalb der Komfortzone bewegt.

Das reine Darstellen von Zahlenwerken in PowerPoint und Excel löst bei den Kameraden nichts aus. Dies ist sicherlich keine neue Erkenntnis, umso überraschender ist es deshalb, dass das in einem deutlich überwiegenden Teil der Vertriebsorganisationen nach wie vor genauso gemacht wird. Ich vermute, dies geschieht aus Ermangelung von Alternativen. Und genau diese Alternativen wollen wir uns ansehen.

Legen bei der Zielformulierung daher besonderen Wert auf die Antworten aus Phase 2, Frage 4 Ihres Vertriebsstrategie-Workshops. Was ist also das große Bild, das Sie mit Ihrer Mannschaft erreichen möchten? Woran arbeiten die Kameraden mit? Sammeln Sie Ideen aus Ihrer Mannschaft: Wie stellen diese sich dieses Bild vor ihrem geistigen Auge vor? Lassen Sie den Workshop-Teilnehmern bei dieser Frage etwas Zeit. Wie bereits erwähnt, sind „Arbeitnehmer" darauf programmiert, in den meisten Fällen bezüglich des Gehirns linkshemisphärisch unterwegs zu sein. Das bedeutet: tendenziell eher analytisches und logisches Denken, wenig Fokus auf kreatives und bildliches Denken. Das ist zwar häufig auch richtig, aber hier fehl am Platze.

Stellen Sie also die quantitativen Ziele in Form von Zahlen, Daten und Fakten multisensorisch dar. Kommunizieren Sie möglichst über alle Sinne. Die Wissenschaft ist sich darüber einig, dass Informationen deutlich besser im Hirn des Rezipienten verankert bleiben, sobald über mehrere unserer fünf Sinne kommuniziert wird. Das gilt für Kundengespräche genauso wie für das Kommunizieren von Zielen für die eigene Mannschaft. Hier zur Erinnerung die fünf Sinne im Überblick:

- V: Visuell – Informationsaufnahme über das Auge
- A: Auditiv – Informationsaufnahme über das Ohr
- K: Kinästhetisch – Informationsaufnahme über den Tastsinn
- O: Olfaktorisch – Informationsaufnahme über die Nase
- G: Gustatorisch – Informationsaufnahme über den Geschmackssinn

Ich nenne Ihnen dazu einige praktische Beispiele. Natürlich geben Sie die Ziele in Form von Umsatz und Ertrag vor. In diesem Punkt geht es darum, die Kameraden zu aktivieren, sich vorzustellen, was aus deren Sicht mehr als außergewöhnlich wäre, wenn sie es in fünf Jahren erreicht hätten (siehe Phase 2, Frage 4 des Vertriebsstrategie-Workshops). Hier finden Sie einige Beispiele, was als Antwort kommen könnte:
In fünf Jahren hat Ihre Firma

a. den begehrtesten Stand auf der relevantesten Messe Ihrer Branche,
b. eine neue Halle gebaut, die dreimal so groß ist wie die bisherige,
c. ein neues Bürogebäude gebaut, das architektonisch *der* Hingucker im gesamten Gewerbegebiet ist,
d. *den* entscheidenden Award in der Branche gewonnen.
e. den Umsatz verzehnfacht und zwei Mitbewerber übernommen.

Dies könnten Beispiele sein, die dann während dieser Workshop-Phase genannt werden. Sie lassen die Workshop-Teilnehmer darüber abstimmen, welches dieser Bilder am meisten Zustimmung findet. Dies erreichen Sie am besten, indem Sie diese Bilder (siehe oben Beispiele a bis e) kurz auf einem Flipchart darstellen und dann per zu verteilender Klebepunkte die Prioritäten festlegen (jeder hat drei Punkte und kann sie entsprechend seiner Priorität vergeben). Natürlich können Sie als Chef diesen Part mit Wortbeiträgen beeinflussen, wenn Sie schon ein Bild vor Ihrem Auge haben. Wichtig ist allerdings, dass die Gruppe an der Entstehung des Bilds aktiv beteiligt ist.

Sobald feststeht, welches „Bild" Konsens des Workshops ist, arbeiten Sie daran, dieses Zielbild multisensorisch darzustellen. Nehmen wir an, Ihr Team hätte sich während des Workshops für a) entschieden und Sie

3 STAKKATO für Feuer im Vertrieb – das Was, Warum und Wie

hätten die Vertriebsstrategie nun fertig erarbeitet (die Vorlage dazu finden Sie später in diesem Kapitel). Der Vertrieb erwartet nun zu Recht, dass andere Abteilungen ihm zuarbeiten, damit der Kunde begeistert werden kann. Daher ist es auch die Pflicht des Vertriebs, alle anderen relevanten Abteilungen aktiv zu informieren, wie die Vertriebsstrategie aussieht. Sie werden staunen, wie die Hilfsbereitschaft anderer Bereiche steigt, wenn sie sich „abgeholt" fühlen.

Zur Vorbereitung der Kommunikation Ihrer Strategie innerhalb des Unternehmens (also im Vertrieb und in anderen Bereichen) lassen Sie sich von den nachfolgenden Punkten inspirieren, um die verschiedenen Sinnesorgane zu adressieren. Nehmen wir für die folgenden Beispiele an, Sie veranlassten ein Vertriebsmeeting mit 50 Teilnehmern:

- **Visuell**: Sie stellen in einem Zeitungsartikel aus dem Jahr 2025 dar, wie diese Zeitung bestmöglich über diesen Messeauftritt berichtet. In diesem Zeitungsartikel lassen Sie von einem Illustrator umreißen, wie das aussehen könnte (Messestand, Menschentraube, viel Trubel, Ihre Firma im Mittelpunkt). Diesen Artikel lassen Sie drucken und hängen ihn in Ihrer Firma für jeden ersichtlich auf. Je nach Aufwand, den Sie dafür betreiben möchten, könnten Sie auch kurze Videosequenzen erstellen lassen, die zeigen, wie es aussähe, wenn das Ziel (z. B. eines der o. g. Bildbeispiele a) bis e) erreicht wäre. Der Fantasie sind hier keine Grenzen gesetzt, und auch hier gilt: Brechen Sie bekannte und langweilige Muster. Mit der Standard PowerPoint-Präsentation will keiner mehr wertvolle Lebenszeit verschwenden.
- **Auditiv**: Wenn Sie diesen Zeitungsartikel bei Ihrem Vertriebsmeeting zeigen (als Präsentationsmedium empfehle ich dazu www.prezi.com), dann unterlegen Sie gewisse Passagen mit Musik. Jeder kennt den positiven Effekt, wenn man zur Situation passende Musik hört. Es geht nicht darum, den Musikgeschmack eines jeden Einzelnen zu treffen, sondern darum, den auditiven Kanal zu adressieren. Alternativ zur Musik können Sie ebenso mit Geräuschen arbeiten. Beispielsweise nutze ich in Präsentationen den Alarmton meines Funkmeldempfängers der Feuerwehr – oder das Startgeräusch eines Leopard 2-Panzers, gewissermaßen für die Freunde des Turbodieselmotors.

- **Kinästhetisch**: Bieten Sie Ihren Kameraden etwas zum Anfassen, denn der Tastsinn sollte ebenso aktiviert werden. Das kann ein Modell des Messestands sein oder außergewöhnliche „Giveaways", die Sie auf diesem Stand an Kunden verteilen würden. Es ist nicht so sehr relevant, *was* es ist, sondern *dass* Sie etwas für den Tastsinn anbieten.
- **Olfaktorisch**: Gute Herrenausstatter bespielen diese Klaviatur bereits, wenn man beim Betreten des Geschäfts einen angenehmen Geruch wahrnimmt. Mit welchem Geruch sollen Ihre Kameraden und Ihre Kunden Ihre Firma in Verbindung bringen? Warten Sie nicht, bis Ihre Mitbewerber auch auf die Idee kommen. Hier verbirgt sich weiteres Potenzial, um *merk – würdig* zu sein. Daher: Stellen Sie bei der Kommunikation der Strategie und Vision beispielsweise angenehme Raumparfümdiffuser auf, die den von Ihnen definierten Geruch versprühen. (Kleiner Exkurs: Das können Sie auch im direkten Kundengespräch nutzen. Verbraucht Ihre Lösung z. B. weniger Diesel/Öl etc., nehmen Sie einen Duftstab (wie in jeder Parfümerie) und benetzen diesen mit dem Geruch. Im Termin sagen Sie dann: „Herr Kunde, nehmen wir an, unsere Lösung würde von dem, was so riecht wie dieses Stäbchen hier, messbar weniger verbrauchen, hätten Sie Lust, darüber zu sprechen?"
- **Gustatorisch**: Außergewöhnlich guter handgemachter Kaffee holt viele Kameraden ab. Ich rede nicht von dem seltsamen braunen Wasser, das jeder x-beliebige Kaffeeautomat schnellstmöglich loswerden möchte. Ich rede davon, dass Sie vielleicht für die Vertriebstagung jemanden engagieren, der bestmöglichen Kaffee kocht und dieses Ritual wirklich zelebriert. Das schmeckt gut, es riecht gut (damit könnten Sie auch den olfaktorischen Bereich für dieses Meeting abhandeln) und bleibt im Gedächtnis hängen.

Wenn Sie ein Meeting derart gestalten, werden dann viele sehr verdutzt „dreinschauen"? Während des Meetings tuscheln? Ja! Das kann ich Ihnen fast garantieren. Aber:

> **Wort-Melder**
>
> „Die entscheidenden Veränderer der Welt sind immer gegen den Strom geschwommen." Walter Jens (nur-zitate.com o. J.)

Warum es so wichtig ist, Ihre Ziele und Ihre Vision „erlebbar" zu machen

John F. Kennedy wurde als einer der charismatischsten Präsidenten der vereinigten Staaten angesehen. Die Ursache dafür liegt darin begründet, dass die Menschen wussten, wofür er steht. Seine Haltung war klar. Diese eindeutige Haltung wurde aus einer klaren Vision abgeleitet, die er für sein Volk ausgab. Seine Vision war:

> „Ich glaube, dass sich die Vereinigten Staaten das Ziel setzen sollten, noch vor Ende dieses Jahrzehnts einen Menschen auf dem Mond zu landen und ihn wieder sicher zur Erde zurückzubringen. Kein anderes Projekt wird innerhalb dieser Periode eindrucksvoller und für die Erforschung des Weltraums wichtiger sein" (Kulke 2017).

Nun könnte sich Ihnen, werte Leser, folgende Frage aufdrängen: „Was hat die Mondlandung mit meinem Unternehmen zu tun?" Ich behaupte: viel, wenn es darum geht, Menschen mitzureißen.

Hierzu passt die Anekdote eines Wahlkampfauftritts von John F. Kennedy. Er besuchte ein Industrieunternehmen, das mit dem Thema Raumfahrt rein gar nichts zu tun hatte. Kennedy ging mit seiner Entourage bestehend aus Leibwächtern und Beratern durch die Halle der Firma und blieb bei einem Lagerarbeiter stehen. Der Legende nach fragte Kennedy den Arbeiter: „Wie geht es Ihnen?" Der Arbeiter antwortete sinngemäß: „Großartig, denn ich arbeite mit daran, dass wir zum Mond fliegen!" Diese Vision hatte sich in den Köpfen der Menschen verankert. In den Jahren zwischen 1960 und 1970 hat sich das Bewusstsein über diese Vision spürbar positiv auf die Volkswirtschaft ausgewirkt. Die Menschen hatten eine Antwort auf die Frage nach dem „Warum" – warum es sich lohnt, sich für das Land einzusetzen. Geben Sie Ihren Kameraden ebenso die Chance, nicht ausschließlich für Geld, sondern auch für eine emotional aktivierende Vision zu arbeiten.

Kommen wir nun zur praktischen Umsetzung. Die Ergebnisse aus den o.g. Phasen fassen wir nun möglichst auf einer Seite zusammen. Die übersichtliche Vertriebsstrategie wird in dem in Abb. 3.6 dargestellten Format erstellt.

Damit die Strategie auch in der Praxis ankommt, sollten Sie anfangs wöchentlich kurze Online-Besprechungen, z. B. via www.zoom.us, Skype

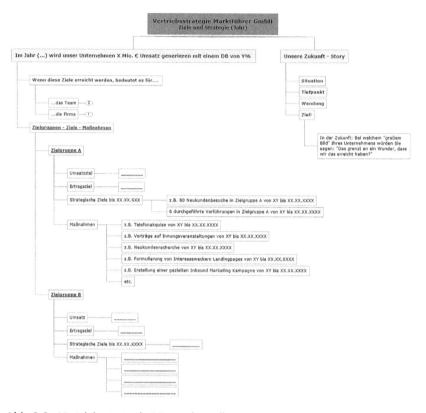

Abb. 3.6 Vertriebsstrategie Musterdarstellung

Business oder Teamviewer durchführen. Eine mögliche Agenda für so eine Onlinebesprechung finden Sie hier:

- Aktueller Stand der relevanten Kunden - Projekte
- Aktueller Stand der Umsetzung der Maßnahmen aus der Vertriebsstrategie
- Erfolgsberichte
- Prüfung: Ist die Vorgehensweise aus der Strategie noch praxistauglich oder muss justiert werden?

Teilnehmer der Onlinebesprechung sollten die Kameraden vom Innen- und Außendienst sein (wenn Sie eine größere Organisation haben, dann teamweise regional- oder zielgruppenspezifisch). Die maximale Teilnehmerzahl einer Onlinebesprechung beträgt zehn Personen – bei mehr Teilnehmern wird es unübersichtlich. Diese Onlinebesprechungen dienen dazu, dass die Maßnahmen in der Praxis umgesetzt werden. Zudem können Sie dadurch sehr zeiteffizient Feedback einholen, ob ggfs. die Strategie justiert werden muss.

Nehmen wir an, die Strategie wäre also nun gemeinsam erarbeitet. Um in der Feuerwehrmetapher zu bleiben: Sie haben einen perfekten Einsatzplan erarbeitet – dumm nur, wenn sich daran niemand halten würde, beim Einsatz alle immer noch nervös um das Fahrzeug herumlaufen und sich gegenseitig im Weg stehen. Sorgen wir also dafür, dass der Plan in der Praxis ankommt.

3.1.4 Feuer im Herzen: Die persönliche Lebensstrategie

Was nützt die beste Strategie, wenn sie keiner lebt? Wir beschäftigen uns jetzt mit dem weitverbreiteten Problem, dass eine erarbeitete Strategie noch lange nicht das Verhalten der Kameraden ändert. Die Lösung dazu ist verhältnismäßig einfach: Verbinden Sie die Vertriebsstrategie Ihres Unternehmens mit der Lebensstrategie, den persönlichen Stärken und Werten Ihres Kameraden. Wenn Sie das konsequent und erfolgreich umsetzen, birgt das enorme Zündenergie bei der Arbeitsenergie und es kann brachiale (Vertriebs-) Kräfte entfachen. Dass das tatsächlich funktioniert, sieht man in der einfachsten Form bei der Feuerwehr. Dort gibt es zwar naturgemäß keine schriftliche „Vertriebsstrategie", dennoch sind für verschiedene Einsatzlagen Einsatzstrategien und Taktiken vorhanden. Das Ziel eines jeden Einsatzes kann mit dem Slogan der Feuerwehr beschrieben werden: „Retten, Löschen, Bergen, Schützen." Dies deckt sich mit den Werten der meisten Feuerwehrleute, was dazu führt, dass Hunderttausende sich ohne jegliches Entgelt in unzähligen Stunden mit voller Kraft und zu jeder Tages- und Nachtzeit dafür engagieren.

Nun zeigt sich die Situation in Vertriebsorganisationen ein wenig komplexer, nichtsdestotrotz können wir diesen Mechanismus nutzen. Schon der Bestsellerautor John Strelecky hat das Potenzial dieses Vorgehens erkannt, auch seine Methoden werden wir für maximale Vertriebsenergie heranziehen.

> **Wort-Melder**
> „Das Verlangen, Träume in Erfüllung gehen zu lassen, muss größer sein als 1000 Niederlagen."

Wenn Sie dieses Verlangen in Ihren Kameraden erzeugen und mit Aufbau- und Aufblühaktivitäten verbinden können, werden Sie erkennen, was ich mit „Vertriebsenergie" meine. Ein Beispiel davon habe ich bereits erwähnt, es ist die Geschichte von Martin im Rahmen der Vertriebskraftkette aus Abschn. 2.7. Lassen Sie uns tiefer einsteigen, wie Sie Ihre Kameraden dazu aktivieren, mehr Erfüllung zu spüren und dadurch mehr Kraft zu haben.

Das „ST" aus STAKKATO haben wir für das Unternehmen bereits behandelt. Nun gilt es, die Strategie für das Leben zu entwickeln. Der weitere Ablauf ist nun folgendermaßen: Wir erstellen die Vorlage für die „Lebensstrategie" und verbinden dann schlussendlich die Vertriebs- mit der Lebensstrategie, um Erfolg mit Erfüllung zu verbinden. Unternehmen, die verstanden haben, dass es genau darauf ankommt, sind für die besten Bewerber auf dem Arbeitsmarkt höchst interessant.

Es gilt das Prinzip: erst verstehen, dann verstanden werden (s. Covey 2014, S. 223). Bieten Sie Ihren Kameraden an, dass Sie mit ihnen eine Lebensstrategie erstellen, in der alle Bereiche des Lebens vorkommen. Stellen Sie Ihren Kameraden die Frage, was ihnen wirklich wichtig ist – und zwar je Rolle, die sie in ihrem Leben innehaben. Ob Sie jede Rolle auch im privaten Umfeld abfragen möchten, wie persönlich Sie also werden möchten, obliegt natürlich Ihnen und Ihren Kameraden.

Jürgen Klopp ist aus meiner Sicht auch deswegen so erfolgreich, weil er sich eben nicht nur die Leistung auf dem Platz anschaut, sondern auch außerhalb des Platzes dafür Sorge trägt, dass es seinen Leuten gut geht und dass sie glücklich sind.

Diese Lebensstrategie, die ich Ihnen später noch als Download-Vorlage anbiete, zeigt unterschiedliche Bereiche und verschiedenen Rollen, die ein Mensch innehat. Zum Beispiel:

- Vater
- Ehemann
- Verkäufer
- Hobbies (Jäger, Marathonläufer, Feuerwehrmann etc.)
- Freund
- ich selbst

Zu jeder Rolle sollte der wichtigste Wunsch klar schriftlich formuliert sein, daraus resultieren die wichtigsten Ziele. Dies wird dann im Idealfall noch mit einem Bild oder einer Collage visualisiert.

Wir kommen nun wieder zurück auf den transkulturellen Ansatz aus Abschn. 2.3. Eine gute Lebensstrategie umfasst alle vier Säulen, also alle relevanten Lebensbereiche. Zur Erinnerung:

- **Körper/Sinne**: Wie Sie Ihren Körper fit halten und Ihre Sinne bewusst schärfen
- **Leistung/Beruf**: Wie Sie im Job smarter arbeiten, das bedeutet mehr Ergebnis mit weniger Aufwand
- **Kontakte/Partnerschaft**: Wie Sie das Private derart gestalten, dass Sie eine erfüllende Partnerschaft und freudeschaffende Kontakte pflegen
- **Sinn/Zukunft**: Eine Antwort auf das „Warum" zu geben. Warum mache ich das, was ich tue?

Die Entwicklung der Lebensstrategie
Im Folgenden biete ich Ihnen eine Anleitung, wie Sie die Lebensstrategie zuerst für sich selbst und dann mit Ihren Kameraden entwickeln können.

Einsatzübung Nr. 14: Die Rentner-Übung

Bester Übungszeitpunkt:
Das nächste Teammeeting mit maximal zehn Teilnehmern.
Ziel der Übung:
Ihre Kameraden gewinnen Klarheit darüber, welche drei wichtigsten Maßnahmen sie ergreifen sollten, um im Job erfolgreicher und erfüllter zu sein.

> **Ablauf:**
> In meinen Trainings führe ich diese Übung durch, die Sie auch in Ihrem Vertriebsalltag integrieren können, beispielsweise im direkten Gespräch mit Ihren Kameraden oder auch in einem Meeting mit mehreren Personen. Auch wenn diese Übung mit an Sicherheit grenzender Wahrscheinlichkeit für Stirnrunzeln und möglicherweise verdutzt dreinschauende Kameraden sorgen wird – ziehen Sie sie durch. Wer sowohl in internen Meetings als auch beim Kunden keine allseits bekannten Muster bricht, wird nie außergewöhnliche Ergebnisse erhalten, sondern immer nur das erreichen, was bis jetzt immer schon erreicht wurde – tendenziell zukünftig sogar weniger, denn Andere werden stets besser.
> Sie bitten die Teilnehmer Ihres Meetings bzw. Ihres Gesprächs, sich etwas vorzustellen: „Nehmen Sie an, Sie würden in drei Jahren in Rente gehen. Während dieser drei Jahre wollen Sie ein erfülltes Leben führen und gleichzeitig der erfolgreichste und angesehenste Verkäufer in der Branche sein. Visualisieren Sie vor Ihrem geistigen Auge, wie Sie die nächsten 36 Monate verbringen und was Sie konkret unternehmen werden."
> Bis die ersten Bilder entstehen, kann ein wenig Zeit vergehen. Mahnen Sie zur Geduld – häufig erwarten die Kameraden bei der Übung, dass unverzüglich grandiose Bilder entstehen. Da wir in unserer heutigen Geschäftswelt aber sehr stark linkshemisphärisch denken und in diesem Kontext die rechte Hirnhälfte gefragt ist, ist das in etwa so, als ob Sie einen übergewichtigen Menschen ad hoc bitten würden, einen Marathonlauf zu bestehen. Da könnten Sie auch nach 500 Metern bereits den ersten Rettungssanitäter inkl. Defibrillator positionieren.
> Um diese Bilder der wichtigsten Wünsche und Träume zu visualisieren, ist stetiges Training notwendig. Die Teilnehmer der Übung sollen ihre Ideen, Bilder und Erkenntnisse in Stichpunkten aufschreiben – denn Schreiben ist immer klareres Denken. Die Ergebnisse können kurz besprochen werden, dann soll jeder für sich festlegen, welche drei wichtigsten Punkte er konkret wann und wie umsetzen wird. Bestenfalls fügt er die Maßnahmen in die gleich noch näher beschriebene Lebensstrategie ein. Sie können die Übung in einer Gruppe bis zu zehn Teilnehmern durchführen, wenn innerhalb der Mannschaft ein hohes Maß an Vertrauen herrscht. Ist das (noch) nicht der Fall, starten Sie mit kleineren Einheiten.
> Wer diese Übung ernsthaft durchführt, wird feststellen, dass sich neue Perspektiven ergeben, unwichtige Aufgaben entdeckt und beiseitegelegt werden und die wichtigsten Aufgaben Priorität erhalten. Diese Bilder benötigen wir später für die Lebensstrategie.

Eine weitere Hilfestellung, um diesem Thema näherzukommen, sind der von John Strelecky entwickelte sogenannte „Zweck der Existenz" und die „Big Five for life" (Strelecky 2009). In sehr kurzen Worten zusammengefasst finden Sie hier die Begriffserläuterung:

- **Zweck der Existenz:** Er liefert die Antwort auf die Frage, warum wir geboren wurden und warum wir existieren. Dieser Ansatz verfolgt die Idee, dass es für jeden einzelnen Menschen einen Grund dafür gibt, am Leben zu sein und dass die Existenz jedes Menschen einen bestimmten Sinn hat. (Strelecky 2009).
- **Big Five for Life:** Diese definieren Ihre wichtigsten Wünsche je Rolle, die Sie innehaben. Und wenn Sie sich über den „Zweck der Existenz" und die „Big Five for life" einige Gedanken gemacht haben, dann schreiben Sie diese Punkte bitte in Ihrer Lebensstrategie nieder. Die Vorlage dafür biete ich Ihnen am Ende dieses Kapitels an. Indem Sie sich dazu zwingen, diese Punkte aufzuschreiben, werden Ihre Gedanken klarer, die Ziele deutlicher, und die daraus abzuleitenden Maßnahmen äußerst effizient und zielgerichtet. Das wiederum motiviert, an diesen Maßnahmen zu arbeiten – und es hilft, Rückschläge besser zu verarbeiten.

Das Einzige, was Sie daran hindern kann, hier erfolgreich zu sein, sind mangelnde Konsequenz und fehlendes Durchhaltevermögen beim Finden dieser schriftlichen „Perlen des Lebens".

Ich bin sehr stark an Pragmatismus orientiert. Aber ich gehöre eben nicht nur zu den „Wirklichkeitsmenschen", wie es der zweifache Oscar-Preisträger Christoph Walz so schön formuliert. Lassen Sie mich dazu aus einer Biografie eine Passage zitieren: In Deutschland, so Walz, ordne man zu oft die Möglichkeit der Wirklichkeit unter. „Sehr oft, wirklich täglich fällt mir jetzt diese Sache mit dem Wirklichkeitsmenschen und den Möglichkeitsmenschen ein … Da drüben (Anmerkung des Autors: es sind die USA gemeint) sind das zum Großteil Möglichkeitsmenschen. Ob die Möglichkeiten jetzt in die richtige Richtung führen oder nicht, das ist eine andere Diskussion, die unter Garantie nicht ausreichend geführt wird, dort. Und hier (Anm. d. Autors: es ist Deutschland gemeint) viel zu viel" (Wortmann 2013).

Aus meiner Sicht ist dies eine grandiose Zusammenfassung der Situation in Deutschland, wenn es darum geht, sich selbst über seine Träume und Wünsche klar zu werden. Viel zu häufig werden Gründe gesucht, warum etwas besser nicht ausprobiert, getestet, versucht werden sollte. Viel zu selten werden Denkrestriktionen eingerissen und auf den ersten Blick absurde Ideen zugelassen. Aussortieren kann man später immer noch!

Affirmation und Visualisierung

Affirmation sind ständige Wiederholungen in Gedanken und ausgesprochenen Worten. Sie führen dazu, dass sich diese Gedanken und Worte im Unterbewusstsein verankern, wodurch sie sich im Laufe der Zeit zu Glaubenssätzen, also Ansichten entwickeln, von denen man felsenfest überzeugt ist. Ich erkenne diese Affirmation im negativen Sinn bei vielen Verkäufern. Viele stehen ständig beim Chef auf der Matte und behaupten, die Preise der eigenen Firma seien zu hoch, man sei einfach zu teuer. Hier wirkt die Affirmation seitens der Kunden. Wenn jemand ständig gesagt bekommt, er sei zu teuer und man das Mittel der Affirmation nicht kennt, dann glaubt man irgendwann das, was einem ständig gesagt wird. Wenn man selbst davon überzeugt ist, zu teuer zu sein, dann wird keine Preiseinwandbehandlung mehr glaubwürdig funktionieren. Das Ergebnis: Der Verkäufer gibt dem Preiseinwand nach – obwohl das in vielen Fällen gar nicht notwendig gewesen wäre. Er schafft es nicht, dem Einwand Paroli zu bieten, weil er ständig hört, er sei zu teuer. Er verinnerlicht diese Aussage und sieht sie als wahr an. Wenn die Preise der Firma allerdings so häufig zu teuer wären, wie es suggeriert wird, dann wäre das Unternehmen längst pleite.

Affirmationen wirken ebenso im Positiven. Spreche ich mir selbst eine Fähigkeit zu, führt sie mich zu meinen Wünschen, und trainiere ich diese gerne fortlaufend, ist die Wahrscheinlichkeit sehr hoch, dass ich diesem Bereich auch sehr gut sein werde – körperliche und geistige Fähigkeiten vorausgesetzt.

Affirmationen sind wichtig, um langfristige Ziele konsequent und auch gegen Widerstände zu erreichen. Der Mechanismus, die wichtigsten Wünsche und Ziele je Rolle, die der Kamerad in seinem Leben innehat, zu wiederholen, stärkt die Selbstsicherheit, erhöht die Resilienz und die Kraft bei der Erledigung auch von Aufbauaktivitäten. Die Downloadvorlage zur Lebensstrategie beinhaltet exakt diese Methodik.

Zum Thema der Visualisierung folgen Sie mir bitte zu einer kleinen Übung:

3 STAKKATO für Feuer im Vertrieb – das Was, Warum und Wie   105

Einsatzübung Nr. 15: Die Kraft der Visualisierung

Bester Übungszeitpunkt:
In einer ruhigen Minute, Sie haben Zeit zum „Sinnieren"
Ziel der Übung:
Sie spüren, welche körperlichen Reaktionen durch gute Visualisierungen hervorgerufen werden und können den Effekt auch bei Ihren Kameraden anwenden.
Ablauf:
Nehmen wir an, in Ihrer Rolle „Vertriebschef" wäre Ihr wichtigster Wunsch, einen bestimmten Award in Ihrer Branche zu erhalten. Nehmen wir weiter an, Sie hätten diesen Award nach harter Arbeit gewonnen und Sie stehen nun auf der alljährlichen Vertriebstagung, die in einem außergewöhnlich schönen Hotel stattfindet, auf dem Podium und sprechen zu Ihren Kameraden. Wenn das für Sie ein wichtiges Ziel wäre, dann ergäbe sich eine starke innere Energie, wenn Sie sich nun dieses Bild vorstellten: Sie stehen auf einem Podest in diesem beeindruckenden Tagungsraum und sprechen zu Ihrer Mannschaft, die Ihnen freudestrahlend zujubelt. Sie stellen sich diese Situation äußerst detailreich vor: Wer steht dort alles, welche Gesichtsausdrücke haben Sie und Ihre Kameraden, welche Kleidung tragen Sie, was hören Sie, was riechen Sie? Wie genau sieht der Tagungsraum von innen aus, welche Dekoration hängt an den Wänden?

Wenn das ein Punkt ist, der Sie motiviert und Sie sich dieses Bild vor Augen holen, werden Sie spüren, welchen Effekt das hat. Sie merken, dass dieses Bild seine volle Wirkung entfaltet, wenn Sie bei dieser Vorstellung ein leichtes Kribbeln im Körper spüren und Sie sich außergewöhnlich wohl fühlen. Denn unser Unterbewusstsein kann nicht zwischen Vorstellung und Realität unterscheiden. Es reagiert in beiden Fällen gleich. Sie glauben mir nicht? Dann stellen Sie sich jetzt bitte eine goldgelbe und saftige Zitrone vor, die Sie in Ihrer Hand derart auspressen, dass der saure Saft bereits an Ihrer Hand herunterläuft. Es ist sehr wahrscheinlich, dass Ihnen gerade das Wasser im Munde zusammenläuft – und ich würde mir Sorgen um Sie machen, hielten Sie nun tatsächlich eine Zitrone in Ihrer Hand. Das bedeutet, dass Ihr Unterbewusstsein genauso reagiert hat, als ob die Zitrone da gewesen wäre. Genauso verhält es sich mit diesen Bildern vor dem geistigen Auge. Aus dieser positiven Reaktion des Unterbewusstseins lassen sich Kraft und Energie für das tägliche Verhalten und für die Umsetzung der Aktivitäten ziehen. Doch damit nicht genug, Sie verarbeiten damit auch Rückschläge und Niederlagen viel besser, weil Sie wissen, für welches „Bild" Sie hart arbeiten.

Genau diesen Effekt können Sie auch bei Ihren Kameraden hervorbringen. Wenn die Lebensstrategie und der wichtigste Wunsch jeder Rolle klar sind, Sie dazu Ihre Kameraden das passende Bild visualisieren lassen und

> dann auch noch das Selbstbewusstsein durch ständige Affirmation gestärkt wird, werden Sie feststellen, welche Kraft zusätzlich aktiviert werden kann, die meilenweit über „Dienst nach Vorschrift" hinausgeht.
> Sie ahnen, dass Ihre Kameraden auf derartige Übungen verdutzt reagieren würden? Ich verstehe Sie. Denn ich kann mir schon vorstellen, wie die meisten darauf reagieren, wenn Sie ihnen vorschlagen, gemeinsam eine Lebensstrategie zu erstellen und daraus Visualisierungen und Affirmation abzuleiten. Allerdings: Wenn Sie alles immer genauso machen wie früher, erwarten Sie bitte keine besseren Ergebnisse. Und eins ist auch sicher: Wenn der Impuls nicht von Ihnen kommt, dann kommt der von niemandem.

Übrigens musste auch Jürgen Klinsmann bei der WM 2006 sich von vielen Kritikern vorwerfen lassen, völlig ungeeignete und unbekannte (damit auch nicht bewährte) Trainingsmethoden einzusetzen. Vor der WM hätte doch niemand geglaubt, dass diese verhältnismäßig junge und unerfahrene Mannschaft am Ende so ein grandioses Ergebnis einfährt (Mende und Smith 2006).

Verstärken können Sie den Effekt sogar noch, wenn Sie Ihre Kameraden dazu anleiten, über die gedanklichen Erkenntnisse und Erfahrungen ein Tagebuch zu schreiben (Covey 2014, S. 162). Nun ahne ich bereits die ersten Ressentiments, die vielleicht auch Sie zum Thema Tagebuch schreiben haben. Lesen Sie dazu folgende Gedanken:

- Nein, wir reden nicht von einem Tagebuch, welches das kleine zehnjährige Mädchen abends um 20:30 Uhr heimlich unter der Bettdecke schreibt.
- Nein, es hat auch keine Blümchen auf dem Cover.
- Ja, es wird Ihr tägliches Verhalten nachhaltig ändern und Sie und Ihre Kameraden befähigen, Ihre Ziele schneller zu erreichen – wenn Sie es durchhalten.

Zum Thema „Durchhalten": Ich weiß, wovon ich spreche, auch ich habe bereits einige Anläufe hinter mir. Sie werden sicherlich auch schon einmal den Ansatz gehört haben, dass es sinnig ist, sich abends die schönen Dinge des Tages noch mal durch den Kopf gehen zu lassen. Meine Empfehlung ist die folgende Übung

Einsatzübung Nr. 16: Das Erfolgsjournal

Bester Übungszeitpunkt:
Abends und morgens.

Ziel der Übung:
Sie fokussieren sich morgens auf förderliche und aktivierende Gedanken und beeinflussen abends Ihr Unterbewusstsein positiv.

Ablauf:
Schreiben Sie abends Ihre Erkenntnisse zu folgenden Fragen in ein kleines DIN A5-Buch, das auf Ihrem Nachttisch liegt. Wenn Sie viel reisen ist das Buch noch kleiner und passt in Ihre Kulturtasche. Mit einem Bleistift beantworten Sie folgende Fragen (Bleistift deswegen, weil ich das Buch gerne schreibe, wenn ich schon im Bett liege. Kugelschreiber schreibt nicht „bergauf" – Kleinigkeiten sind auch wichtig):

- Was sind die drei bedeutendsten Erlebnisse, die ich heute wahrgenommen haben?
- Warum ist das bedeutend für mich?
- Was habe ich daraus gelernt, was werde ich morgen besser machen?

Morgens sollten Sie sich kurz mit folgenden Fragen beschäftigen und die Antworten direkt in Ihre Lebensstrategie schreiben.

- Warum freue ich mich heute? Manchmal werden Sie sich zwingen müssen, diese Frage zu beantworten – insbesondere an Tagen, auf die Sie keine Lust haben. Machen Sie es trotzdem – in der Regel finden Sie dann was, auf was Sie sich (positiv) fokussieren können.
- Ich stelle mir meine wichtigsten Wünsche je Rolle vor. Welchen (großen oder kleinen) Schritt gehe ich heute, um die Wünsche der jeweiligen Rollen (aus meiner Lebensstrategie) zu erreichen?
- Wofür bin ich dankbar? Das können auch Kleinigkeiten sein. Beispiel: Sie haben ein Dach über dem Kopf, mehr als genug zu essen und zu trinken – vermutlich erleben Sie keinen Krieg. Damit geht es Ihnen schon jetzt besser als einem Großteil der Weltbevölkerung. Wie oft machen Sie sich das bewusst? Und wie oft erscheinen alltägliche Probleme dann viel kleiner?

Meine Erfahrung ist: Zu viele verschiedene Tools erschweren die Praktikabilität im Alltag. Sprich: Wenn Sie nun eine App für das Tagebuchschreiben haben sollten und dann zwischen Ihrer Lebensstrategie switchen, wird es vermutlich nicht funktionieren. Sie werden es nicht durchhalten, weil es nicht praktikabel ist. Der Fokus auf eine leicht zu bedienende Anwendung ist wichtig.

Mit dem Download am Kapitelende können Sie Ihre persönliche Lebensstrategie in wenigen Minuten selbst erstellen und sie auch als Vorlage für Ihre Kameraden nutzen. Der Download enthält auch den von mir entwickelten und in der Lebensstrategie enthaltenen „Umsetzungsturbo", mit dem Sie die wichtigsten Aktivitäten in Ihr tägliches Tun und Handeln einfließen lassen können – alles an einem Platz. Nur so ändert sich nachhaltig das Verhalten an den Stellen, an denen es sich ändern soll – bei Ihnen und bei Ihren Kameraden. Sie erhalten zudem eine detaillierte Videoanleitung, wie ich selbst dieses Tool in der Praxis nutze.

Wie viel Zeit Sie und Ihre Kameraden dafür investieren müssen? Morgens fünf Minuten pro Tag, abends drei Minuten. Wer glaubt, er könnte diese Zeit nicht investieren, sollte sich dringend mindestens das Doppelte an Zeit nehmen. Dies ist definitiv eine EBA (erfolgsbringende Aktivität), und wer den Effekt hinter diesem Modell verstanden hat, wird diese acht Minuten in seinem täglichen Zeitablauf gerne einplanen.

Dass das Schreiben von Tagebüchern spürbare Effekte bringt, beweisen nicht nur Bestsellerautoren wie Tony Robbins und Steven Covey, sondern auch deutsche Wissenschaftler wie Daniela Blickhan (vgl. Blickhan 2015). Sie müssen es ca. sechs Wochen durchhalten, bis eine Gewohnheit daraus wird. Und wenn Sie sich am Begriff „Tagebuch" stören, nennen Sie es Erfolgsjournal oder was auch immer. Entscheidend für Sie und Ihre Kameraden ist: Machen Sie es! Sollten seitens Ihrer Kameraden Einwände angeführt werden, die in die Richtung gehen: „Dann muss ich ja noch mehr schreiben …" – bieten Sie einfach eine Spracherkennungssoftware wie Dragon Naturally Speaking oder Lösungen anderer Anbieter an. Ich nutze derartige Software, sie spart Zeit und hat den weiteren elementaren Vorteil, dass das Gedachte noch einmal gesagt werden muss. Das führt dazu, dass sich der Gedanke weiter verfestigt.

Wenn Sie im Gespräch mit Ihren Kameraden merken, dass die Ablehnung von neuen Techniken zu spüren ist, dann greifen Sie in die psychologische Trickkiste. Sehr viele Menschen müssen zu Ihrem Glück „gezwungen" werden. Nehmen wir an, Sie säßen mit Ihren Kameraden in Ihrem Büro. Sie stellen sich hin, gehen an das Flipchart oder Whiteboard und zeichnen eine Pro- und-Kontraliste auf. Die Überschrift links „Dagegen", die Überschrift rechts „Dafür". Sie gehen nun mit Ihren Kameraden das Für und Wider der neuen Methoden durch. Am Beispiel

„Persönliche Lebensstrategie erstellen und Erfolgsjournal schreiben" könnte das so aussehen:

- Dagegen: Mehr Schreibaufwand, höhere Disziplin, ca. zehn Minuten Zeitinvestition pro Tag
- Dafür: Klarheit über eigene Wünsche, Träume und Ziele, schnellere und effizientere Erreichung der Ziele und Wünsche durch Fokussierung der Aktivitäten

Wichtig ist hierbei: Sie stellen die Fragen und lassen Ihre Kameraden antworten. Entscheidend ist die Selbsterkenntnis, sodass klar wird, dass der persönliche Nutzen überwiegt. Wenn ich das mit Kunden durchführe, dann frage ich meist zum Schluss: „Und was meinen Sie, welche Seite wiegt schwerer?" Im oben genannten Beispiel sollte das selbst der „dunkelsten Kerze auf der Torte" einleuchten. Diese Abend- und Morgenrituale sind Bestandteil der Lebensstrategie (s. Abb. 3.7).

> **Einsatzübung Nr. 17: Die Lebensstrategie**
>
> **Übungszeitpunkt:**
> Dann, wenn Sie sich dafür eine Stunde Zeit nehmen können. Es geht um Ihre Lebensstrategie, daher ist die Zeit gut investiert.
> **Ziel der Übung:**
> Sie wissen genau, wie Sie die Lebensstrategie einsetzen.
> **Ablauf:**
> Laden Sie sich die Vorlage zur Lebensstrategie herunter (https://koberaktiviert.de/buch_feuer_flamme_downloads) und schauen sich das dazu passende Video an (Abb. 3.8).

Die vier Säulen aus dem transkulturellen Ansatz aus Abschn. 2.3 finden sich hier wieder. Diese vier Bereiche helfen, innerhalb der Lebensstrategie klarer zu definieren, welche Aktivitäten Sie konkret ergreifen sollten, um positive Effekte für Ihr Leben zu erreichen.

- **Körper/Sinne:** In der Rolle „Ich selbst" sollten Sie Maßnahmen und Wochenziele eintragen, um Ihren Körper fit zu halten (z. B. Sport) und Ihre Sinne zu schärfen (z. B. Lesen).

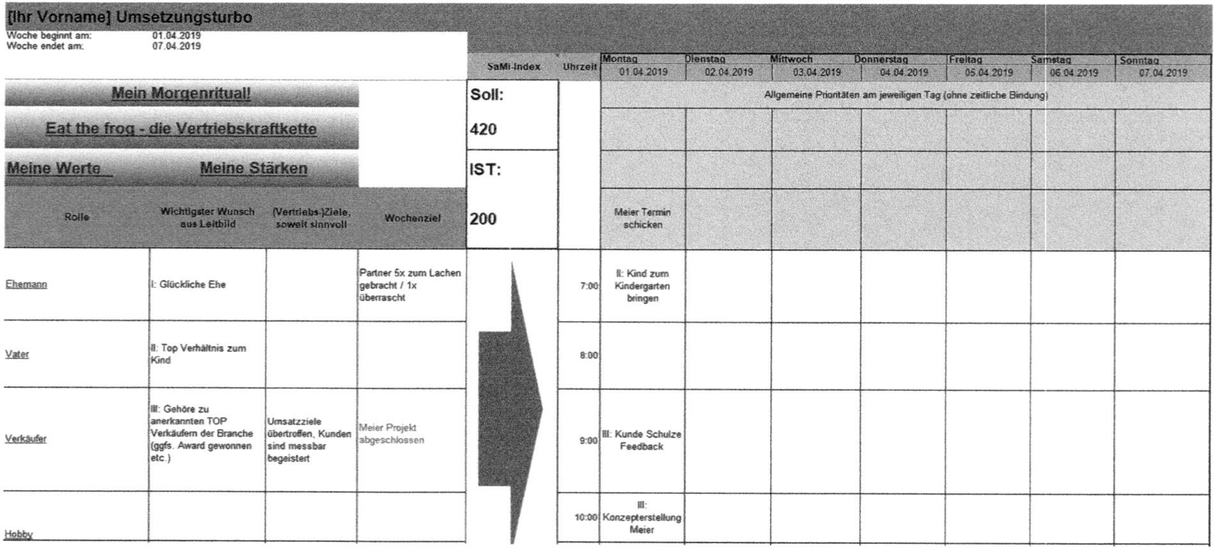

Abb. 3.7 Ausschnitt der Datei „Lebensstrategie"

3 STAKKATO für Feuer im Vertrieb – das Was, Warum und Wie

Abb. 3.8 Lebensstrategie

- **Leistung/Beruf**: Durch das im Rahmen des Erfolgsjournals behandelte Morgenritual und die Vertriebskraftkette werden Sie im Job smarter arbeiten. Dadurch, dass Sie Ihre wichtigsten Wünsche stets im Blick haben, werden Sie mehr Energie zur Erledigung spüren – auch bei den Aufbauaktivitäten. Es gibt in der Literatur Hinweise darauf, dass 80 % unserer Energie bei der Aufgabenerledigung unterbewusst bereitgestellt werden, 20 % bewusst. Damit die Kraft des Unterbewusstseins aktiviert wird, muss man die emotional aktivierende Wünsche stets vor Augen haben und sie visualisieren.
- **Kontakte/Partnerschaft**: Nehmen wir an, eine Ihrer Rollen wäre „Ehepartner". Wenn Ihr wichtigster Wunsch ist, eine glückliche Ehe zu führen, dann können Sie „Wochenziele" daraus ableiten. Das mag auf den ersten Blick etwas seltsam anmuten, jedoch kann so ein Wochenziel durchaus sein, dass Sie Ihre Partnerin mindestens fünf Mal in der Woche zu einem herzhaften Lachen gebracht haben. Sie werden sehen, dass Ihre „Maßnahmen" dann klarer werden und die Umsetzung viel wahrscheinlicher wird. Dasselbe gilt für Familie und Freunde – Sie werden es im Beispiel sehen, wenn Sie sich das Leitbild als Datei herunterladen. Der Spruch, den einer meiner besten Freunde beherzigt, passt sehr gut – die weiblichen Leser verstehen es bitte mit

einem Augenzwinkern: „Happy wife – happy life." Das gilt selbstredend auch für die Herren der Schöpfung, nur reimt sich das nicht so schön!
- **Sinn/Zukunft**: Sobald Sie sich mit Ihren verschiedenen Rollen und den wichtigsten Wünschen intensiv und schriftlich auseinandersetzen, wird sich ein klarer Sinn und eine noch erstrebenswerte Zukunft ergeben. Das mag jetzt nach großen Worten klingen, ich kann Ihnen nach eigener Erfahrung sagen, dass das auch zutrifft. Man muss nur durchhalten.

Vergessen Sie bei allen Eintragungen auf keinen Fall die „Spaßmacher" aus Abschn. 2.5! Sehen Sie zu, dass diese ausreichend häufig im Umsetzungsturbo innerhalb der Lebensstrategie vorkommen. Folgenden konkreten Ablauf sollten Sie verfolgen, um die Lebensstrategie buchstäblich mit Leben zu füllen.

Anleitung zur Formulierung der Lebensstrategie
1. Definieren Sie Ihre Rollen und übertragen Sie sie auf die einzelnen Excel-Reiter.
2. Führen Sie die Einsatzübung Nr. 16 durch und werden Sie sich über die jeweils wichtigsten Wünsche je Rolle klar.
3. Formulieren Sie einen Leitsatz je Rolle (siehe Beispiel in der Download-Datei).
4. Definieren Sie daraus ein Ziel je Rolle nach dem SMARTs-Grundsatz (s. Abschn. 2.6).
5. Übertragen Sie die wichtigsten Wünsche je Rolle in den Umsetzungsturbo.
6. Übertragen Sie die wichtigsten Ziele je Rolle in den Umsetzungsturbo.
7. Legen Sie einen ZWEWU fest, wenn Sie das Wochenziel erreicht haben (der **zwe**ckgebundene **Wu**nscherfüller, Ihre kleine Belohnung bei Zielerreichung).
8. Definieren Sie ein kleines, erreichbares Wochenziel als „Meilenstein", um die großen Ziele in kleinere Schritte zu unterteilen.
9. Füllen Sie das Morgenritual aus, indem Sie die Fragen so anpassen, dass Sie Ihrem Ductus entsprechen. Tragen Sie dort Ihren Zweck der Existenz ein.
10. Füllen Sie den Wertereiter, indem Sie bei den für Sie relevantesten Werten ein „x" eintragen und schließlich danach filtern.

3 STAKKATO für Feuer im Vertrieb – das Was, Warum und Wie

11. Gehen Sie auf www.charakterstaerken.org und füllen den Fragebogen „VIA – Values in action" aus. Das Ergebnis kopieren Sie per „copy and paste" in den Reiter „Meine Charakterstärken".
12. Tragen Sie das Datum im Umsetzungsturbo ein und füllen Sie Ihre Woche mit den wichtigsten Maßnahmen, um die jeweiligen Wochenziele der Rollen zu erreichen. Stellen Sie immer die „EBA – Frage" (erfolgsbringende Aktivität – ja oder nein)?
13. Zählen Sie Synapsenaktivierer-Minuten (SaMi-Index). Dieser Index zeigt an, wie viele Minuten Sie pro Woche komplett ohne Ablenkung arbeiten. Das bedeutet: Keine Telefonate werden durchgestellt, kein E-Mail-Programm ist geöffnet, das Handy ist im „Nicht stören"-Modus und Ihre Kollegen wissen, dass Sie nicht gestört werden möchten. Beispiel: Ich klebe dazu einfach eine selbstklebende Moderationskarte an die Bürotür. Dort steht entweder „flach": das steht für den „flach konzentrierten" Arbeitsmodus, jeder kann mich ansprechen und mit Fragen „löchern". Ist die Karte mit der Aufschrift „tief" angeschlagen, kann man mich ansprechen, wenn das Gebäude brennt – sonst nicht. In diesem Modus bin ich komplett (!) fokussiert auf eine einzige Aufgabe. Damit steigt Ihre Aufgabeneffizienz um ein Vielfaches (Newport 2016).
14. Gehen Sie bei Aufbauaktivitäten die Vertriebskraftkette durch und machen Sie sich klar, welche Stärke Sie damit einsetzen können, welchem Wunsch, Wert oder Ziel Sie damit näher kommen.

Bei der Feuerwehr erreichen wir doppelt so viel Druck, wenn wir zwei Feuerlöschkreiselpumpen hintereinanderschalten. Das Ergebnis lässt Maschinistenaugen leuchten (zumindest bis ca. 16 bar – danach platzt der Schlauch und die Glückstränen werden schlagartig durch Wasser ersetzt). Ähnlich verhält es sich mit der Verzahnung von Vertriebs- und Lebensstrategie. Lassen Sie uns Druck im Markt machen! Ich gebe Ihnen einige Beispiele, um Ihnen den Transfer in die Praxis zu erleichtern.

> **Beispiel**
>
> Nehmen wir an, eine Ihrer Kameraden hätte als Zweck der Existenz angegeben, dass der für seine Familie sorgen möchte. Verkauft Ihre Firma nun Maschinen, dann stellen Sie unter Zuhilfenahme der Vertriebskraftkette die Verbindung zwischen jeder verkauften Maschine und dem besseren Lebensgefühl für seine Familie her. Motto: „Mit jedem Kunden, den ich überzeuge, unsere Maschinen zu kaufen, geht es meiner Familie noch ein Stück besser."

> Das gilt nicht nur bei variabel entlohnten Kameraden, denn mehr Umsatz bedeutet nahezu immer auch eine höhere Arbeitsplatzsicherheit. Die Vertriebskraftkette kann auch bei Aktivitäten ganz zu Beginn des Verkaufsprozesses eingesetzt werden, z. B. bei der oft verteufelten telefonischen Kaltakquise. Wenn man die Akquise derart gestaltet, dass weder der Anrufer noch der Angerufene genervt sind (sofort zur Sache kommen, Nutzen für den Anrufer darstellen, sehr kurz halten) und die Aktivität ins Verhältnis zu den Stärken, Wünschen, Werten und Zielen des Kameraden setzt, entsteht sehr häufig derselbe Effekt wie im Beispiel mit Martin in Abschn. 2.7.
>
> Natürlich kann das auch über eine Provisionsvereinbarung laufen – ich verteufelte sie nicht. Leistung soll auch leistungsgerecht bezahlt werden. Nur muss die Verbindung mit dem Zweck der Existenz und den wichtigsten Wünschen je Rolle klar formuliert und schriftlich niedergelegt sein. Denn nur dann entsteht die zusätzliche innere Energie, weil dann klar ist, wofür man das tut.

Einsatzübung Nr. 18: Die Verzahnung von Lebens- und Vertriebsstrategie

Bester Übungszeitpunkt:
Dann, wenn Sie eine Stunde Zeit und Ruhe haben.
Ziel der Übung:
Sie wissen, wie Sie Lebens- und Vertriebsstrategie miteinander verbinden können.
Ablauf:
Die konkrete Verzahnung von Vertriebs- und Lebensstrategie läuft folgendermaßen ab. Sie sollten diese Aufgabe mit jedem Kameraden einzeln durchgehen.

- Gehen Sie die Maßnahmen aus der Vertriebsstrategie durch, die den jeweiligen Kameraden zugeordnet wurden.
- Öffnen Sie parallel die Lebensstrategie des jeweiligen Kameraden.
- Nehmen Sie sich eine Maßnahme vor (beispielsweise eine Aufbauaktivität) und fügen Sie sie in die Vertriebskraftkette ein. Fragen Sie Ihren Kameraden:

  – Welchen Nutzen diese Aktivität bringt (für ihn und für Ihre Firma).
  – Welche seiner Stärken er damit auf verschiedene Weise einsetzen kann (s. Abschn. 2.4).
  – Welche seiner Werte er mit der Tätigkeit (er)leben kann.
  – Welchem seiner Wünsche oder Ziele er damit näherkommt.

- Fügen Sie die Maßnahme in den Umsetzungsturbo ein. Wenn die Maßnahme dem aktuellen Wochenziel nicht dienlich ist, kommt die Maßnahme zunächst in den „Maßnahmenpuffer", entweder Prio A (Aktivität ist dringlich und wichtig) oder Prio B (Aktivität ist wichtig, aber nicht dringlich). Ist sie dem Wochenziel dienlich, wird sie entsprechend terminiert. Dazu wird parallel der Terminkalender geöffnet und so terminiert, dass die Umsetzung realistisch erscheint. Bezüglich der Zeiteinschätzung: Planen Sie im Umsetzungsturbo doppelt so viel Zeit ein, wie Sie für die Umsetzung der Maßnahme vermuten. Ist es eine umfänglichere Maßnahme, so fügen Sie sich mehrfach in den Umsetzungsturbo ein.

Somit wird bei jeder relevanten Aktivität klar, wie sie mit den eigenen Stärken umgesetzt werden kann und inwiefern sie relevant für die eigenen Werte, Wünsche oder Ziele ist. So nimmt man unangenehmen Aufgaben den Schrecken und wird feststellen, dass die Handlungsenergie der Kameraden, die Aktivitäten mit „Feuer" umzusetzen, ungleich höher ist.

Klar ist: Sie müssen die Herzen der Kameraden erreichen. Das ist absolute Voraussetzung!

Wort-Melder

„Leidenschaft ist wichtiger als Augenmaß." Altkanzler Gerhard Schröder (Stuttgarter Nachrichten 2019)

Dieses Zitat von Gerhard Schröder soll verdeutlichen: Bei der Lebensstrategie (und dort insbesondere beim Umsetzungsturbo) kommt es nicht darauf an, dass zu jeder Zeit jedes „Komma" richtig gesetzt ist. Das große Bild je Rolle und der Weg (die Maßnahmen) dorthin sollen klar sein. Daraus entstehen das Verlangen und die Leidenschaft, die Aktivitäten mit voller Inbrunst anzugehen.

Nun arbeitet man im Verkauf glücklicherweise mit Kollegen zusammen. Dass man im Team mehr schafft als allein, stimmt nur, wenn das Team funktioniert. Ist dem nicht so, wird mehr Zeit für interne Schlachten verbrannt, als einem lieb ist. Lassen Sie uns darauf noch kurz eingehen.

Keiner gewinnt alleine – Probleme zwischen Streithähnen im Team lösen

Es gibt sie im Vertrieb: die stolzen Hähne auf dem Misthaufen. Sie fühlen sich immer ganz weit oben, sie sind die lautesten im ganzen Verein und manchmal glauben sie auch, sie seien etwas Besseres. Sie stolzieren erhobenen Hauptes durch die Gegend und sind sich sicher: „Alle müssen mir zuhören, wenn ich nur laut genug krähe!" Ich weiß ganz sicher, dass es sie gibt. Denn ich war selbst einer von ihnen. Immer hart an der Grenze zur Arroganz – und manchmal auch darüber hinaus.

Wir reden von den speziellen Kameraden im Vertrieb, die meistens fachlich gut drauf sind und beim Kunden auch sehr erfolgreich auftreten können. Denen aber intern häufig völlig das Fingerspitzengefühl fehlt, um im Team zu agieren. Ich habe dafür einige Zeit gebraucht, um das bei mir selbst zu realisieren und zu reflektieren. Ich war beim Kunden immer sehr erfolgreich, habe aber intern viel zu häufig versucht, mit der Manier „wie die Axt im Walde" meine Ziele zu erreichen. Eine schöne Erkenntnis der Selbstreflexion ist, dass vieles noch signifikant einfacher läuft, wenn man von diesem „Hahngehabe" ablässt.

Bei der Feuerwehr gibt es dazu einen einprägsamen und zugleich einfachen Spruch: „Keiner gewinnt alleine." Und natürlich gibt es bei der Feuerwehr, im Vertrieb und in der ganzen Firma immer Menschen, von denen man vielleicht denkt, sie hätten die Weisheit nun wirklich nicht mit Löffeln gegessen. Das muss aber auch nicht sein! Denn frei nach Beispiel des Desaster-Chefs „Stromberg" (TV Serie, in der Hauptrolle Christoph Maria Herbst) wissen Sie sicherlich, „auch leere Dosen machen Lärm" und „auch wer hinkt, kommt vorwärts". Wichtig ist nur, dass vereinbarte Aufgaben konsequent umgesetzt werden. Sollte das nicht der Fall sein, dann hilft es kaum, als Hahn wild zu krähen und mit dem Schnabel auf andere Hühner zu hacken. Denn der Effekt ist nahezu immer, dass alle beleidigt sind. Und damit kommt man nicht einen einzigen Schritt weiter. Entscheidend ist, dass die Hähne beim Kunden weiter diese Performance zeigen und intern ein ausreichendes Maß an Empathie an den Tag legen, um auch diejenigen, die nicht ständig mit dem Kunden interagieren, abzuholen. Es bedeutet auch zu akzeptieren, dass nicht jeder diese Denk- und Umsetzungsgeschwindigkeit an den Tag legen kann. Es kommt also darauf an, dass der schnelle, agile und ungeduldige Hahn mit der Henne klarkommt, die vier Stunden in aller Ruhe auf dem Ei sitzt – während der Hahn ganz andere Ambitionen hat! Und wir wissen, dass beide Funktionen – sowohl das schnelle Agieren beim Kunden als auch das sorgfältige Abarbeiten der Verwaltungstätigkeiten – gleichermaßen wichtig sind.

Als kleine Sofort-Maßnahme kann helfen, dass Außendienst (Hahn) und Innendienst (Henne) gemeinsam mit einem Moderator (das kann der Chef sein, besser aber eine unbeteiligte Person) einen kurzen Workshop veranstalten. Ich nenne es das „Bürogewitter".

Ablauf des Bürogewitters
1. Besprechung anberaumen. Einladung mit der Zielsetzung: „Lösung für Problem XY (welches Außen- und Innendienst beschäftigt) im Konsens gefunden."
2. Bitten Sie in der Besprechung den Außendienstler und den Innendienst-Sachbearbeiter, das aktuell wahrgenommene Problem auf eine Moderationskarte zu schreiben (keine Kommentare und Bewertungen – es soll nur das Problem beschrieben werden). Zeitrahmen: Fünf bis zehn Minuten.
3. Die Problemdefinition wird von beiden kurz präsentiert – so wie sie jeweils das Problem verstehen (hier „knallt" es – das reinigende Gewitter).
4. Drängen Sie darauf, dass das Problem zusammen klar definiert wird (*eine gemeinsame* Definition).
5. Außendienstler und Innendienst-Sachbearbeiter schreiben nun wieder einzeln auf,
   – was ihm/ihr jeweils wichtig ist bei der Zusammenarbeit mit dem anderen,
   – wie sie das Problem auf ihre Weise am besten lösen würden.
6. Wieder präsentieren beide ihre Lösungen. Dann wird ein Konsens gefunden und die drei wichtigsten Maßnahmen werden definiert, damit die Umsetzung in der Praxis erfolgen kann.

Dieses Vorgehen funktioniert nicht, wenn sich Hahn und Henne schon gegenseitig auf dem Firmenparkplatz auflauern, um sich zu überfallen. Da helfen dann meist nur neue Teamkonstellationen oder aufwändige

Mediationen. Allerdings klappt das Bürogewitter in üblichen Konfliktsituationen erstaunlich häufig.

Neben der Feuerwehr-Parallele mit dem Vertrieb gibt es wie schon erwähnt Assoziationen mit erfolgreichen Fußballteams. Jürgen Klopp weiß genau, dass der zwölfte, manches Mal sogar der 13. Mann auf der Tribüne sitzt. Das bedeutet, dass auch die Fans mitgerissen werden müssen. Erinnern Sie sich bitte nur an das Spiel Liverpool gegen Dortmund vom 14. April 2016 – das Wort „Hexenkessel" beschreibt nicht annähernd, was der Fußballspieler-Aktivierer mit dem Publikum gemacht habt, um seine Mannschaft nach dem 1:3-Rückstand zu einem 4:3-Sieg zu peitschen!

Sie haben einen weiteren großen Schritt in die richtige Richtung gemacht, wenn Sie es schaffen, dass alle die *in* der Firma arbeiten (also keinen ständigen direkten Kundenkontakt haben) sich wie der zwölfte und 13. Mann verhalten, der das Vertriebsteam anfeuert, um draußen an der Front die Schlacht um den Kunden zu gewinnen!

Um dieses Team zu formen, gibt es mannigfaltige Literatur zum Thema Teambuilding, was jedoch nicht das Thema dieses Buchs ist. Lassen Sie mich dazu nur einige Gedanken formulieren: Ich halte nicht viel von Outdoor Team Events, bei denen man sich gegenseitig im Kletterpark in die Seile fallen lässt, insbesondere dann nicht, wenn das Seil zu lang ist. Übungen, bei denen sich der eine Teilnehmer dem anderen rückwärts in die Arme fallen lässt, sind auch nur für die anderen Teilnehmer lustig, wenn der Auffangende im Zeitpunkt des Umkippens seines Trainingspartners sich dafür entscheidet, doch lieber die eben eingetroffene WhatsApp-Nachricht auf dem Smartphone zu beachten.

Was allerdings enorm für Zusammenhalt sorgen kann, sind zwei idealerweise aufeinanderfolgende Workshop-Tage, die extern in einer außergewöhnlichen Umgebung stattfinden. Wenn in diesen beiden Tagen intensiv an einer gemeinsamen Vertriebsstrategie gearbeitet wird und ebenso die Abläufe im Team besprochen werden und das alles in einer inspirierenden Atmosphäre, bringt das mehr als 20 interne Workshop-Tage in den üblichen Standard-Besprechungsräumen. Jürgen Klopp ist mit seiner Mannschaft in abgelegene Schwarzwald-Hütten gefahren, um neue Ideen zu erhalten, Strategien zu besprechen und die Spieler einzuschwören. Näheres dazu finden Sie in Abschn. 3.1.6. Wer zu solchen Locations Beispiele sehen möchte, wird hier fündig: www.sinnvolltagen.de.

Ich höre schon die Unkenrufe: „Wer soll das bezahlen? Die ganze Mannschaft zwei Tage aus dem Geschäft zu bringen: Unmöglich! Bei den wenigen Arbeitstagen, die wir haben, Urlaub und Krankheit noch abgezogen – die sind so schon zu wenig bei der Arbeit!" Denen rufe ich zu: Durch die Nase ein- und durch den Mund wieder ausatmen – und dann noch mal einen Blick auf den Effizienzeffekt in Abschn. 1.2 werfen. Jeder erfolgreiche Unternehmer und Chef weiß, dass er erst investieren, also säen, muss, bevor er erntet. Damit bilden Sie die Grundlage für eine effizientere Zusammenarbeit, die mehr Spaß macht und am Ende auch nachweislich mehr Ergebnis bringt. Nur für diejenigen, die noch skeptisch sind: Ich bin mit diesem Konzept Silber-Preisträger des Europäischen Preises für Training, Beratung und Coaching geworden und trainiere seit vielen Jahren damit Weltmarktführer und TecDAX-Unternehmen. Es funktioniert.

Bezüglich der Zusammenarbeit zwischen Innen- und Außendienst: Es hat sich immer wieder bewährt, feste Zuordnungen zwischen dem Kollegen „draußen" und dem Kollegen „drinnen" zu forcieren. Man kann es mit einem Tandem vergleichen – dort heißt derjenige, der am Lenker sitzt, der „Kapitän" – das wäre in unserem Fall der Außendienst. Der Hintere ist der „Heizer" – in diesem Beispiel der Innendienst. Alleine kommt man, wenn überhaupt, nur schleppend vorwärts. Ist das Team eingespielt, hat es eine gemeinsame Strategie erarbeitet und sind die Abläufe klar (Wo fahren wir hin, warum überhaupt und wie kommen wir dahin? – s. Abschn. 3.1.1), dann wundert man sich häufig, welch ehrgeizige Ziele mit derselben Mannschaft erreichbar sind.

3.1.5 Entscheidungspower: Vertrieb als interner Game Changer – Bittsteller oder Bestseller?

Auf einem Vertriebsmeeting eines Mittelständlers hörte ich diesen Satz vom Geschäftsführer: „Führung heißt Kontrolle!" Zu Zeiten der Industrialisierung war das sicherlich der richtige Ansatz. Hat der Arbeiter nun die richtigen Schrauben von links nach rechts gedreht? Wurde das Blech korrekt um 90 Grad gebogen und danach in die Maschine eingebaut? Das mag sogar für einige Produktionsbereiche noch gelten, in denen exakte Vorschriften eingehalten werden müssen, um gewisse Qualitätsstandards anzuhalten. Aber das gilt nicht mehr für den Vertrieb! Viele Führungskräfte haben von ihren Vorgängern gehört, dass es gut ist, möglichst alles immer unter Kontrolle zu haben. Natürlich hängt es von der persönlichen Reife und Fähigkeit des Kameraden ab, welche Kompetenzen er hat und wie viel er frei entscheiden darf. Dennoch erlebe ich häufig in Unternehmen, dass die Kameraden im Verkauf so behandelt werden, als müsste jeder Liter Diesel, der im Außendienst verbrannt wird, einzeln genehmigt werden.

Was mich bei solchen Situationen noch viel mehr verwundert ist das Mitspracherecht anderer Abteilungen. Häufig gilt bei internen Meetings zu schwierigen Kundensituationen das Prinzip: Es wurde intern schon längst alles gesagt, dummerweise noch nicht von jedem. Dies führt unweigerlich dazu, dass sich Prozesse (für den Kunden) enorm verlangsamen.

Wort-Melder:

Summa summarum ist festzuhalten: Der Vertrieb muss in Firmen deutlich mehr zu sagen haben. Der Vertrieb ist das Sprachrohr der Firma, aber vielmehr noch das Ohr, Herz und Teile des Hirns eines Unternehmens. Denn das vom Kunden Gesagte muss schließlich verstanden und aufgenommen werden, und es müssen daraus die richtigen Schlüsse und Aktionen gezogen werden.

All das muss vom Vertrieb verarbeitet und intern angestoßen werden. Stellen wir uns dies doch einmal als Metapher in Form eines Feuerwehrmanns vor und nehmen Folgendes an:

Beispiel

Unser Löschzug wird zu einem Wohnungsbrand gerufen, ein altes Fachwerkhaus brennt. Aus dem Fenster in der ersten Etage dringt bereits schwarzer Qualm, vereinzelt sind Flammen zu sehen. Das Löschfahrzeug rückt mit Martinshorn und Blaulicht an. Die Besatzung des Löschfahrzeugs stellt sich hinter dem Fahrzeug auf, der Gruppenführer stellt sich vor die Mannschaft und erteilt den Befehl. Der Angriffstrupp geht mit Brechwerkzeug und Schlauch vor, um eine gemeldete vermisste Person zu retten.

> Die beiden Kameraden laufen in das brennende Haus, rennen eine Treppe hoch und merken, dass der Rauch dichter wird und die Temperatur steigt. Sie gehen zu einer Tür und ahnen, dass sich der Brandherd dahinter befindet. Der Angriffstruppführer gibt über Funk den Befehl „1. C-Rohr WASSER MARSCH!"... und nichts passiert. Was wäre die Folge?
> Bei der Feuerwehr sind solche Befehle im Einsatz keine Empfehlung und auch keine Bitte. Es sind Befehle. Und wenn diese Befehle nicht befolgt werden, können schlimmstenfalls Menschen sterben – entweder die zu rettenden Personen oder die eigenen Kameraden. Klingt das nun effekthascherisch? Der ein oder andere wird das möglicherweise denken, es entspricht aber den Tatsachen.

Erlauben Sie mir den kurzen Exkurs zum Darsteller der einzigen Fernsehserie, die ich (neben „Feuer und Flamme" vom WDR) wirklich verschlungen habe: „Stromberg". Ein Zitat von „Bernd Stromberg" lautet: „Ich bin für klare Hierarchien. Gott hat ja auch nicht zu Moses gesagt: ‚Hier Moses, ich hab' da mal was aufgeschrieben, was mir nicht so gut gefällt. Falls du Lust hast, schau doch da mal drüber.' Nein, da hieß es: Zack, 10 Gebote! Und wer nicht pariert kommt in die Hölle. Bums, aus, Nikolaus." Auch wenn die Figur Bernd Stromberg und seine Ansichten sicherlich nicht als Vorbild für Führungsmethoden dienen, so ist dieser Spruch in Bezug auf das Umsetzen und Durchsetzen von Forderungen aus dem Vertrieb, die Kunden und deren Begeisterung betreffend, genau der richtige Ansatz. Denn ansonsten sterben zwar keine Menschen, aber Umsatz und Ertrag. Und der ernährt schlussendlich auch wieder Familien.

Schaut man sich die erfolgreichsten Marktführer an – und das gilt für jede Branche –, dann erkennt man, dass dort der Vertrieb eine sehr hohe Reputation genießt, er viele Entscheidungen maßgeblich mit beeinflusst und schnell umsetzen kann. Bei Unternehmen, die in der deutlich größeren Masse der Mittelschicht unterwegs sind, erkenne ich, dass der Vertrieb nicht selten als „Blinddarm" angesehen wird. Die interne Wahrnehmung ist häufig: „Er ist da, keiner weiß so richtig, was er macht, eigentlich könnten wir auf ihn verzichten." Und das ist genau der *falsche* Ansatz.

Der richtige Ansatz ist, dass von einer scharfsinnigen Vertriebsstrategie alle Maßnahmen auszugehen haben. Und diese Maßnahmen müssen intern umgesetzt werden. Haben deswegen andere Abteilungen nichts mehr zu sagen? Nun, sagen wir es so: Es muss ein gravierender Umdenkprozess innerhalb der Firma stattfinden, nämlich dahingehend, dass der Vertrieb kein Bittsteller ist. Das andere Abteilungen dem Vertrieb keinen Gefallen tun, wenn sie Anforderungen von der Marktfront umsetzen, sondern dafür sorgen, dass mehr Kunden mehr und auch höhere Gehälter bezahlen.

> **Wort-Melder**
> „Der Vertrieb ist kein Bitt-steller – sondern Best-seller!"

Neudeutsch würde man diese Maxime „Game Changer" nennen. Sie erreichen das, indem Sie die anderen Abteilungen bei der Erarbeitung der Vertriebsstrategie aus Abschn. 3.1.1 mit einbinden. Kollegen aus anderen Abteilungen möchten genauso „abgeholt" werden wie Ihre Kameraden – und das auch zu Recht. Involvieren Sie die relevanten Bereiche, geben Sie ihnen Mitspracherecht bei der Erarbeitung der Vertriebsstrategie, und Sie werden sehen, dass die Zusammenarbeit danach besser abläuft. Ein netter Nebeneffekt ist im Übrigen auch, dass häufig zusätzliche gute Ideen eingebracht werden. Denn der Kundenservice hat naturgemäß viel Kundenkontakt– die Erkenntnisse aus diesen Begegnungen werden aber selten an den Vertrieb weitergegeben, was in einem gemeinsamen Workshop stattfinden kann.

3.1.6 Feuerwehr, Fußball und Vertrieb: „Brennende Mannschaften" führen

Die internen Aussagen anderer Abteilungen auf Anforderungen aus dem Vertrieb müssen nicht lauten: „Das geht nicht, weil …", sondern sollten mit dem von mir sogenannten „Zehnerprinzip" geprüft werden.
Das Zehnerprinzip zwingt die Teilnehmer, sich mit möglichen Lösungsvarianten zu beschäftigen und bringt sehr häufig völlig neue Sichtweisen auf ein bestehendes Problem. Diese Denke muss ganz klassisch von oben

> **Einsatzübung Nr. 19: Das Zehnerprinzip**
>
> **Bester Übungszeitpunkt:**
> Immer, wenn Sie bei Anforderungen aus dem Vertrieb die Mithilfe anderer Abteilungen benötigen.
> **Ziel der Übung:**
> Anforderungen aus dem Vertrieb werden einfacher und schneller intern umgesetzt.
> **Ablauf:**
> Die Anforderung aus dem Vertrieb geht bei einer anderen Abteilung ein. Sie bitten den Abteilungsleiter dieser Abteilung, Ihre Anforderung gemeinsam mit diesen fünf Schritten zu prüfen und ggfs. umzusetzen:
>
> 1. Sie listen gemeinsam auf, welchen Nutzen es für den Kunden bringen würde, wenn Ihr Unternehmen diese Anforderung konsequent würde. Bringt es Ihrem Kunden Grundnutzen in Form von:
>   - steigenden Umsätzen,
>   - weniger Kosten,
>   - höherer Reputation,
>   - mehr Freiheit,
>   - mehr Spaß und Freude an der Arbeit,
>   - Zeitersparnis,
>   - einfacherer, bequemerer interner Abläufe,
>   - mehr Sicherheit?
> 2. Kann Ihr Unternehmen damit ein oder mehrere der oben genannten Grundnutzen erreichen? Wenn Frage 1 und Frage 2 mit „nein" beantwortet werden, ist der Vorschlag es nicht wert, weiter verfolgt zu werden.
> 3. Wenn eine oder beide Fragen (1 bzw. 2) mit „ja" beantwortet werden, dann listen Sie gemeinsam zehn Optionen auf, wie Ihre Firma es umsetzen könnte. Quantifizieren Sie den Nutzen bezüglich eingesparter Kosten oder Zeit bzw. beziffern Sie, welche Umsatzpotentiale erschlossen werden könnten.
> 4. Die Optionen werden zusammen mit relevanten Know-how Trägern im Vertrieb bewertet und priorisiert.
> 5. Sie legen fest, wie die ersten drei Schritte aussähen, wenn Sie jemand mit einer Pistole am Kopf zwingen würde, die schnellstmögliche Umsetzung der Option zu erreichen?

nach unten kaskadiert werden. Natürlich ist nicht jeder Vorschlag aus dem Vertrieb der geistige heilige Gral – mit dem Zehnerprinzip stellen Sie die Idee auf den Prüfstand.

Um solche neuen Vorgehensweise intern salonfähig zu machen, braucht es im Vertrieb Galionsfiguren als Vorreiter. Um sich selbst oder auch andere korrekt zu verorten, habe ich das Vertriebsleiter-Quadrantenmodell entwickelt (s. Abb. 3.9).

Wir beginnen links oben mit den Strebern. Sie alle kennen solche Menschen aus der Schule. Die wissen alles. Die können alles, schreiben beste Noten, sind fachlich ganz weit vorne. Aber mit denen wollte nie einer so richtig was zu tun haben, das sind sehr häufig diejenigen Kandidaten, die in der Schule unfreiwillig mit ihrem Haupt kopfüber den Abfallbehälter noch mal ganz genau untersuchen konnten.

Die gibt es auch im Vertrieb. Führungskräfte, denen fachlich keiner das Wasser reichen kann. Hier kommen wieder Erkenntnisse aus der Neurowissenschaft ins Spiel: Alle Informationen, die in uns keine Emotionen auslösen, sind für das Gehirn wertlos und nicht verarbeitbar. Diese Zeitgenossen haben eine hohe Vordenkkompetenz, können Sachverhalte und Marktlagen schnell erkennen – aber sie lösen in ihren Kameraden nichts aus und damit folgt ihnen niemand. Das ist der klassische Fall vom

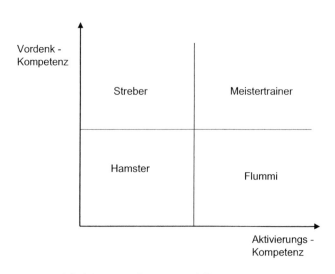

Abb. 3.9 Das Vertriebsleiter-Quadrantenmodell

Porsche, der in der Garage steht und nicht fahren kann, weil im wahrsten Sinne des Wortes Kraftstoff (zum Aktivieren) fehlt.

Das exakte Gegenteil der Streber sind diejenigen, die immer gut drauf sind, an jeder Ecke einen Scherz machen, in der Firma sehr gerne alle verrückt machen, wenn es um bestimmte Kundenprojekte geht. Fast immer stellt man aber nach zwei gezielten Nachfragen fest, dass substanziell nichts dahintersteckt. Zur Erläuterung erzähle ich Ihnen dazu eine kurze Geschichte aus meiner Zeit als Vertriebler in einem IT-Konzern.

Beispiel

Markus (einer meiner ehemaligen Chefs): „Stephan, wir zeigen der Konkurrenz mal eine richtige Harke. Ich habe mir was einfallen lassen. Wir machen jetzt eine Qualmaktion".

Ich: „Ok, was genau meinst Du mit Qualm?"

Markus: „Ja, die Vertriebler müssen Vollgas geben, raustelefonieren, Kunden besuchen, wir machen jetzt eine Preisaktion. 15 % auf alles, was der Kunde in dieser Woche bestellt. Wenn 15 % nicht reichen, kann der Vertriebler auch 25 % geben. Qualm machen, eben! Wir müssen die PS auf die Straße bringen!"

Und schon verstand ich den Spruch meiner ehemaligen Chefin und Geschäftsführerin: „Stephan, eins musst Du Dir merken: In unserer Branche steht jeden Morgen ein Dummkopf auf." Dummerweise stand er nun vor mir.

Es sind die Flummis. Die springen wild in der Firma herum, haben tausend Ideen, erzählen hier und da auch lustige Sachen, aber machen meistens mehr kaputt, als dass sie bringen. Die haben zwar eine gewisse Aktivierungskompetenz, sprich: sie können Leute mitreißen. Aber mit dem *Vor*denken klappt es meist nicht so, sodass man nach derartigen Aktionen eher *nach*denklich wird.

Verfolgen wir sowohl die X- als auch die Y-Achse in Richtung Nullpunkt, so läuft uns der „Hamster" über den Weg. Das sind diejenigen Führungskräfte, die bei jedem Problem oder Herausforderungen erst einmal „dicke Backen" machen. Beim kleinsten Widerstand verkriechen sie sich auf Nebenkriegsschauplätze und meiden die offene Konfrontation bei unangenehmen Themen. Die Hamster dreschen Managementphrasen am laufenden Meter, damit sie bloß für keine Aussage haftbar gemacht werden können. Die Hamster werden auch gerne mal die „Weiterleiter" oder E-Mail - Guerillas genannt. Sie bombardieren alle Beteiligten mit E-Mails nach der „Cover your ass"-Taktik (so richtig kann man das nicht ins Deutsche übersetzen …). Die haben weder Lust, sich intensiv Gedanken über eine neue Strategie zu machen, noch aktivieren sie irgendwelche Emotionen bei ihren Kameraden.

Es bleibt der Meistertrainer. Der hat Ahnung, kann gemeinsam mit seinen Kameraden eine durchdachte und scharfsinnige Strategie entwickeln und entfacht intern so viel Feuer, dass temperaturempfindliche Rauchmelder den Alarm auslösen und die Konkurrenz gewaltig ins Schwitzen kommt.

Für Sie selbst bedeutet das nun: Wenn Sie selbstkritisch Ihre Vordenk- bzw. Aktivierungskompetenz hinterfragen – wo können Sie sich noch verbessern? Bei der Vordenkkompetenz, wenn es darum geht, gemeinsam die Vertriebsstrategie zu erarbeiten (s. Abschn. 3.1.1)? Oder eher bei der Aktivierungskompetenz, wenn es darum geht, Ihre Kameraden mitzureißen, z. B. bei der Verbindung von Vertriebs- und Lebensstrategie (s. Abschn. 3.1.3) oder bei WOW-Effekten auf Ihrem Vertriebsmeeting (s. Abschn. 3.2.1)?

Muss der Meistertrainer dazu „die" Spitzenmannschaft haben? Klare Antwort: Nein! Keiner kann sich seine Kameraden „schnitzen". Aber in Bezug auf Charakteristika von erfolgreichen Führungspersönlichkeiten, die sich „ihre" Mannschaften auch nicht immer aussuchen konnten, möchte ich dazu zwei Kernerkenntnisse anbringen. Die erste Erkenntnis ist aus dem Interview (Kober 2018) mit dem Präsidenten des Deutschen Feuerwehrverbands Hartmut Ziebs. Meine Frage an ihn lautete: „Wenn Sie sich den perfekten Löschzugführer aus prominenten Persönlichkeiten schnitzen könnten, welche Personen würden mit welchen Charakteristika eine Rolle spielen?" Seine Antwort lautete (in Auszügen): „Dr. Helmut Schmidt, weil er

- die Menschen mitgenommen hat,
- intern Konflikte ausgehalten und ausgestanden hat,
- Sachverhalte schnell erkannt hat,

- schnell klare Entscheidungen getroffen hat,
- zu diesen Entscheidungen gestanden hat, auch gegen alle Widerstände."

Wer die Biographie von Dr. Helmut Schmidt liest, versteht, dass er auch deswegen bis zu seinem
Tod so respektiert wurde, weil er äußerst pragmatisch war und neue Wege gegangen ist,
insbesondere, wenn die SPD ihm wieder einmal wieder die Gefolgschaft verweigerte. Er brach
Muster und Tabus (Noack 2016).
Menschen mitzureißen – egal ob in der Politik, beim Fußball, bei der Feuerwehr oder im Vertrieb, ist eine Kunst. Die folgenden vier Prinzipien spielen eine gewichtige Rolle:

1. **Das „Merkwürdigkeits-Prinzip"**: Achten Sie im Umgang auf Kleinigkeiten. Überraschen Sie Ihre Vertriebsmannschaft. Eine kurze Anekdote dazu: Meine ehemalige Chefin (ehemalige Geschäftsführerin von Hewlett-Packard Deutschland) hatte mit einem Top-Verkäufer eine Wette über ein großes Projekt abgeschlossen. Sie hatte dagegen gewettet, dass der Verkäufer das Projekt erfolgreich abschließt. Sollte sie die Wette verlieren, hatte sie darauf eingeschlagen, das Auto des Verkäufers per Hand zu waschen. Ergebnis? Weiterer Ehrgeiz wurde beim Verkäufer geweckt. Er hat das Projekt gewonnen und unsere Chefin hat sein Auto per Hand gewaschen. Daraus wurde ein kleines „Event" gemacht, Stühle und Bänke wurden auf den Firmenparkplatz gestellt, Pizza stand auf dem Tisch, alle hatten Spaß, die interne Reputation der Chefin ist weiter gestiegen (übrigens auch die externe, denn über diese Aktion hat eine Branchenzeitschrift mit einem „Augenzwinkern" äußerst positiv berichtet).
2. **Verpflichtungsprinzip**: Gehen Sie Verpflichtungen ein (z. B. „Ich melde mich dazu bis morgen Abend bei Ihnen | Ich werde dieses interne Problem für Sie lösen (bestenfalls inkl.") und halten Sie diese ein. Klingt banal, wird selten wirklich gemacht. Das Einhalten von Verpflichtungen gegenüber den Kameraden ist Wertschätzung pur.
3. **Integritätsprinzip**: Integrität zu zeigen sollte ebenso selbstverständlich sein, die Praxis zeigt jedoch manchmal etwas anderes. Zeigen Sie

sich stets auch gegenüber Abwesenden loyal. Sie müssen niemanden loben, wenn die Leistung nicht entsprechend ist. Manchmal hilft dann einfach Schweigen. Sollten wir uns despektierlich über die Leistung anderer unterhalten, ist die Wahrscheinlichkeit hoch, dass unser Gegenüber entweder bewusst oder unterbewusst wahrnimmt: „So redet der auch über mich, wenn ich nicht dabei bin."

4. **Erwartungsprinzip**: Die Ursache für sehr viele Schwierigkeiten im zwischenmenschlichen Bereich (das gilt privat und beruflich) sind unklare gegenseitige Erwartungen bezüglich der Rollen und Ziele (Covey 2014). Fragen Sie Ihre Kameraden mal, was sie glauben, was Sie von ihnen erwarten. Das Erreichen der Umsatz- und Ertragsziele ist selbstverständlich, aber darüber hinaus sind die gegenseitigen Erwartungen häufig nebulös. Genauso sollte klar formuliert sein, was der Kamerad von Ihnen erwartet. Sie können diese Fragen ebenso im Vertriebsstrategie-Workshop klären (s. Abschn. 3.1.2) oder im direkten Gespräch.

Die zweite Erkenntnis ist aus der Biografie von Jürgen Klopp, denn er schafft es nachweislich, auch mit verhältnismäßig geringem Budget und anfänglich mittelmäßiger Mannschaft fantastische Ergebnisse zu erreichen. Hierzu ziehe ich im Kern Erkenntnisse aus seiner Zeit beim FSV Mainz 05 heran, denn dort sind die Techniken am ehesten zu erkennen. Der hochgewachsene Lederballfetischist hat es dort geschafft, aus einer schwachen Mannschaft und im Vergleich zu anderen Bundesligavereinen lächerlichem Budget mit der richtigen Strategie, Taktik und mit eisernem Einsatzwillen exzellente Ergebnisse zu erreichen. Hier wichtigsten Tipps, die ich als relevant für den Vertrieb ansehe.

3.1.7 17 Tipps, was Sie von Kloppo & Co. lernen können

Raphael Honigstein gibt in Jürgen Klopps Biographie „Ich mag, wenn's kracht" (Honigstein 2017) viele gute Hinweise, welche Methoden der hochgewachsene Fußballlehrer nutzt, um seine jeweiligen Mannschaften zu aktivieren. Viele der folgenden Regeln wurden aus diesem Buch abgeleitet.

1. Man kann als Trainer und Vertriebsleiter Ergebnisse ein Stück weit vom Talent unabhängig machen, wenn die Strategie, Einstellung und das Training stimmen. Wenn die Vertriebsführung mit ihrer Mannschaft gemeinsam eine sofort umsetzbare Strategie (für das Unternehmen und das eigene Leben) erarbeitet, eine Story entwickelt, die die Menschen mitnimmt, und Methoden trainieret, um die Strategie umzusetzen, dann können damit andere Defizite egalisiert werden. Erkenntnis: Man kann gegen bessere Mannschaften gewinnen, wenn man eine Strategie hat, die gemeinsam erarbeitet wurde und die in das Umfeld passt, in dem man agiert.

2. Strategien wirken nur, wenn die, die sie umsetzen sollen, dafür brennen. Bieten Sie internen Widerständen, die der Umsetzung Ihrer Strategie im Wege stehen, erbittert die Stirn. Mehrere Wege sind dazu aus meiner Sicht probat: Gehen Sie aktiv auf die anderen Bereiche zu, erklären Sie Ihre Strategie und was Sie damit erreichen möchten. Bitten Sie um Gefallen und um Unterstützung bei der Umsetzung der Maßnahmen. Erstaunlicherweise steigt unsere eigene Reputation in den Augen des Anderen, wenn wir ihn authentisch um einen Gefallen bitten. Wenn dann noch der Nutzen aufgezeigt wird, den der Andere bei Umsetzung des Gefallens hat, so entsteht meist ein hohes Interesse des Gegenübers, dem Gefallen nachzukommen (Carnegie 2011). Das bedeutet konkret:

1. Bitten Sie Ihr Gegenüber um einen Gefallen – z. B. um einen Termin, um das Thema zu besprechen.
2. Zeigen Sie ehrlich auf und erklären Sie, wie Ihre Strategie aufgebaut ist und was es dem Unternehmen bringt, wenn die Maßnahmen umgesetzt werden.
3. Zeigen Sie den gegenseitigen Nutzen auf der konkreten Maßnahme auf.
4. Sollte Ihr Gegenüber es nach wie vor nicht verstehen bzw. auf Besitzstandswahrung bestehen, dann bilden Sie interne Allianzen und kämpfen Sie für Ihre Überzeugung. Seien Sie sich einer Sache ganz sicher: Ihr Vertrieb wird es wahrnehmen, wie intensiv Sie kämpfen. Der „Flurfunk" wird seinen Beitrag dazu leisten.

5. Die Gedanken anderer sollten an Ihnen abprallen wie das Wasser am Federkleid einer Ente. Denn eine Idee wird solange als Kokolores belächelt, bis sie funktioniert. Dann werden die Bedenkenträger ganz, ganz leise.

3. Schlagkraft erhöhen durch sichere Analyse und entschlossene Umsetzung. Die Realität schnell wahrzunehmen, sicher zu analysieren, zügig zu entscheiden und so umzusetzen, als hielte jemand eine Pistole an Ihren Kopf, das ist das Fundament für Erfolg. Diese Regel gilt für den Fußball, für die Feuerwehr und genauso für einen schlagkräftigen Vertrieb.

4. Man bewirbt nicht das Produkt, sondern die Emotion, die die Kundschaft damit verbinden soll. Die englische Sprache kennt dafür das Motto: „Sell the sizzle, not the sausage!" Auch dieses Prinzip hat Klopp angewendet. Nicht die Anzahl an erreichten Punkten, sondern die gefühlte Emotion der Freude, Begeisterung, ja auch der Ekstase wurde z. B. mit Videos von Erfolgen vor Augen geführt (Beckers Wimbledon-Sieg, Muhammad Ali Siegesvideos etc.). Jede Information, die beim Rezipienten keine Emotion auslöst, ist für das Hirn nur sehr schwer verwertbar und bleibt somit kaum „hängen" (Mechsner 2018).

5. Der Heizer ist nichts ohne den Kapitän – und umgekehrt. Erinnern Sie sich an den Heizer und der Kapitän beim Tandem aus Abschn. 3.1.3? Jeder im Team wird gebraucht, und das muss auch jeder gleichermaßen spüren. Der Top-Fußballtrainer lobt auch den Zeugwart, der exzellente Löschzugführer bedankt sich auch bei dem, der nach dem Einsatz die Schläuche wickelt, und der herausragende Vertriebsleiter schätzt jeden Einzelnen in seinem Team wert. Wenn es nichts wertzuschätzen gibt, dann ist diese Person nicht in seinem Team (s. Abb. 3.13). Jürgen Klopp hat auch alle anderen, die am Erfolg beteiligt waren, intensiv gelobt und ehrlich wertgeschätzt. Das fing an beim Platzwart und hörte beim Chef des Vereins auf. Er war nicht resistent gegen Beratung und hat die Meinung anderer zumindest respektiert – wenn auch sicher nicht immer akzeptiert.

Echte Wertschätzung der eigenen Arbeit ist nach wie vor einer der wichtigsten Motivationstreiber. Als Vertriebsleiter loben Sie, bis sich die Balken biegen, aber bitte nur wenn's ernst gemeint ist. Und zwar nicht nur die Verkäufer oder Key Account Manager an der Front, sondern auch diejenigen, die intern dafür sorgen, dass vorne alles gut läuft. Nutzen Sie dafür die „BAW-"Formel. Sie **b**eobachten ein lobenswürdiges Verhalten, Sie drücken ehrliche **A**nerkennung aus, zum Schluss fragen Sie Ihren Kameraden, **w**ie er das hinbekommt, dass das so gut klappt. Zwei Gesetze gilt es hier zu befolgen: Suchen Sie solange, bis Sie ein Verhalten erkennen, dass Sie auch wirklich als „lobenswürdig" ansehen, und stellen Sie zum Schluss in jedem Fall die „Wie schaffen Sie das?"-Frage, um Ihren Kameraden dazu zu bringen, von seinen „Errungenschaften" zu berichten. Das tut gut, geht runter wie Öl und weckt positive Emotionen.

Menschen streben intensiv nach Anerkennung und Aufmerksamkeit. Und dabei ist es irrelevant, ob wir vom CEO eines DAX-Unternehmens sprechen oder von Oma Erna, deren Unterarme durch ständige Beobachtung des hauseigenen Vorgartens bereits die Maserung der Fensterbank angenommen haben. Interessant ist allerdings auch, dass das fast jedem bekannt ist dennoch nahezu niemand konsequent danach handelt. Warum schreiben Sie als Vertriebschef nicht einmal Holzpostkarten an Ihre Kameraden? Vorne steht in großen Lettern drauf: „Danke, dass …" und hinten schreiben Sie handschriftlich zwei bis drei persönliche Zeilen. Was glauben Sie, was das für eine Wirkung hat? Manchmal kann es so einfach sein. Wer ein Stückchen Dankbarkeit an der richtigen Stelle fallen lässt, wird brennende Leidenschaft für das gemeinsame Ziel ernten. Insbesondere wenn der Weg zum Ziel durch eine gemeinsam erarbeitete Strategie verfolgt wird.

Binden Sie den Innendienst die die Erarbeitung der Vertriebsstrategie ein, s. Abschn. 3.1.1. Zudem bringen zumindest die tüchtigen Innendienstler häufig sehr gute Ideen mit, wie Abläufe intern schlanker und damit schneller gestaltet werden können. Viele Unternehmen verkennen dieses Potenzial, da sie diese Personengruppe nicht ausreichend miteinbeziehen. Dies resultiert mit schöner Regelmäßigkeit in unausgesprochener Ablehnung der Strategie. Das Motto lautet: „Da haben sich die da oben ja jetzt wieder was Schönes einfallen lassen, das kann sogar nicht funktionieren, weil …". Und an dieser Stelle entspringen dem Hirn des Homo Sapiens Kreativitätskräfte von unvorstellbarer Energie. So schnell können Sie gar nicht schauen, wie dort Probleme für Lösungen gefunden werden. Das liegt allerdings sehr häufig nicht daran, dass die strategischen Maßnahmen schlecht wären, sondern vielmehr daran, dass diese Lösungen nicht dem Hirn desjenigen entsprungen sind, der sie umsetzen soll. Das ist in etwa zu vergleichen mit dem Politikbetrieb. So gut ein Vorschlag einer Partei auch sein mag, selbst wenn die treibenden Kräfte der konkurrierenden Partei diesen Vorschlag tief im Inneren als sinnvoll erachten, können sie dem nicht zustimmen, weil es eben nicht ihr Vorschlag ist. Und schon geht der unsinnige Schlagabtausch im Plenum vonstatten.

Denken Sie an die Erfolgsrezepte von Helmut Schmidt und Jürgen Klopp: Sie nehmen die Leute mit, sind aber auch absolut rigoros, wenn „Mitspieler" nicht ins System passen. Daher passt der nächste Punkt zu 100 % auf Politik, Fußball, Feuerwehr und Vertrieb:

6. Trenne Dich auch von guten Spielern, wenn sie nicht ins System passen. Einer der wichtigsten Maximen des erfolgreichen Fußballlehrers ist, dass die Spieler seine Strategie zu 100 % umsetzen. Zweifler haben auf dem Platz nichts zu suchen. Genau dasselbe gilt für die Feuerwehr: Wer sich im Einsatz nicht an Einsatzstrategie und Taktik hält, gefährdet sowohl die eigenen Kameraden als auch die zu rettenden Personen. Im Feuerwehreinsatz gibt es sofort die rote Karte und man wird ausgewechselt. Vertriebschefs tun sich einen Gefallen, wenn sie ebenso vorgehen. Trennen Sie sich so schnell wie möglich von negativen Stimmungsmachern und Bremsklötzen – auch, wenn es weh tut. Unterscheiden Sie dabei zwischen konstruktiven „Querdenkern" auf der einen - und Vollzeitskeptikern auf der anderen Seite.

7. Machen Sie Heavy Metal Vertrieb! Man nannte die Art des Klopp-Fußballs „Heavy Metal Fußball". Machen Sie auch Heavy Metal Vertrieb? Klare Strategie, sofortige und 100-prozentige Umsetzung, konsequent bis zum Ende. Elektrisierend. Vollgas Fußball. Extrem aktionsreich, aber immer die Strategie und Taktik im Blick. Sind das alles Attribute, die auch auf Ihren Vertrieb zutreffen?

8. Zeigen Sie intern, dass Sie hinter Ihren Kameraden stehen. Wenn die Verkäufer und die Mitstreiter im Innendienst merken, dass ihr

Vertriebsleiter hinter ihnen steht, wenn sie wissen, wofür er steht und er mit flammender Überzeugung die Vision und die Strategie umsetzt, dann springt der Funke beinahe automatisch über. Dann brauchen Sie nicht von Produkten und Dienstleistungen zu sprechen oder Marketingphrasen zu dreschen, denn üblicherweise elektrisieren Präsentationen in Unternehmen diesbezüglich ungefähr so stark wie das Testbild des ZDF.

Wird also einer Ihrer Kameraden intern ungerechtfertigt und nicht im treffenden Ton kritisiert, zeigen Sie derart Ihre Krallen, wie man Sie sonst nicht kennt. Das kann auch gerne mal intensiver sein, denn manchmal muss man eben auffallen – was nicht unbedingt bedeuten muss, dass Sie den internen Widersacher dann lauthals vor allen anderen Kollegen „rundmachen" sollen. Aber es heißt, dass Sie genau diesen Kollegen zu einem 1:1-Gespräch in Ihr Büro bitten. Sofort! Wenn Sie sich sicher sind, dass Ihr Kamerad zu Unrecht in dieser Art und Weise von diesem Kollegen diskreditiert wurde, dann lassen Sie in dem Gespräch die Wände wackeln. Der Kollege kann Ihr Büro dann ohne weiteres durch die geschlossene Bürotür, zwischen Teppichboden und Türblatt, verlassen. Seinen Chef können Sie am besten kurz vorher informieren, dass das stattfinden wird. Seien Sie sich sicher: Das spricht sich rum.

Diese Vorgehensweise sollte nicht zum sich täglich wiederholenden Standardrepertoire gehören, aber gelegentlich muss dieses Register gezogen werden, wenn es notwendig erscheint. Wer seine eigenen Leute nicht verteidigen kann, der sollte kein Chef werden.

Wort-Melder
„Man kann nicht kämpfen, wenn die Hosen voller sind als die Herzen!" (Carl von Ossietzky) – (Großmann 1925, S. 161)

9. Weichspüler gehören in die Waschmaschine – zeigen Sie klare Kante. Vertriebsleiter mit klarer Kante sind rar – seien Sie froh, wenn Sie einer sind. Löschzugführer, Top-Trainer und Vertriebsleiter machen jedem sofort klar, was die eigene Überzeugung ist und wofür sie stehen. Und dass die gemeinsam erarbeitete Strategie – sobald sie feststeht – die „Bibel" ist und sich alle danach zu richten haben. Ende der Diskussion – denn die hat vorher stattgefunden. Jetzt wird umgesetzt. Klopp hat technisch erstklassige Spieler rigoros aus seinem Kader genommen, wenn sie nicht zu 100 % hinter der gemeinsam erarbeiteten Strategie und Taktik standen und danach gespielt haben – keine Kompromisse!

10. Hätte, könnte, sollte, würde – machen! Wie oft erlebe ich, dass Vertriebsleiter mit Ihrem Team zwar über eine Strategie gesprochen haben, die Umsetzung dann aber im Alltagstagtrott untergeht. Das ist ein fataler Fehler, wie ich finde. Ist die Strategie erarbeitet, dann gilt es, sie im Detail konsequent umzusetzen. Wenn man erkennt, dass in der Praxis etwas partout nicht klappt oder sich Rahmenbedingungen ändern, kann die Strategie justiert werden. Aber halten Sie sich dann an den adaptierten Plan.

In diesem Kontext: Was glauben Sie, wie häufig ein Flugzeug, das auf der Route von Düsseldorf nach San Francisco eingesetzt wird, exakt denselben Weg fliegt? Richtig – nie. Wer am Flügel sitzt, sieht, dass sich die Luftklappen ständig bewegen. Das bedeutet, dass sich das Flugzeug bzw. der Pilot ständig auf Veränderungen unterwegs einstellen und seinen Plan (seine Strategie) justiert. Aber es bleibt konsequent auf Kurs und *muss* immer eine Mindestgeschwindigkeit fliegen, sonst stürzt es ab.

11. Man wird erst dann zum Superhelden, wenn man sich selbst für super hält! Verzeihen Sie mir diesen doch etwas flachen Spruch, aber er spiegelt Klopps Wirkung perfekt wider. In der oben erwähnten Biografie wird detailliert beschrieben, mit welcher Ausstrahlung und welchem Charisma er auftritt. Er war und ist von sich überzeugt, „das spürt man, wenn er zur Tür hereinkommt. Und ich glaube, das überträgt sich automatisch auf die Spieler" (vgl. Honigstein 2017, S. 114).

Vertriebsleiter bekommen jeden Tag Probleme auf den Tisch. Charisma, die persönliche Aura und Überzeugung kommen aber nur dann herüber, wenn der Vertriebsleiter das Problem klar definiert, Lösungen herbeiführt, immer die Vision und die Strategie im Blick hat. Und wenn die Kameraden wissen, wofür er steht, was seine Haltung ist. Denken Sie dabei an das Beispiel der Vision von John F. Kennedy und die Triebkraft seiner Vision.

12. Vertriebsmeeting? Nehmen Sie sich zwei Ersatzhemden mit. Lassen Sie mich bereits einen Punkt aus Abschn. 3.2.1, in dem es um das perfekte Vertriebsmeeting geht, vorwegnehmen. Nur wenige Dinge langweilen noch mehr als ein „Standard-Vertriebsmeeting". Nutzen Sie alle Methoden, die wir bereits behandelt haben (z. B. Affirmationen und Visualisierungen), um sich vor Vertriebsmeetings selbst in Rage zu bringen. Von Ihnen muss Feuer ausgehen. Zu Beginn meiner Trainerkarriere berichtete ich einem Trainerkollegen, dass ich nach einem Tag Vertriebstraining sowohl Hemd als auch Anzug reinigen lassen muss, weil beides durchgeschwitzt ist – denn ich bin dort äußerst aktiv. Er meinte nur: „Was machst du denn für einen Aufwand, lass es doch lockerer angehen." Für Mittelmaß reicht das, aber dafür stehen Sie und ich morgens nicht auf.

> **Wort-Melder**
> Wenn Sie in Ihrer Mannschaft etwas auslösen möchten, dass muss sich Ihr Hemd während der Präsentation in Schweiß auflösen.

Die Schweißausbrüche sollten nicht vor Panik erfolgen, sondern vor brennendem Enthusiasmus und Überzeugung für das, was Sie und Ihre Mannschaft tun und erreichen werden. „Der deutsche Trainer verließ die Arena wie ein Gladiator das Kolosseum, nachdem er eine gefährliche Bestie getötet hatte!" Das war eine Aussage der englischen Zeitschrift „The Independent". Überlegen Sie, ob es sinnig ist, ein Feindbild zu schaffen. Welchen Konkurrenten wollen Sie besiegen, oder besser: Welche Kundengruppe wollen Sie verblüffen (um damit die Konkurrenz zu besiegen)? Und wenn ja, womit? Das führt Sie wieder zur Strategie.

13. Meditationsübungen nutzen, um sich zu fokussieren. Klopp saß vor jedem Spiel minutenlang mit einem Handtuch über dem Kopf in der Kabine. Nein, ich glaube nicht, dass er (nur) betete. Ich vermute, es war eine Mischung aus fokussiertem Meditieren und dem gedanklichen

Durchgehen des Spiels. Wie stark nutzen Sie als Vertriebsleiter kurze Meditationsübungen, um sich auf Ihre Aufgabe zu fokussieren? Einem gestressten Hirn können nur selten hervorragende Ideen entspringen. Das gilt für Sie und für Ihre Kameraden. Wer dazu eine Einführung in geführte Meditation sehen und hören möchte, klickt z. B. auf www.headspace.com oder www.7mind.de.

14. Dem starken Zusammenhalt auf dem Platz geht eine starke Verbundenheit voraus. „Zwei Jahre zuvor war er mit den Spielern in eine abgelegene Schwarzwaldhütte gefahren, in der sie selbst kochen und die Toilette putzen mussten. Er bat die Spieler, im Schein des Lagerfeuers einen Brief an sich selbst zu schreiben, über ihre Erfahrungen und Eindrücke bei dieser Reise (…). Die Briefe wurden in beschriftete Umschläge gesteckt und vom Trainer eingesammelt." (Honigstein 2017, S. 185). Jeder sollte dann in Ruhe noch einmal durchlesen, was er damals am Feuer, im Kreis der Mannschaft, niedergeschrieben hat. Und sich damit auch wieder in diese besonderen und verstärkenden Gefühle zurückversetzen.

Klopp nutzt damit das Mittel des psychologischen Ankers – meiner Meinung nach wirklich ziemlich genial. Für Sie als Vertriebsleiter bedeutet das: Veranstalten Sie das nächste jährliche Vertriebsmeeting an einem außergewöhnlichen Ort. Abends machen Sie draußen am Lagerfeuer Stuhlkreise. Dort schreiben Ihre Kameraden Ihre wichtigsten Erkenntnisse aus dem Tag auf und warum es sich für sie lohnt, die Strategie umzusetzen. Die Strategie muss vorher erarbeitet worden sein und auch diese Fragen behandeln. Rustikale und urige Orte eignen sich dafür besonders.

15. Klare Regeln vereinbaren und von jedem Kameraden ein Versprechen einholen. Klopp bat seine Spieler, ihren Namen unter ein Versprechen zu setzen, in dem sieben Regeln vereinbart waren. Diese Regeln waren:

- Bedingungsloser Einsatz. Das bedeutet für den Vertrieb keine Ausreden gelten zu lassen wie: „Ich würde ja neue Kunden akquirieren, kann es aber nicht, weil …

– wir nicht passend liefern können!" (Dann müssen andere Kunden akquiriert werden.)
  – wir zu teuer sind!" (Dann muss der Mehrwert besser verkauft werden oder eine scharfe Marktpreisanalyse durchgeführt werden.)
  – bei uns intern alles drunter und drüber läuft!" (Dann müssen Prozesse gemeinsam festgelegt und konsequent umgesetzt werden.)

- Leidenschaftlicher Einsatz
- Entschlossenheit zu siegen – unabhängig vom „Spielstand" (analog zum Vertrieb: Also Ihren Chancen beim Projekt – es sei denn sie liegen bei 0 %)
- Bereitschaft, jeden zu unterstützen
- Bereitschaft, Hilfe anzunehmen
- Bereitschaft, Qualitäten in den Dienst der Mannschaft zu stellen
- Bereitschaft, persönliche Verantwortung zu übernehmen

Versuchen Sie, mit Ihren Kameraden eine Team-Charta zu vereinbaren. Keine Sorge, nichts rechtlich Bindendes. Aber jeder im Team sollte sich mit solchen oder ähnlichen Selbstverpflichtungen einverstanden erklären. Warum schreiben Sie diese Punkte, die Sie von Ihren Leuten einfordern, nicht auf ein DINA4-Blatt. Dort können die Kameraden ebenso vermerken, was sie von Ihnen erwarten. Ein Beispiel dazu finden Sie in Abb. 3.10.

Hier finden Sie die Team-Charta zusätzlich als Download: https://koberaktiviert.de/buch_feuer_flamme_downloads

16. Den Gegner kaltstellen. Die Dortmunder waren ein Team, das erst satt war, wenn das gegnerische Team mit Krämpfen und blauem Gesicht am Boden lag. Wenn die Verkäufer des Mitbewerbs kalte Füße bekommen, wenn sie erfahren, dass Ihre Verkäufer dieses Kundenprojekt kennen – dann haben Sie sehr viel richtig gemacht. Einer meiner Trainingsteilnehmer sagte einst: „Ich bin erst zufrieden, wenn mein Foto als Dartscheibenhintergrund im Verkaufsbüro der Konkurrenz hängt."

17. Knüpfen Sie an Erfolgserlebnisse an. Klopp zeigte dem Team die Höhepunkte aus den vorherigen Siegen unterlegt mit dramatischer Musik.

Team-Charta

Unternehmen:

Team:

Datum:

Diese Teamcharta hat keine rechtliche Bewandtnis. Sie stellt den moralischen Anspruch der Teammitglieder klar. Sinn und Zweck ist, dass das Team bestmöglich zusammenarbeitet und man sich einander vertraut.

Ich_____(Name) verspreche…

- bedingungslosen Einsatz. Das bedeutet, keine Ausreden gelten zu lassen oder anzuführen wie: „Ich würde ja neue Kunden akquirieren, kann es aber nicht, weil…
    - …wir nicht passend liefern können!" (dann müssen andere Kunden akquiriert werden)
    - …wir zu teuer sind!" (dann muss der Mehrwert besser verkauft oder eine genaue Marktpreisanalyse durchgeführt werden)
    - …bei uns intern alles drunter und drüber läuft!" (dann müssen Prozesse gemeinsam festgelegt und konsequent umgesetzt werden)
- leidenschaftlichen Einsatz
- entschlossen zu sein, zu siegen – unabhängig vom „Spielstand" (analog zum Vertrieb: Ihre Chancen beim Projekt – es sei denn sie liegen bei 0 %)
- die Bereitschaft, jeden zu unterstützen.
- die Bereitschaft, Hilfe anzunehmen.
- die Bereitschaft, Qualitäten in den Dienst der Mannschaft zu stellen.
- die Bereitschaft, persönliche Verantwortung zu übernehmen.

Bei meinem Chef ist mir wichtig und erwarte ich, dass:

- _____

- _____

- _____

- _____

- _____

_____   _____
Kapitän/Heizer (Zutreffendes unterstreichen)   Vertriebsleiter

Abb. 3.10 Team-Charta

Es wurden Filmausschnitte von Boris Beckers Wimbledon-Sieg und von Mohammad Ali gezeigt, um die Mannschaft emotional auf Betriebstemperatur zu bekommen. Wie binden Sie so etwas in Ihr nächstes Vertriebsmeeting ein? Sie brauchen dort Emotion und nicht nur Faktenwissen. Wohlwissend, dass man sich dabei als Vertriebsleiter erst einmal komisch fühlen kann – aber wenn der Impuls nicht vom Chef ausgeht, wer soll es dann tun?

Die Hirnforschung ist sich einig: Gezeigte Inhalte werden deutlich besser erinnert, wenn Emotionen erlebt wurden. Das ist bei den meisten Vertriebsmeetings nicht der Fall (es sei denn, man definiert „Langeweile" als Emotion). Genießen Sie dazu auch Abschn. 3.2.1.

18. Nutzen Sie eine Resilienz-Übung, um das hedonische Glück erlebbar zu machen. Ein weiteres „Glücksgeheimnis" bei der Feuerwehr sind die meist nicht bewusst durchgeführten „Resilienzübungen". Die Effekte dieser „Übungen" werden dadurch erreicht, dass man häufig gemeinsam positive Erlebnisse wahrnimmt. Bei der Feuerwehr erlebt die Einsatzgruppe am Tag mehrmals einen erfolgreich abgeschlossenen Einsatz – und das sind in 90 % der Fälle keine Einsätze, in denen die Welt gerettet wird, auch die kleinen Erfolge zählen (Ölspur erfolgreich entfernt, Eichhörnchen aus Gully befreit, Kuh aus Güllegrube gehoben etc.).

Wenn Sie im Vertrieb generative Teamziele einführen (s. Abschn. 2.5 und 2.6) – warum gibt es nicht einen kurzen täglichen Status, was das Team erreicht hat, um den wichtigen Fortschritt zum Ziel klar zu machen? Welche kleinen Erfolge können Sie feiern? Woran kann der Kamerad täglich oder wöchentlich erkennen, dass er oder sein Team etwas Bedeutendes geschaffen haben? Diese Erfolgsstories werden innerhalb der Woche gesammelt. Dafür wird eine separate E-Mail-Adresse eingerichtet, der Kamerad kann per Sprachnotiz eine kurze Audiodatei dort hinschicken. Am Ende der Woche fasst das jemand in einer gesammelten Audiodatei zusammen, die dann an die Mannschaft gesendet wird. Das dauert für den Kameraden bei der Erstellung der Sprachnotiz keine zwei Minuten, er fasst den Erfolg noch mal kurz zusammen (Verbalisieren ist für positive Affirmation wichtig), und alle beteiligten Kameraden sehen den Fortschritt zum Ziel (s. Abschn. 2.6). Zudem lernen alle voneinander.

Wenn Sie dieser Sprachnotiz einen Rahmen geben möchten, so können Sie sich an diesen Fragen orientieren:

1. Welche Unternehmensstärken wurden eingesetzt?
2. Welche meiner Stärken wurden eingesetzt? (Eigenlob stimmt!)
3. Welche Maßnahmen, welche Anstrengung hat geholfen?
4. Berichte vom Augenblick, als klar wurde, dass du gewinnst: Wie war das?

Dieses Buch handelt von wahrer Leidenschaft und Feuer im Vertrieb. Die Vertriebs- und Lebensstrategie ist die Grundvoraussetzung dazu, bei der Feuerwehr würde man hier von der perfekten Ausrüstung und der motivierten Mannschaft sprechen. Lassen Sie uns in Abschn. 3.2 in die Welt des Storytellings eintauchen und lernen, wie Sie diesen feurigen Effekt mit noch mehr Sauerstoff richtig anheizen. Denn Sie wissen ja:

Wort-Melder

„Geschichten erzählen wir Kindern zum Einschlafen – Erwachsenen, damit sie aufwachen." George Bucay (beruhmte-zitate.de o. J.)

Einsatzbericht

Erkenntnisse aus dem Einsatz:

- Menschen wünschen sich Orientierung, beruflich und privat. Ordnung im Bewusstsein (s. Abschn. 2.5) sorgt für mehr Vertriebskraft. Entropie, also die „gedankliche Unordnung", das Fehlen eines Plans oder der Orientierung, vernichtet Handlungsenergie.
- Menschen wünschen sich, bedeutsam zu sein. Binden Sie sie in die Erarbeitung der Strategie ein.
- Nackte Zahlen aktivieren nichts. Gestalten Sie Ziele multisensorisch.

Wie nutzen Sie dies für Ihren „Einsatz"?

- Erstellen Sie dazu Ihre eigene Lebensstrategie.
- Erstellen Sie die Vertriebsstrategie für Ihr Unternehmen.
- Gehen Sie die Lebensstrategie mit Ihren Kameraden einzeln durch.
- Übertragen die Sie Maßnahmen aus der Vertriebsstrategie in den beruflichen Part der Lebensstrategie Ihrer Kameraden.
- Entscheiden Sie, welche der angeführten Prinzipien aus Abschn. 3.1.4 und 3.1.5 den Weg in Ihre Praxis finden.

3.2 AK: *Aktivieren* durch Zukunftsstorys statt „Death by PowerPoint"

„AK" steht in „STAKKATO" für das **Ak**tivieren Ihrer Kameraden durch eine packende und mitreißende Story. Wenn die Strategie und die Vision stehen, dann nützt es allen Beteiligten gar nichts, wenn diese tollen Erkenntnisse nun in langweiligen PowerPoint-Präsentationen völlig unbeachtet verstauben. Das bedeutet, dass die Strategie nun in eine Zukunftsgeschichte transformiert werden muss. Denn das menschliche Gehirn kann Informationen vor allem über schlüssige und kohärente Geschichten aufnehmen (Pyczak 2018). Erinnern Sie sich bitte an die kurze Anekdote aus Abschn. 1.3. Ein Vertriebsleiter hatte bei einem Vertriebsmeeting aus der Not heraus die Präsentation aus dem letzten Jahr gezeigt – und es hat niemanden gestört. Das bringt das ganze Drama auf den Punkt. Wenn ich mir die üblichen Präsentationen auf Vertriebsmeetings anschaue, dann wundert mich nichts mehr.

Wenn man die Teilnehmer solcher Veranstaltungen nach der Tagung befragen würde, welche drei wichtigsten Punkte hängen geblieben sind – die Ergebnisse wären ernüchternd. Machen Sie bei der nächsten Vertriebstagung doch mal den Test und bitten Ihre Kameraden nach der Veranstaltung um ein kurzes Feedback. Ein Onlinefragebogen dazu ist schnell erstellt, zum Beispiel mit diesen Tools: www.surveymonkey.de oder www.questionpro.de.

Diese Fragen könnten Sie stellen:

- Was sind die drei wichtigsten Erkenntnisse aus der Tagung für Sie?
- Was können Sie konkret für Ihre Vertriebsarbeit nutzen, was macht Ihnen das Leben bei internen Prozessen leichter?
- Inwiefern ermöglicht es Ihnen ein erfüllteres Arbeitsleben?

Sie könnten auch selber stichprobenartig direkt nach der Tagung einige Ihrer Kameraden befragen. So können Sie feststellen, was wirklich, auch ohne langes Nachdenken, erinnert wird. Die Annahme, dass das menschliche Gehirn durch das schiere Vorlesen von Präsentationsfolien mitgerissen wird, ist falsch. Das ist üblicherweise auch weithin bekannt, erstaunlich ist nur, dass sich an der Situation so gut wie nichts ändert, sondern weiterhin in aufwändiger Kleinarbeit Präsentationsfolien erstellt und Zahlen, Daten, Fakten aufbereitet werden. Auf der Tagung selbst schlägt man sich zig Präsentationsfolien um die Ohren, am Ende des Tages hat meist keiner der anwesenden Kameraden auch nur ein „Werkzeug" mehr in der Hand, um Kunden zu verblüffen und Ergebnisse zu verbessern. Haben Sie einmal ausgerechnet, was so eine Vertriebstagung kostet? Ich rede nicht von Raumkosten, Hotel, Anreise, Catering etc. Das ist alles im Vergleich zur wertvollen Zeit, die kumuliert jeden Tag in Deutschland zu hunderttausenden Mannstunden bei derartigen Vertriebsmeetings verplempert wird, zu vernachlässigen. Hier eine exemplarische Berechnung. Damit die sie übersichtlich bleibt, verwenden wir in diesem Beispiel „runde" Zahlen:

> **Beispiel**
> Nehmen wir an, Sie veranstalteten an einem Tag ein sehr kleines Vertriebsmeeting mit 10 Verkäufern, diese seien für 100 Mio. Euro Umsatz p.a. mit 10 % Deckungsbeitrag verantwortlich. Jeder Verkäufer erwirtschaftet demnach 1 Mio. Euro Deckungsbeitrag in 230 Arbeitstagen pro Jahr. Das bedeutet, dass er rein rechnerisch ca. 4400 Euro Deckungsbeitrag pro Tag generiert. Bezogen auf die 10 Verkäufer beim Vertriebsmeeting wären das in der Konsequenz 66.000 Euro fehlender Deckungsbeitrag, den diese Veranstaltung verursacht, wenn man 1 Tag Meeting und 0,5 Tage für An- und Abreise rechnet.

Mir ist schon klar, dass diese 66.000 Euro nicht 1:1 und exakt mit diesem Wert eintreten und in der Bilanz zu Buche schlagen werden. Es kann in der Praxis weniger, aber auch bedeutend mehr sein. Jedoch zeigt dieses Beispiel, dass der Arbeitsausfall schon bei dieser sehr kleinen Mannschaft enorm ist.

Wenn Sie nun noch den Quotienten zwischen gesendeter und verinnerlichter Information dazunehmen, wird das Ausmaß der Verschwendung deutlich. Wenn ich solche Zahlen einem Geschäftsführer in Anwesenheit eines Controllers vorrechne, dann zeigt der Controller meist etwas, was man sonst gar nicht von ihm kennt: Emotionen!

Daher: Wenn die Strategie wirklich gelebt werden soll und wenn Sie möchten, dass viel mehr hängen bleibt und umgesetzt wird, dann müssen Sie bei Vertriebstagungen bekannte Pfade verlassen. Den Weg dazu zeige ich Ihnen jetzt.

3.2.1 Verbrennen Sie lieber Präsentationsfolien statt Deckungsbeitrag: Das perfekte Vertriebsmeeting

Wir stellen fest: Der entgangene Deckungsbeitrag durch solche Veranstaltungen erreicht sehr schnell fünf- oder sechsstellige Summen. Daher wäre es doch clever, diese investierte Zeit und das Geld auch möglichst gewinnbringend zu nutzen. Das Problem sind nicht allein die Präsentationen – wobei die schon häufig den Tatbestand der Körperverletzung durch Erzeugung maximaler Langeweile erfüllen. Dies gilt sowohl für den Inhalt und leider häufig auch für die Darstellung. Der Rhetoriktrainer Matthias Pöhm nennt das „betreutes Lesen" und ich stimme ihm zu. Auf PowerPoint-Folien werden Zahlen, Daten und Fakten präsentiert und was dort steht … wird noch mal vorgelesen und mit hübschem verbalem Beiwerk kommentiert. Das ist nett. Aber auch nicht mehr. Schauen Sie doch mal, ob Sie bei den Aussagen in Abb. 3.11 eine Parallele zu der ein oder anderen Tagung, die Sie schon erlebt haben, erkennen können.

Ich biete Ihnen nun Schritt für Schritt die wesentlichen Aspekte an, wie Sie Ihre Vertriebstagung zu einem Erlebnis machen. Es soll eine Veranstaltung werden, die für Ihr Unternehmen deutlich mehr Wert erbringt, als sie Deckungsbeitrag verschlingt.

Die Einladung
Achten Sie schon bei der Einladung darauf, dass Neugierde beim Rezipienten geweckt wird. Sollten Sie sich darauf beschränken, zum alljährlichen Vertriebsmeeting einzuladen, wird die Vorfreude überschaubar sein. Kündigen Sie hingegen ein Motto an, das Fragezeichen aufwirft, wird das Interesse geweckt.

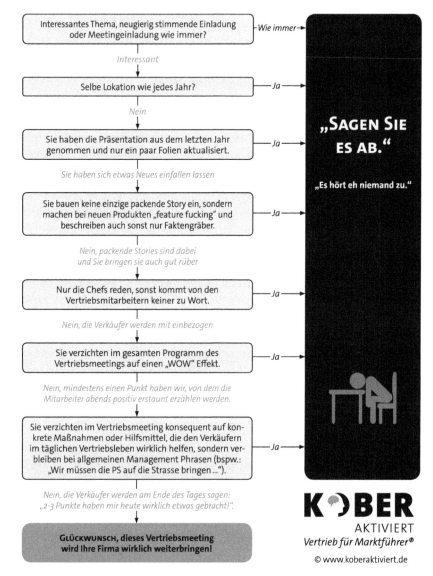

Abb. 3.11 Das jährliche Vertriebsmeeting

Beispiel: Meine ehemalige Chefin, die frühere Geschäftsführerin von Hewlett-Packard Deutschland, hat ihrem Vertrieb folgendes Motto bereits in der Einladung angekündigt: „Kill Compaq!" Compaq war früher der Hauptkonkurrent von Hewlett Packard. Im Vorfeld des Meetings lief der Flurfunk heiß, alle waren gespannt, was sie erwartet.

Warum schreiben Sie nicht eine klare Bitte in die Einladung, etwa in dieser Machart: „Jeder lässt sich drei verrückt anmutende Ideen einfallen, wie wir Kunden positiv verblüffen können." Oder: „Jeder lässt sich drei Dinge einfallen, mit denen wir unsere Kunden sofort sauer fahren würden." Diese Ideen können Sie mit den oben erwähnten Umfragetools im Vorfeld einsammeln – entweder anonym oder mit Namensangabe.

Mit der letzten Variante kommt garantiert etwas Spaß die Veranstaltung. Wenn man nun aus den Ideen, wie man Kunden „sauer fährt", die drei wichtigsten selektiert und genau das Gegenteil als wichtiges Ziel definiert, kommt mit hoher Wahrscheinlichkeit ein gutes Ergebnis dabei heraus.

Die Location

Denken Sie bitte daran, dass uns bekannte Büro- und Veranstaltungsräume von unserem Unterbewusstsein negativ oder positiv konnotiert werden. Das bedeutet, dass jemand einen Raum unterbewusst negativ wahrnehmen wird, wenn er dort bereits eine negative Erfahrung gemacht hat (langweiliges Meeting, kritische Gespräche). In dieser Räumlichkeit wird es für den Präsentator viel schwerer, die Truppe zu aktivieren.

Lassen Sie das nächste Vertriebsmeeting an einem anderen Ort stattfinden. Wenn es möglich ist, sollte es extern abgehalten werden. Suchen Sie sich eine Location aus, die gemütliche Atmosphäre ausstrahlt – gerne mit viel Holz. Die Menschen sehnen sich heutzutage nach Entschleunigung und Wohlfühlfaktoren. Wenn Sie darüber nachdenken, wie teuer ein Vertriebsmeeting ist, dann sind die Raumkosten in der Gesamtbetrachtung (Arbeitsausfall etc.) verschwindend gering.

Binden Sie Möglichkeiten mit ein, damit Ihre Kameraden einen Teil der Workshops draußen abhalten können (z. B. kleine Hütten im Wald etc.). Das ist nicht nur ein netter Wunsch, sondern wissenschaftlich gestützt u.a. durch Prof. Calvin Newport mit seinen Erkenntnissen, die in seinem Buch „Deep Work" (Newport 2016) beschrieben werden. Er unterstreicht, dass die Einbindung von Aktivitäten bspw. im Wald das Lernerlebnis deutlich steigert. Keine Sorge: Ich rede nicht davon, dass man nun gemeinsam draußen über Seilchen springt, lustige Lieder singt und dabei seinen Namen tanzt. Im Kern geht es darum, dass wir unserem Hirn durch Bewegung und frische Luft mehr Sauerstoff zur Verfügung stellen und damit unsere kognitiven Fähigkeiten steigern.

Wenn wir ehrlich zu uns sind, dann benötigen wir für die Erkenntnis, dass außerordentliche Tagungsorte verbunden mit körperlicher und geistiger Aktivität viel bessere Tagungsergebnisse bringen, keine wissenschaftlichen Studien, sondern nur unseren gesunden Menschenverstand. Wer tauscht denn nicht gerne einen überheizten, schlecht gelüfteten Standard-Hoteltagungsraum gegen eine Wohlfühlatmosphäre? Wer glaubt denn im Ernst, dass das keine Auswirkungen auf Hirnaktivitäten und Kreativität hätte? Inspirationen für außergewöhnliche Tagungsorte erhalten Sie hier: www.sinnvolltagen.de.

Eine außergewöhnliche Location sorgt häufig für außergewöhnlich gute Ergebnisse und Ideen. Diese Wirkung wird zusätzlich verstärkt, wenn Sie die Veranstaltung interaktiv gestalten.

Die Präsentation
Suchen Sie sich ein neues Präsentations-Format, zum Beispiel PREZI. Dort finden Sie Vorlagen für Präsentationen, die Ihre Rezipienten mit an Sicherheit grenzender Wahrscheinlichkeit noch nicht gesehen haben.

Veranstalten Sie interaktive Workshops, in denen die Verkäufer ihre Meinungen strukturiert kundtun können. Sie erreichen das, indem Sie z. B. nach einem Part, bei dem sich alle in einem Raum befinden und der (außergewöhnlichen) Präsentation folgen, im Anschluss kleine Workshops mit maximal jeweils zehn Teilnehmern ansetzen. In diesen Workshop behandeln Sie wichtige Fragen, die Sie im Vertrieb weiterbringen. Beispiele zu derartigen Fragen finden Sie in Abschn. 3.1.1. Wichtig ist, dass die Beteiligten (nicht nur) das Gefühl haben, gemeinsam an etwas Großem zu arbeiten und nicht nur frontal mit Informationen beschallt zu werden.

Der Präsentator

Wann haben Sie das letzte Mal Ihre Fähigkeiten, mitreißend zu präsentieren, trainiert? Denken Sie an die Metapher des Holzfällers mit der Axt, der sich über die Zeit immer schwerer tut, Bäume zu fällen. Warum? Weil er vergisst, seine Axt zu schärfen. Das gilt für das Training Ihres Vertriebs genauso wie für Ihre Fähigkeiten, Ihre Vision, Strategie und Story begeisternd zu präsentieren. Alle nennenswerten Galionsfiguren der Geschichte hatten in irgendeiner Art und Weise die Fähigkeit, in Menschen etwas auszulösen – schärfen Sie dort Ihre Axt, indem Sie sich vor der Präsentation coachen lassen oder Präsentationstrainings erleben. Nutzen Sie dazu das Wissen von Keynote Speakern, die wissen, wie man ein Auditorium aktiviert – und dieser Effekt ist entscheidend.

Sie haben Ihr Ziel erreicht, wenn man ein halbes Jahr nach der Veranstaltung noch davon spricht, nach dem Motto: „Das haben wir doch auf dem Meeting in […Ort…] besprochen, weißt Du noch? Das war richtig gut, weil ich seitdem weiß, wie…".

Bevor Sie die wöchentliche Vertriebsbesprechung eröffnen, machen Sie sich klar, dass Sie stolz auf Ihre Mannschaft sind. Auch wenn jeder Vertriebsbereich neben Top-Verkäufern auch ein paar faule Hunde (diese werden wir uns in Abschn. 3.3.1 noch genauer vornehmen) in seinen Reihen zählt, so ist es entscheidend und wichtig, dass Sie das Gefühl ausstrahlen, hinter Ihrer Mannschaft zu stehen und stolz auf sie zu sein. Dass strahlen Sie bei der Präsentation aus, denn Sie wissen sicher, dass über 90 % von dem, was wir kommunizieren, nonverbal bzw. über unsere Stimme vom Gegenüber wahrgenommen wird (vgl. Mehrabian 1972).

Wichtig ist, dass Ihre Ausstrahlung das aussagt: „Ich stehe hinter Euch, glaube an Euch und wir gehen hier für eine klare Strategie. Wir packen das!" Bringen Sie sich dazu in einen guten Zustand, sprich: Stellen Sie sich direkt vor der Präsentation Situationen vor, in denen Sie außerordentlich erfolgreich waren oder präsentiert haben. Atmen Sie tief durch und dann präsentieren Sie mit demselben inneren Antrieb, wie Jürgen Klopp seine Mannschaft von der Außenlinie anfeuert. Denken Sie an Punkt 11 im Abschn. 3.1.6. Präsentieren Sie, als hinge alles davon ab. Es strahlt auf das Publikum aus.

Die Dramaturgie

Die Tagesordnung vieler Vertriebsmeetings gleicht dem Inhaltsverzeichnis eines langweiligen Deutsch-Aufsatzes. Landläufig glaubt man, es sei gut, wenn zumindest mal alles angesprochen wurde. Wenn das Hauptziel dieses Vertriebsmeetings ist, den Puls der Rezipienten zu senken, dann sind Sie damit auf einem guten Weg. Wenn Sie bei Ihren Zuhörern allerdings wirklich etwas auslösen möchten, dann müssen Sie mit guten Geschichten arbeiten. Der Schlüssel ist, die Tagesordnungspunkte, deren Botschaft unbedingt ankommen muss, mit einer Geschichte zu verbinden. Vereinfacht dargestellt sollte diese Geschichte folgende Struktur aufweisen:

- **Situation**: Wie ist es heute? Beschreiben Sie die aktuelle Situation Ihres Unternehmens und Trends der Branche.
- **Verhängnis**: Was passiert, wenn wir alles genauso weitermachen wie bisher und wir nichts verändern? Probleme machen Geschichten interessant. Warum sonst sind die Zeitungen voller schlechter Nachrichten? Unser Hirn ist seit jeher darauf fokussiert, Gefahren zu beachten. Also zeigen Sie ein „Schreckensszenario", wenn die Gefahr besteht, dass man sich auf dem Erfolg ausruht.
- **Wendung**: Was sollten wir tun, um für unsere Kunden stets die Nummer 1 im Kopf zu sein? Wie verblüffen wir sie – wie ist unsere Strategie?
- **Happy End**: Wie wird es sein, wenn wir unsere Ziele erreicht haben? Geben Sie ein klares Bild davon, wie Ihre Firma aussehen wird und was es für das Team bedeutet, wenn Sie die Ziele erreicht haben. Was bringt es Ihrem Unternehmen, wenn Sie schnell Ihre Vertriebsziele erreichen? Was bedeutet es für die Marktposition, für weitere Investitionen, für den Marktauftritt, für die Kameraden (Mitarbeiter), für den Ausbau von Alleinstellungsmerkmalen etc.? In Abschn. 3.1 habe ich brennend dafür geworben, dass diese Ziele gemeinsam mit den Kameraden erarbeitet werden. Nur so werden Ihre Kameraden an der Umsetzung der Strategie aktiv und mit voller Kraft mitarbeiten. Dann ist es ihr Werk mit ihren Ideen, ihren Gedanken, die umgesetzt werden. Das fühlt sich einfach gut an!

Jeder, der schon einmal eine Firmenfusion miterlebt hat, der weiß, dass das Informationsbedürfnis der Kameraden kaum gestillt werden kann. Allerdings ist die Informationskultur innerhalb der Unternehmen häufig – wie soll ich es diplomatisch formulieren – grottenschlecht. Entweder wird phrasenschwanger kommuniziert, sodass man möglichst unkonkret bleibt. Oder die Kommunikation bleibt komplett aus, was etwa denselben Effekt hat.

Kommunizieren Sie knapp und klar, warum Sie die gemeinsam erarbeitete Strategie umsetzen, welches große Bild Sie damit erreichen möchten. Auch unangenehme Wahrheiten müssen kommuniziert werden, Sie haben eh keine Wahl. Wer nicht konsistent zu den Taten, die von den Kameraden wahrgenommen werden, kommuniziert, sorgt dafür, dass zu viel Zeit mit internen Diskussionen über den „Flurfunk" oder über endlose Mobiltelefonate zwischen Außendienstlern verschwendet werden, die keinerlei Mehrwert schaffen. Im Gegenteil, die Kameraden werden von der Arbeit abgehalten. Ich verweise hierzu noch mal auf den Effizienzeffekt aus Abschn. 1.1. Der Schweizer Autor Rolf Dobelli nennt das die Begründungsrechtfertigung (Dobelli 2012). Menschen benötigen für Ihr Tun und Handeln eine schlüssige Begründung. Dadurch entsteht eine höhere Motivation bei der Umsetzung. Belegt ist dies durch ein Experiment der Harvard-Psychologin Ellen Langer, das sie in den 70er-Jahren durchführte. Um es kurz zu beschreiben, zitiere ich aus dem Werk von Rolf Dobelli (2012, S. 5):

„In einer Bibliothek wartete sie, bis sich vor dem Fotokopierer eine Schlange gebildet hatte. Dann fragte sie den Vordersten: „Entschuldigen Sie. Ich habe fünf Seiten. Würden Sie mich bitte vorlassen?" Nur selten gab man ihr den Vortritt. Sie wiederholte das Experiment, aber diesmal gab sie einen Grund an: „Entschuldigen Sie. Ich habe fünf Seiten. Würden Sie mich bitte vorlassen? Ich bin in Eile." In nahezu allen Fällen ließ man ihr den Vortritt." Selbst mit noch banaleren Begründungen wie „Eile" wurde sie vorgelassen. Erarbeiten Sie also eine gute Begründung für das Vorgehen, und die Motivation bei der Umsetzung wird steigen.

Der Wow-Effekt
Wenn Sie die volle Aufmerksamkeit Ihres Auditoriums erreichen möchten, müssen Sie bekannte Muster brechen. Setzen Sie sich beim Erstellen

der Tagesordnung dieses Ziel, dann werden Sie automatisch zu dem Punkt kommen, dass Sie einen „Wow-Effekt" einbauen müssen.

Laden Sie langjährige Kunden oder Geschäftspartner ein, die Ihnen auf der Vertriebstagung ein – Live-Feedback geben – was schätzt dieser Kunde an Ihrem Unternehmen, was stört ihn? Sorgen Sie für Überraschungsgäste mit kurzen und kurzweiligen Impulsvorträgen.

Es muss Energie im Raum spürbar sein, wir sind nicht auf einem Kaffeekränzchen! Wenn ich schon höre, dass sich Leute bei solchen Tagungen über das Catering beschweren, steigt mein Puls. Das Meeting muss dafür sorgen, dass die Teilnehmer Hunger nicht nur im Bauch, sondern auch im Kopf haben.

Dieser „Wow-Effekt" kann ein unangekündigter Redner sein, der Stimmung in die Mannschaft bringt. Es kann ein unangekündigter Feueralarm sein, an dessen Ende Sie eine Botschaft in die gesamte Mannschaft tragen (z. B. „Ab heute machen wir Alarm im Markt, und zwar mit der Strategie, die wir heute gemeinsam beschließen/erarbeiten").

Sie möchten ein weiteres Beispiel sehen? Der Vertriebsleiter einer meiner Kunden, ein großer Mittelständler im Bereich Maschinenbau, hat zu Beginn des Vertriebsmeetings folgende „Showeinlage" zelebriert: Er hat eines der bestverkauften Produkte (Hochtechnologie) des Unternehmens auf den Boden gelegt und mit einem Vorschlaghammer draufgehauen. Basta. Das Display des Produkts war zwar beschädigt, aber er konnte zeigen, dass alle relevanten Funktionen noch erhalten waren. Er wollte damit dem ständigen internen Einwand begegnen, das Unternehmen sei im Grunde bei allen Produkten zu teuer. Deren (End-)Kunden können auch nach solch einem Schaden die Produktion weiter aufrechterhalten, was viel mehr zählt, als eine Kostenersparnis bei der Anschaffung des Produkts. Er bot somit seinen Kameraden im Meeting an, dieses Fallbeispiel mit zum Kunden zu nehmen und genau das zu präsentieren. Damit erreichte er mehrere Effekte:

- Zu Beginn der Tagung hört jeder zu, deshalb hatte er 100 % Aufmerksamkeit des Auditoriums.
- Er veranschaulichte den Mehrwert des Produkts ohne jegliche Präsentationsfolie oder trockene ROI-Berechnung, sondern er

demonstriert es live. Damit spricht er mehrere Sinne an, denken Sie in diesem Zusammenhang an „VAKOG" aus Abschn. 3.1.3.
- Dadurch, dass er angeboten hat, dieses Beispiel mit zum Kunden zu nehmen, hat der Kamerad an der Kundenfront sofort wieder ein weiteres Hilfsmittel, um Kunden davon zu überzeugen, dass der höhere Preis mehr bringt, als er kostet.

Beim „Wow-Effekt" gibt es viele Möglichkeiten. Wichtig ist, dass mehrere Sinnesorgane angesprochen werden. Auge, Ohr, Tast- und Riechsinn – lassen Sie sich von den oben genannten Beispielen inspirieren. Es ist erwiesen, dass die Information, die kommuniziert wurde, um das bis zu Zehnfache besser „hängenbleibt", wenn mehrere Sinne bei der Präsentation angesprochen werden.

Der „So what?"-Effekt

Ich hatte mal einen Professor in der Uni, der auf fast alle Konklusionen bei Facharbeiten folgende Frage hatte: „Ok, so what?", was bei ihm so viel bedeutete wie: „Ok, und was fangen wir nun damit an?" Damit meine ich, dass Sie auf keinen Fall nur bei allgemeinen Management-Phrasen verbleiben dürfen (z. B. „Wir müssen die PS auf die Straße bringen"), sondern es müssen konkrete Hilfsmittel für die Vertriebler dabei sein, die die Verkäufer bestenfalls direkt am nächsten Tag oder in naher Zukunft konkret anwenden können.

Es müssen konkrete interne Probleme bei Abläufen gelöst werden, und zwar mit einem Enddatum, das auch tatsächlich eingehalten wird. Es müssen Konsequenzen folgen, wenn diese Maßnahmen nicht zielstrebig und konkret von allen Beteiligten, die verantwortlich sind, umgesetzt werden. Der Verkäufer muss merken, dass sich wirklich etwas tut und sich etwas verändert und dass seine Arbeit erleichtert wird, damit er am Ende mehr Umsatz und Ertrag erwirtschaften kann.

Auf einem Vertriebsmeeting müssen Sie überzeugen, nicht Ihre Teilnehmer überreden oder „an die Wand" reden. Was liegt dort näher, als den Ideen von Robert Cialdini Aufmerksamkeit zu schenken. Der ehemalige Professor für Psychologie an der Arizona State University hat die relevantesten Mechanismen herausgearbeitet, wie Menschen überzeugt werden (Cialdini 2007). Ich bringe diese Mechanismen hier für Sie in Bezug auf ein perfektes Vertriebsmeeting auf den Punkt:

- **Prinzip der Reziprozität**: Wenn Sie jemandem etwas ohne Gegenleistung geben, fühlt dieser sich mehr oder minder verpflichtet, diese „Schuld" wiedergutzumachen. Geben Sie also Ihren Kameraden etwas, was ihnen etwas wert ist. Ich rede hier nicht von monetären Leistungen, sondern von Vertrauen, Kompetenzen oder Freiräumen bei der Arbeit. Oder auch ein persönliches Versprechen, dass bestimmte interne Abläufe bis zum Stichtag X verbessert werden. Wenn Sie als Chef dort in Vorleistung gehen und Vertrauen schenken, dann gilt auch hier wieder das bekannte Pareto-Prinzip: 80 % der Kameraden werden damit umgehen können und es mit mehr Leistung danken, 20 % werden es entweder absichtlich oder durch Tollpatschigkeit „missbrauchen". Legen Sie für sich vorher die Indikatoren fest, ob diese Erweiterung von Kompetenzen (als Beispiel) die Effekte bringt, die Sie sich erwarten. Üblicherweise gilt bei Mannschaften, die einen ausreichend hohen persönlichen Reifegrad haben: Wer Vertrauen ehrlich schenkt, wird mehr Leistung ernten.
- **Das Konsistenzprinzip**: Ein Zitat von Leonardo da Vinci bringt es auf den Punkt: „It is easier to resist at the beginning than at the end." (BrainyQuote o. J.) Wenn Menschen bei einer Entscheidung den ersten kleinen Schritt gegangen sind, dann ist es recht wahrscheinlich, dass sie auch die weiteren Schritte gehen. Menschen sind fast besessen davon, konsistent zu wirken. Warum laden Sie Ihre Kameraden nicht dazu ein, auch auf dem Vertriebsmeeting einen weiteren kleinen Schritt in Richtung Selbstverpflichtung zu gehen? Entwickeln Sie dazu eine Team-Charta wie in Abschn. 3.1.7 (s. Abb. 3.10) dargestellt. Weisen Sie, während Sie die Team-Charta präsentieren, darauf hin, dass damit nichts Rechtliches verbunden ist. Es ist eine rein moralische, aber nicht minder wichtige, Vereinbarung, damit im Team klar ist, nach welchen Prinzipien man erfolgreich sein möchte. Lassen Sie die Team-Charta während der Vertriebstagung bereits auf den Büro-Schreibtischen der Kameraden austeilen. Wenn die Außendienstler mit dem Auto angereist sind und im Hotel übernachten, lassen Sie die Team-Charta in das Hotelzimmer legen. Es geht darum, auch hier

wieder Muster zu brechen. Das stupide Verteilen entweder auf der Vertriebstagung oder im Anschluss per E-Mail würde der Wirkung dieses Mittels nicht gerecht. In der Charta kann der Kamerad auch seine Erwartungen an Sie als Chef formulieren. Ein weiterer hilfreicher Effekt ist, dass Sie bei Kameraden, die die Charta nicht unterschrieben zurückgeben, nachhaken können, an welcher Stelle genau Diskussionsbedarf besteht. So werden verdeckte Konflikte ans Tageslicht befördert.

- **Das Prinzip des sozialen Beweises**: Menschen nehmen zum großen Teil unterbewusst das Verhalten anderer Menschen wahr und bewerten die Erkenntnisse für das eigene Handeln, welches dadurch wiederum beeinflusst wird. Sie möchten dazu einen banalen Beweis? Welche Imbissbude auf einer Kirmes wird für die vorbeilaufenden Besucher attraktiver sein: eine hochmoderne Imbissbude mit perfekt ausgeleuchteter Auslage, vor der aber kein einziger Mensch steht, oder eine kleine Holzhütte, bei der man von der Auslage nichts erkennen kann, weil sich eine große Menschentraube darum gebildet hat? Offensichtlich wird der Inhaber der kleinen Holzhütte leuchtendere Augen beim Kassensturz machen als sein Kollege im ersten Beispiel. Cialdini nennt dies den Effekt des „sozialen Beweises" (Cialdini 2007). Wenn Sie das für Ihr Vertriebsmeeting nutzen möchten, dann holen Sie sich im Vorfeld zum Beispiel als Beweis für die Umsetzbarkeit Ihrer Strategie das Zitat eines der Rudelführer aus dem Innen- und Außendienst. Wenn Sie ihn um einen Gefallen bitten, aus seiner Sicht zu umschreiben, warum die Strategie sinnig ist (denn er hat ja schließlich bei der Erarbeitung der Strategie mitgewirkt, siehe Abschn. 3.1) , dann hat das gleich mehrere positive Effekte. Wenn Sie Menschen authentisch um einen Gefallen bitten, steigt Ihr Ansehen bei der betreffenden Person (Carnegie 2011). Der Meinungsführer fühlt sich geschmeichelt, dass gerade er gebeten wird, ein Zitat für die Vertriebstagung abzugeben. Zudem werden Teammitglieder auf sein Urteil hören, was das Prinzip des sozialen Beweises mächtig befeuert. Natürlich ist die Grundvoraussetzung für Erfolg bei diesem Prinzip, dass Sie eine Person auswählen, die bei einem Großteil der Mannschaft anerkannt ist. Ein weiteres sehr hilfreiches Mittel, welches Sie mit diesem Punkt verbinden können, sind Videotestimonials. Warum nehmen Sie nicht kleine

Statements von Personen auf, die das unterstreichen, was Sie mit Ihrer Präsentation erreichen möchten? Menschen achten auf das Urteil anderer, insbesondere, wenn diese innerhalb der Firma oder der Branche anerkannt sind. Wie Sie solche kleinen Videos mit wenig Aufwand und zugleich professionell erstellen können, erfahren Sie in einem kostenpflichtigen E-Learning Kurs hier: https://marktf-hrer-akademie.thinkific.com/courses/videotrainingopen.

- **Sympathie-Prinzip**: Dies gilt für alle Lebensbereiche. Clarence Darrow, ehemals berühmter Anwalt und führendes Mitglied der US-amerikanischen Bürgerrechtsorganisation „American Civil Liberties Union" brachte es auf den Punkt: „The main work of a trial attorney is to make a jury like his client." (Cialdini 2007) Das bedeutet nun nicht, dass Sie „everybodies darling" sein sollten. Sympathie kann man zum Beispiel auch erwecken, wenn man öffentlich auf der Vertriebstagung seinen größten beruflichen Fehler im letzten halben Jahr thematisiert. Was ist bei Ihnen schiefgelaufen, warum und was haben Sie daraus gelernt? Fehler öffentlich zuzugeben zeigt nicht nur persönliche Größe, es schafft auch viel Sympathie. Und wenn Sie es dann noch schaffen, einen kleinen Schmunzler (gerne auch einen lauten Lacher) auf Ihrer Seite zu haben, indem Sie sich selbst ein wenig auf die Schippe nehmen, dann schadet das Ihrer Autorität nicht – im Gegenteil.
- **Autoritätsprinzip**: Menschen folgen Experten. Ob diese Experten nun tatsächlich Experten sind oder sich nur als solche ausgeben, ist leider sekundär. Aber Sie können Ihren Kameraden noch einmal das Gefühl geben, dass sie der richtigen Firma folgen. Warum das so wichtig ist? Sie kennen sicherlich das Phänomen von Mitarbeitern, die bereits sehr lange in derselben Firma arbeiten. Nicht selten kommt es bei dieser Spezies vor, dass mit einer fanatisch anmutenden Akribie Fehler gesucht werden, die die eigene Firma jeden Tag macht. Die Vertreter dieser „Nörgler-Fraktion" beteuern, wie mühsam es doch sei, für das eigene Unternehmen zu arbeiten. Zählen Sie also Punkte auf, warum es eine verdammt gute Entscheidung war und ist, für Ihre Firma zu arbeiten. Listen Sie Erfolge auf, die stolz machen, bringen Sie Beispiele von Kundenprojekten, wo vieles sehr gut funktioniert hat

3 STAKKATO für Feuer im Vertrieb – das Was, Warum und Wie

und bei denen man intern Hand in Hand zusammengearbeitet hat. Erwähnen Sie, warum Sie das gut gemacht haben. Listen Sie Awards und Auszeichnungen auf. Holen Sie sich auch hier ein Videotestimonials von einem Ihrer besten Kunden, der Ihnen eine enthusiastische Antwort auf die Frage gibt: „Was ist Ihnen bei der Zusammenarbeit mit unserer Firma besonders wichtig und was schätzen Sie wert?"

Eines der Ziele von Vertriebstagungen sollte sein, dass Ihre Kameraden die Veranstaltung wirklich gut und hilfreich fanden. Nun gibt es bei der Bewertung von Ereignissen bei Menschen wieder eine kleine interessante Besonderheit. Der Wirtschaftsnobelpreisträger Daniel Kahneman hat dazu die „Peak End"-Regel entdeckt (Kahneman 2012). Sie beschreibt, dass Menschen ein Erlebnis im Wesentlichen nach zwei Aspekten bewerten – den Höhepunkt und das Ende. Effizienter könnte man wissenschaftliche Erkenntnisse nicht umgehen als mit dem Spruch auf der letzten Folie, welcher im weitaus größten Teil aller Präsentationen vorhanden ist: „Vielen Dank für Ihre Aufmerksamkeit." Es ist fast so, als wolle man partout das Gegenteil von dem umsetzen, was anerkannte Wissenschaftler eruiert haben. Aber was ist daran gut? Damit bleibt eine langweilige Präsentation wenigstens konsistent.

Daher: Sorgen Sie dafür, dass Sie durch den Wow-Effekt einen Höhepunkt in die Veranstaltung einbauen, bestenfalls im letzten Drittel der Tagung. Das Ende sollte mit einer positiv stimmenden, vielleicht überraschenden Nachricht verbunden sein. Das können Sie mit der Zusammenfassung verbinden, welche zusätzlichen Werkzeuge die Vertriebskameraden nun nach der Tagung haben, mit denen sie die Schlacht um den Kunden häufiger gewinnen werden, um das große Bild zu erreichen, das Sie in der Strategie gezeigt haben.

Hinterlegen Sie etwas Musik, nutzen Sie wenig Text und mehr Bilder, üben Sie die Präsentation mindestens zehn Mal „trocken" und präsentieren Sie, als wenn alles davon abhinge. Sie werden sehen, dass Ihre Kameraden die Tagung signifikant besser bewerten werden. Erinnern Sie sich dazu an Punkt 11 in Abschn. 3.1.7.

Bei meinen Trainings und Vorträgen bin ich mir selbst immer bewusst darüber, dass kein Plan ohne Fehler umgesetzt wird. Es muss nicht fehlerfrei vonstattengehen, die Tagung muss Muster brechen, im Positiven für Gesprächsstoff sorgen und die wesentlichen Botschaften müssen verinnerlicht werden. Für alles andere ist der Spaß zu teuer!

Bezüglich der packenden Dramaturgie im Laufe der Veranstaltung möchte ich aufgrund der Wichtigkeit des Themas noch tiefer ins Detail gehen. Dazu habe ich ein Interview mit dem Experten für Storytelling, Thomas Pyczak, geführt.

3.2.2 Experteninterview – so erzählen Sie packende Storys, die mitreißen

Thomas Pyczak ist erfolgreicher Autor des Buches „Tell me". Er weiß, wovon er spricht, wenn es um packende Storys geht, daher habe ich ihm die Fragen gestellt, die mir unter den Nägeln brannten. Lesen Sie hier die wichtigsten Ausschnitte des Interviews:

> Stephan Kober (SK): *„Wie können packende Storys in ein übliches Vertriebsmeeting derart eingebaut werden, dass die Zuhörer dem Präsentator förmlich an den Lippen kleben?"*
>
> Thomas Pyczak (TP): *„Nutzen Sie Storytelling strategisch. Entwickeln Sie Produktstorys, binden Sie in diese Entwicklung so viele Vertriebsmitarbeiter wie möglich ein, auf jeden Fall die wichtigsten. Die Storys stellen Sie auf dem Meeting vor. Am besten eine Rahmenstory, ich nenne so eine Geschichte auch die Story hinter der Story. Sie erzählt, worum es dem Unternehmen im Kern geht. Und dann kleinere Geschichten, die sich in die Rahmenstory fügen, sie stützen, erläutern. Die Tagung handelt dann davon, wie jeder Vertriebsmitarbeiter diese Storys mit sich und seinen Storys verbindet. Kurzum: Stellen Sie Storys selbst in den Mittelpunkt des Vertriebs. Story heißt für mich in diesem Kontext: Eine kleine Erzählung oder eine Metapher, die Emotionen und Fakten verbindet. Entscheidend ist für mich nicht, dass alle an den Lippen des Präsentators kleben, sondern dass alle selbst zu überzeugenden Storytellern werden, denn darum geht es doch am Ende. Ein Beispiel dafür ist die halb gute Produktpräsentation von Elon Musk des Model 3 in 2016. Er erzählt von Teslas Mission, aber nur abstrakt mit Daten, nicht als Story, von Menschen, die dem Planeten etwas Gutes tun wollen, indem sie den CO_2-Ausstoß reduzieren. Er erzählt vom Secret Master Plan, der Strategie. Super, eine schöne Idee. Nur gibt es dann wieder keine Geschichten. Musk könnte zu dem Modell, das im Rahmen der Strategie vorgestellt wird, eine Story mit Höhen und Tiefen erzählen. Das wäre spannend. Zumindest so eine Story für das Model 3. Macht er aber nicht. Denn genau da gab es ja ausreichend Höhen und Tiefen.*

3 STAKKATO für Feuer im Vertrieb – das Was, Warum und Wie

Ich glaube, fundamental für den Vertrieb der Zukunft ist es, gute Storys zu erzählen. Allerdings nicht viele verschiedene. Im Kern eigentlich immer nur eine, die variiert und wiederholt wird. Das ist die Story hinter der Story. Sie basiert auf dem Why des Unternehmens und der Produkte, z. B. ‚Träume persönlicher Freiheit erfüllen' (Harley-Davidson)."

SK: *„Wie schafft man es, dass die Zuhörer bestenfalls abends zuhause oder in der Hotelbar positiv über die Art der (Story-)Präsentation berichten?"*

TP: *„Für mich reicht ein: ‚Heute habe ich ein spannendes Produkt gesehen …' Ein Beispiel: Steve Jobs zieht das MacBook Air aus einem Briefumschlag. Das ist im Grunde seine Story. Das schlankste Notebook aller Zeiten. Dieses Bild merkt sich jeder. Man will das Gerät danach einfach sehen, vielleicht auch haben. Es geht einfach darum, erinnerungswürdige Momente zu schaffen. Marketingguru Scott Galloway setzt sich eine Perücke auf, singt und tanzt während seines Vortrags. Auch eine Möglichkeit. Die Frage ist nur: Wem nützt das?"*

SK: *„Wie kann man in einer Story-Präsentation interaktive Elemente einbauen, sodass das Publikum noch mehr involviert ist und mitfiebert?"*

TP: *„Fragen Sie das Publikum. Lassen Sie es abstimmen. Die Augen schließen und meditieren. Was immer Ihrem Produkt und Ihrer Rahmenstory nützlich ist. Aber auch nur das. Hans Rosling etwa zeigt in einem seiner TED Talks ein Chart mit Multiple-Choice-Fragen. Jeder der Zuhörer wird sie im Geiste beantworten, das weiß er. Er sagt dann: ‚Ich will Sie hier nicht testen..., hier ist das, was meine Studenten geantwortet haben.' Jeder will das jetzt wissen."*

SK: *„Für meine Vorträge achte ich auf das Motto: ‚Starte mit einem Erdbeben und dann steigere dich langsam.' Wie könnte man dieses Motto auf eine Vertriebstagung in Bezug auf das Erzählen einer Story übertragen?"*

TP: *„Ich würde es vielleicht so sagen: Bei Vorträgen sollte jeder so starten, wie es seinem Wesen und Temperament entspricht. Ich glaube aber, es ist sinnvoll, relativ bald eine Story zu erzählen, um die Menschen emotional stärker einzubinden und diese Story mit den Fakten zu verbinden. Schließlich recht bald zu klären, was Sie mit Ihrem Vortrag erreichen wollen. Damit das Publikum eine Richtung erkennen kann. Am Ende würde ich die wichtigste Message noch einmal wiederholen, das, was das Publikum in Erinnerung behalten sollte. Vielleicht ist es auch ein Claim, wie er so oft in der Politik genutzt wird. ‚Wir schaffen das.' Das, was am Ende kommt, wird am besten erinnert. Es braucht aber keine Story zu sein. Eher eine kurze, klare Botschaft, die aber deutlichen Bezug zum Anfang hat."*

SK: *„Was sind die wichtigsten Aspekte, die man berücksichtigen muss, um aus einer Vertriebsstrategie eine packende Story zu machen, mit der sich die Vertriebsmitarbeiter identifizieren können? Wie kann man damit möglichst* *plastisch eine für die Mitarbeiter ständig präsente Antwort auf die Frage erhalten: ‚Warum lohnt es sich für uns alle, uns zu 100 % einzusetzen?'"*

TP: „Ganz einfach: Indem man sie an der Strategie und deren Storyfizierung mitarbeiten lässt. Dann müssen Sie niemanden mehr hinterher motivieren. Dann geben nicht Sie den Mitarbeitern die Antwort auf diese Frage, sondern die sagen es Ihnen."

Denken Sie in Bezug auf die letzte Antwort Pyczaks an die ersten beiden Elemente des STAKKATO-Models: **ST** für das gemeinsame Erarbeiten der Strategie und **AK** für das Aktivieren mit einer Story. Treffender könnte man es nicht zusammenfassen. Lassen Sie uns nun damit beschäftigen, wie wir die Strategie und die Story Realität werden lassen.

3.3 KAT: *K*raft *a*us *T*raining statt „sie wollen, können aber nicht"

KAT steht für **K**raft **A**us **T**raining. Wenn die Strategie inklusive der emotional aktivierenden Vision steht, wenn die packende und mitreißende Story erstellt wurde, dann geht es darum, dieses Vertriebsgold, das sich in Ihren Händen befindet, auch zu nutzen und Realität werden zu lassen.

Wie häufig passiert es, dass Strategien erarbeitet werden und nach den Workshops das Motto gilt: „Jetzt können wir endlich wieder richtig arbeiten und müssen unsere Zeit nicht in langweiligen Workshops verbringen." Um das zu vermeiden, ist folgendes Vorgehen ratsam: Wenn die Vertriebsstrategie steht, die Story klar ist und die Maßnahmen aus der Vertriebsstrategie in die Lebensstrategie der Kameraden einfügt wurden (z. B. via Vertriebskraftkette), dann legen Sie gemeinsam fest, wie die Kameraden in der Rolle „Ich" sich nun weiterentwickeln können. In welchem Feld möchten sie besser werden – mit Blick auf den transkulturellen Ansatz (s. Abschn. 3.1.4)?

Die Trainingseinheiten in der Lebensstrategie sollten alle vier Säulen des transkulturellen Ansatzes berücksichtigen. Dazu sollten Sie in der Rolle „Ich selbst" definieren, in welchen Bereichen die Kameraden sich verbessern möchten. Sie als Chef können natürlich in den Säulen 1 (Körper/Sinne), 2 (Leistung/Beruf) und 4 (Sinn/Zukunft) Ihrem Kameraden kräftige Impulse zur Weiterentwicklung geben - je nachdem, welche Vertrauensbasis herrscht. Diesselbige kann, selbstredend neben einem offenen Umgang miteinander, auch dadurch bekräfigt werden, indem

> **Beispiel**
>
> Nehmen wir als Beispiel die Säule 2. Die für den Kameraden aus der Vertriebsstrategie relevanten Maßnahmen dienen als Grundlage dazu, festzulegen, welche Stärken er speziell einsetzen kann und wie man diese weiter durch Trainingsmaßnahmen forcieren kann. Gehen Sie also alle Aufbau- und Aufblühaktivitäten durch und legen Sie gemeinsam fest, an welchen Stellen es sinnvoll ist, in welche Trainingseinheiten zu investieren.
> Da Training jedweder Art immer eine Investition bedeutet (monetär und Handlungsenergie des Trainierenden), muss klar sein, für welchen Sinn und Zweck das geschieht. Das ist insbesondere deswegen wichtig, weil der Kamerad dadurch deutlich mehr motiviert ist, einen Großteil der vermittelten Inhalte auch in der Praxis anzuwenden. Exerzieren Sie deswegen mit jeder Trainingsmaßnahme die Vertriebskraftkette. Dadurch wird schnell klar, welchen Nutzen diese Maßnahme bringt und welchem Wert, Ziel oder Wunsch man damit gerecht wird respektive näherkommt.

man bei der persönlichen Weiterentwicklung zur Seite steht.

Warum das so wichtig ist? Die Antwort finden Sie bei Steven Covey in seinem Buch „Die sieben Wege zur Effektivität" (Covey 2014, S. 87): „Man kann die Hand eines Menschen kaufen, aber nicht sein Herz. In seinem Herzen aber sitzen sein Enthusiasmus und seine Loyalität. Man kann seinen Rücken kaufen, aber nicht sein Hirn. Dort sitzen seine Kreativität, sein Einfallsreichtum und seine geistige Beweglichkeit. Arbeit bedeutet, dass man Angestellte als Freiwillige behandelt, so wie man Kunden als Freiwillige behandelt, denn genau das sind sie. Sie geben freiwillig ihr Bestes: Herz und Verstand."

> **Wort-Melder**
>
> Wer die besten Verkäufer an Bord haben möchte, der muss deren Herzen erreichen. Und das erreicht man auch über zielgerichtetes Training, welches Sinn stiftet und sowohl den Zielen der Firma als auch den Zielen, Wünschen, Werten und Stärken des Kameraden dienlich ist.

3.3.1 Checken Sie, wo Ihre Kameraden stehen: Die Verkäuferleistungskurve

Wie bereits in Kap. 1 erwähnt, brennen 85 % der Angestellten in Deutschland nicht für ihren Job. Sie haben entweder keine oder nur eine geringe emotionale Bindung zum eigenen Unternehmen. Die Aufteilung ist laut der Gallup Studie (Nink 2016) folgendermaßen:

- 15 % haben eine *hohe* emotionale Bindung zum Unternehmen
- 70 % haben eine *geringe* emotionale Bindung zum Unternehmen
- 15 % haben *keine* emotionale Bindung zum Unternehmen

Würde man diese prozentuale Aufteilung nun auf eine Fußballmannschaft übertragen, so ergäbe sich etwa dieses Bild:

Zwei Fußballspieler gehen auf dem Platz mit der Einstellung: „Lieber tot als Zweiter". Die geben alles, machen „Blutgrätschen", stürmen durch die gegnerische Hälfte auf das Tor und wollen um jeden Preis gewinnen. Im Vertrieb nenne ich sie die *„Launemacher"*. Mit denen macht es richtig Spaß, den Markt zu „stürmen". Sie werden vom Kunden anerkannt und von der Konkurrenz gefürchtet.

Sieben Fußballspieler gehen auf dem Platz und denken sich dabei: „Wenn der Ball zu mir kommt, dann will ich wohl irgendwohin zurückschießen, aber schwitzen wollte ich heute nicht. Das ist so unangenehm, wenn das Trikot auf der Haut klebt." Bezogen auf den Vertrieb nenne ich sie die *„netten Nachbarn"*. Mit denen kann man mal ein nettes Pläuschchen halten. Die sind auch nett zum Kunden, wenn eine Anfrage hereingereicht wird, und können sich nach allen Regeln der Kunst in Details verlieren. Aber richtig nach vorne geht es mit denen nicht, weil der „Biss" fehlt.

Zwei Fußballspieler gehen zwar auf den Platz, stellen sich dann aber sofort an die Eckfahne und rauchen sich eine. Im Vertrieb sind das die *„faulen Hunde"*. Man hätte sie schon längst rauswerfen sollen, aber irgendwie hat man es dann doch noch nicht getan. Sie kosten nur Geld und besetzen schlimmstenfalls noch Gebiete mit ordentlichem Umsatzpotenzial, welches sie nur zu einem geringen Teil abschöpfen.

Nur wenige Dinge behindern einen erfolgreichen Vertrieb so sehr wie notorische Nörgler oder jemand, der einfach aufgrund anderer Stärken völlig falsch eingesetzt ist. Auf alle anderen wirkt das demoralisierend. Es kostet Zeit und Kraft. Dennoch wird meiner Meinung nach dort viel zu selten konsequent eingeschritten, obwohl alle Fakten bekannt sind und sich an der Informationslage kaum noch etwas ändern wird. Die meisten Führungskräfte drücken sich vor solchen schwierigen Entscheidungen, obgleich es in vielen Fällen für die Gesamtvertriebssituation besser wäre, ein Gebiet für eine gewisse Zeit lang unbesetzt zu lassen, wenn man damit die Moral der Gesamtmannschaft nach vorne bringt. Mir ist völlig klar, dass gute Menschen im Vertrieb nur schwer zu finden sind. Einige Tipps, wie Sie Ihre Arbeitgebermarke innerhalb der Verkäufergruppe einer Branche steigern können, finden Sie in Abschn. 3.3.2. Aber bitte demoralisieren Sie nicht auch noch die Guten, die Sie an Bord haben, indem Sie „faule Hunde" mitziehen. Klare Kante ist dort gefragt.

Definieren Sie für sich in Bezug auf Ihre Mannschaft, in welcher dieser drei Kategorien Sie den jeweiligen Kameraden sehen. Eine Frage, die Sie den „netten Nachbarn" und den „faulen Hunden" stellen können ist: „Wann haben Sie angefangen aufzuhören, für den Job zu brennen?" Die Kameraden der beiden letztgenannten Kategorien sind wie ein Fluchttier: Wenn's Probleme gibt, rennen sie weg und machen große Augen. Wenn man denen die Frage stellt: „Auf einer Skala von 1 bis10: Wie gut hört Ihr Kunden zu?" antwortet diese Spezies völlig selbstsicher: „Ja, das können wir so machen."

Wenn man das nun in der Verkäuferleistungskurve zeigen möchte, dann wäre die Aufteilung in etwa wie in Abb. 3.12.

Es ist utopisch zu glauben, dass es möglich sei, alle „faulen Hunde" und „netten Nachbarn" nun zu „Launemachern" zu transformieren. Wenn Sie jedoch der Anleitung in diesem Buch folgen, dann wird es gelingen, einen gewissen Prozentsatz der beiden erstgenannten Kandidaten jeweils eine Stufe weiter nach rechts zu entwickeln. Abb. 3.13 soll Sie inspirieren, wie Sie bei „netten Nachbarn" und insbesondere „faulen Hunden" vorgehen können.

Verstehen Sie mich bitte richtig: Ich bin kein Freund von „hire and fire". Ich habe bereits in Unternehmen beide Extreme intensiv kennengelernt und teils exerzieren müssen. Aber wenn Sie nicht konsequent durchgreifen, werden Sie den Rest der Mannschaft demoralisieren und laufen Gefahr, ein Unternehmen der Firmenkategorie „Einhandarbeit" oder „Ponyhof" zu werden.

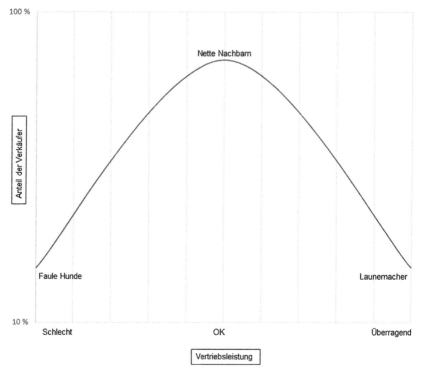

Abb. 3.12 Verkäuferleistungskurve

- **Firmenkategorie „Einhandarbeit"**: Sie werden sich fragen, was ich mit „Einhandarbeit" meine. Ganz einfach: Ich führte vor einigen Jahren ein Gespräch mit jemanden, der in so einem „hire and fire"-Unternehmen arbeitete. Ich traf ihn in einem trüben Besprechungsraum in seiner Firma. Der betreffende Part im Gespräch lief in etwa so:

  – Er: „Herr Kober, ich kann hier immer nur mit einer Hand arbeiten!"
  – Ich: „Ok, warum?"
  – Er: „Mit der anderen Hand muss ich immer meinen Stuhl festhalten, weil ständig jemand daran sägt!"

Das beschreibt sehr gut, wie viel Energie in solchen Unternehmen dabei verschwendet wird, mit internen „Blendereien" seinen Job zu sichern.

3 STAKKATO für Feuer im Vertrieb – das Was, Warum und Wie

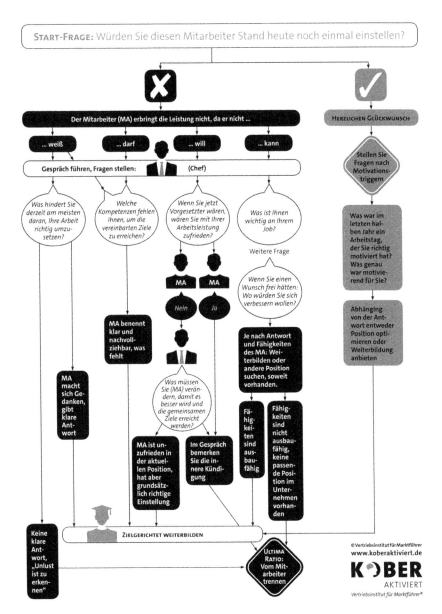

Abb. 3.13   Retten oder Rausschmeißen?

- **Firmenkategorie „Ponyhof"**: Auch solche Firmen habe ich kennengelernt: Wenn man dem Firmeninhaber nicht mindestens vor seinen Augen dessen Auto zerkratzt und ihm danach ins Gesicht gespuckt hat, konnte man nicht entlassen werden. Es war völlig gleichgültig, ob Leistung gebracht wurde, ob vereinbarte Punkte umgesetzt wurden oder nicht – die Firma hat niemanden entlassen.

Beide Extreme – „Einhandarbeit" und „Ponyhof" – sind nicht gut. Bei einigen Kameraden gibt es keine andere Möglichkeit, als den „Säbel" der Ultima Ratio mal zu zeigen – das gilt für Feuerwehr und für den Vertrieb. Aber nicht bei jedem „faulen Hund" muss er zum Einsatz kommen. Häufig reicht Klarheit über die Lebens- und die Vertriebsstrategie und den daraus resultierenden Aufbau- oder Aufblühaktivitäten. Bevor Sie allerdings viel Zeit in diese Kameraden investieren, sollten Sie die Fragen aus Abb. 3.13 durchgegangen sein und sich sicher sein, dass er nicht bereits innerlich gekündigt hat.

Wenn die aktuelle Tätigkeit für den Kameraden allerdings nahezu ausschließlich Aufbauaktivitäten mit sich bringt und diese sich mittels der Vertriebskraftkette nicht in Einklang mit Wünschen, Ziele oder Werten bringen lassen, dann ist entweder eine Trennung oder der interne Jobwechsel das Mittel der Wahl und damit unausweichlich.

Bei der Festlegung der konkreten Trainingsmaßnahmen nehmen Sie nun die Lebensstrategie Ihres Kameraden zu Hilfe. Natürlich wird nicht jeder Kamerad mit Ihnen seine Wünsche und Träume aus jeder einzelnen Rolle durchsprechen wollen – das ist auch keine Voraussetzung für die erfolgreiche Umsetzung. Wir beschränken uns hier auf die Rolle „Verkäufer" respektive „Beruf".

> **Checkliste Weiterbildung**
>
> Sie legen in der Lebensstrategie in der Rolle „Beruf bzw. Verkäufer" nun pro Kamerad den wichtigsten Wunsch und die wichtigsten Ziele gemeinsam fest. Gehen Sie dazu in der Excel-Liste „Lebensstrategie" (Download hier: https://koberaktiviert.de/buch_feuer_flamme_downloads) auf den entsprechenden Reiter („Beruf bzw. Verkäufer"). Anschließend bitten Sie den Kameraden, sein persönliches positives Leitbild zu definieren, so wie es in der eben benannten Excel-Vorlage in jeder Rolle beschrieben ist. Es ist wirklich einfach, er soll einfach „drauflosschreiben" – nicht vor Ihren Augen, sondern in einer ruhigen Minute. Eine detaillierte Anleitung dazu finden Sie im Video Nr. 3 „Checkliste Weiterbildung".

3 STAKKATO für Feuer im Vertrieb – das Was, Warum und Wie

1. Sie legen daraus resultierend den wichtigsten Wunsch fest.
2. Sie legen fest, welche messbaren Ziele sich daraus ergeben.
3. Wenn möglich, soll der Kamerad sich ein Zielbild überlegen: Welches Bild würde die Erfüllung des Wunsches am besten wiedergeben?
4. Dann legen Sie fest, welche von den vier Säulen aus dem transkulturellen Ansatz für Weiterentwicklung relevant ist (nicht jede der vier Säulen ist für jede Rolle sinnvoll – die irrelevanten löschen Sie oder markieren Sie farbig unauffällig).
5. Sie legen fest, welches konkrete Ziel Sie mit der Weiterbildung erreichen möchten.
6. Sie legen konkrete Schritte fest, wie die Trainingsmaßnahmen umgesetzt werden. Diese Schritte respektive Maßnahmen übernehmen Sie dann je nach zeitlichem Horizont in den Maßnahmenpuffer des Umsetzungsturbos (Abb. 3.14).

3.3.2 So steigern Sie die Anziehungskraft für die Besten der Branche

Sie wissen, dass Top-Verkäufer innerhalb der Branche meistens exzellent vernetzt sind. Somit spricht es sich schnell herum, bei welcher Firma es eine hohe Kongruenz zwischen Erfolg und Erfüllung gibt. Wie Sie erreichen, dass Verkäufer anderer Unternehmen neidisch Ihr Unternehmen beäugen?

Abb. 3.14 Checkliste Weiterbildung

Ziehen Sie STAKKATO inklusive der Lebensstrategie in all Ihren Details durch. Seien Sie sich darüber im Klaren, dass der Trubel des Alltags immer genügend Ausreden bereithält, um sich diesen Themen nicht zu widmen. Wenn Sie jedoch ernsthaft in Ihren Kameraden und in sich selbst etwas auslösen möchten, um Außergewöhnliches zu erreichen, dann führt kein Weg vorbei, sich mit diesen Methoden und Techniken zu beschäftigen. Der Erfolg ist nicht kurzfristig zu erkennen, dafür mittel- und langfristig umso intensiver.

Dass sich Ihr Unternehmen mit derartigen Methodiken und Techniken beschäftigt, wird sich in der Branche positiv herumsprechen. Die besten Verkäufer der Branche für sein eigenes Unternehmen arbeiten zu lassen, wird eines der markantesten Alleinstellungsmerkmale der Zukunft sein, sogar noch mehr als es heute der Fall ist. Die Markttransparenz durch das Internet steigt stetig, die Vergleichbarkeit der Produkte ebenso. Somit kommt es immer mehr darauf an, wer direkt an der Front den Kunden verblüfft und überzeugt. Mit „faulen Hunden" und „netten Nachbarn" kommen Sie da nicht weit. Sollten Sie in Ihrem Markt der Preisführer sein, dann sind derartig niedrig qualifizierte Kameraden ausreichend. Sollte Ihr Ansinnen allerdings sein, nicht über den Preis, sondern über Nutzen, Erlebnis und Vertrauen zu verkaufen, dann brauchen Sie einen deutlich höheren Anteil an „Launemachern". Diese werden zu Recht anspruchsvoller – nicht nur, was die monetäre Vergütung anbetrifft.

Investieren Sie daher weiter in Ihre Beziehung zu den Launemachern und solchen, die es werden können. Stellen Sie sich das vor wie einen großen Teich in Ihrem Garten. Immer wenn Sie die Beziehungspflege ehrlich forcieren, kippen Sie einen großen Eimer Wasser rein. Das ist gut, denn stetig verdunstet etwas, und Beziehungen, die nicht gepflegt werden, trocknen aus. Es kommt Sauerstoff rein, das Wasser lebt, im Teich ist Leben. Wenn Sie nun feststellen, dass Sie immer nur „reinkippen", der Teich aber nicht voller wird, beispielsweise weil Ihr Kamerad bereits innerlich gekündigt hat, dann handeln Sie nach Abb. 3.13.

Wie lange Sie füllen, entscheiden Sie. Handeln Sie jedoch konsequent und konsistent. Dazu noch einmal Bernd Stromberg aus der Serie „Stromberg": „Wenn der Arm so sehr juckt, dass Kratzen nicht mehr reicht, dann muss er ab."

3 STAKKATO für Feuer im Vertrieb – das Was, Warum und Wie

Aber vorher gibt es noch viele andere Möglichkeiten. Zur Beziehungspflege (im Feuerwehrjargon heißt es Kameradschaftspflege) gehört:

- Finden Sie gemeinsam Charakterstärken heraus (Abschn. 2.4).
- Prüfen Sie, was Sie tun können, damit Ihr Kamerad häufiger in den Flow-Zustand kommt (Abschn. 2.5).
- Verleihen Sie dem Tun und Handeln der Kameraden noch mehr Sinn (Abschn. 2.6).
- Erarbeiten Sie die Lebensstrategie inkl. Verbindung zur Vertriebsstrategie (Abschn. 3.1.1) und übernehmen Sie die Maßnahmen daraus in den in der Lebensstrategie integrierten Umsetzungsturbo, ggfs. mithilfe der Vertriebskraftkette (Abschn. 2.7). Wenden Sie die Checkliste Weiterbildung aus Abschn. 3.3.1 an.
- Führen Sie einen „Lobetag" ein. Dieser Tag kann ein fester Tag im Monat sein, an dem Sie sich fix vornehmen, zu jedem einzelnen Kameraden etwas zu finden, wofür Sie ihn loben können. Dann legen Sie konkret fest, wie Sie das Lob gut rüberbringen. Ein Beispiel dazu finden Sie im Abschn. 3.1.7 mit der BAW-Formel in Verbindung mit den Holzpostkarten. Denken Sie daran: Muster brechen ist entscheidend.

Ich werde immer wieder gefragt, was denn das richtige Belohnungssystem für eine Vertriebsmannschaft ist. Wenn Sie Ihre Arbeitgeberreputation steigern möchten, dann ist die Entlohnung sicher auch ein wichtiges Thema. Ich habe sehr viele Modelle gesehen und keins davon war perfekt. Doch eine Konstante konnte ich erkennen: Je komplexer das Modell wird, desto schlechter wirkt es sich auf die Motivation aus. Mein persönlicher „High Score" bestand aus einer Excel-Liste, die mit $f(x)$ Funktionen berechnete, was der Außendienstler am Ende des Jahres verdienen sollte. Bis auf den excelbegeisterten Controller ist bei der Berechnung keiner mehr durchgestiegen. Der Effekt bei der Motivation geht gegen Null.

Top-Vertriebler müssen auch für Top-Leistung entlohnt werden, das steht außer Frage. Allein diesem Thema könnte man sicherlich ein ganzes Buch widmen. Ich möchte mich hier auf die aus meiner Sicht wesentlichsten Punkte beschränken und nenne Ihnen hier ein in der Praxis schlagkräftiges Beispiel:

> **Beispiel**
> Ich halte viel von der Bildung von Tandems (s. Abschn. 3.1.3). Diese Tandems oder diese kleinen Teams sollten einen Teil des Gehaltes als Fixum erhalten (ca. 60 %). Der variable Anteil wird folgendermaßen berechnet: 0,5 % vom Umsatz und 1 % vom Rohertrag nach gewährten Rabatten und Boni – ohne „Deckelung".
> Ich weiß, dass damit auch Umsätze von Bestandskunden, die teils nicht so viel Aufwand verursachen, verbonifiziert werden. Und auch bei dieser Regelung ist nicht alles gerecht. Aber sie ist transparent, leicht nachvollziehbar und verursacht wenig Aufwand

Wenn ich sehe, wie viel Zeit in deutschen Unternehmen darauf verwendet wird, Provisionsziele zu vereinbaren, Umsatzabrechnungen zu korrigieren, Quoten hin- und her zu rechnen, zu diskutieren, welche Ziele jetzt richtig oder falsch sind, dann bin ich der festen Überzeugung, dass eine einfache Regelung mit einigen Unschärfen effizienter ist, zumal die damit gewonnene Zeit in Neukundenakquise investiert werden kann. Dass die richtigen Zielgruppen adressiert werden, kann man im Rahmen der Vertriebs- und Lebensstrategie mit dem Kameraden gemeinsam festlegen.

Sollte ein Team/Tandem eine außergewöhnlich hohe Leistung erzielen, so können Sie noch eine weitere Variante miteinbeziehen, was sich ebenfalls in der Branche herumsprechen und auf Ihre Arbeitgebermarke positiv auswirken wird.

Was glauben Sie, wirkt mehr in Bezug auf das Zufriedenheitsgefühl Ihrer Kameraden:

- Sie lassen einen Bonus in Höhe von 500 Euro über Ihre Personalabteilung auf das Konto Ihres Kameraden/Ihrer Teammitglieder überweisen.
- Sie überreichen Ihrem Kameraden/dem Team persönlich einen hochwertigen Gutschein über einen Wellnesswochenende für zwei Personen in einem Luxushotel, mit einem kurzen von Ihnen persönlich verfassten Spruch (Beispiel siehe Holzpostkarten).

Ich gebe zu: Diese Frage gehört in das Reich der Suggestivfragen. Sie wissen, dass die zweite Variante viel mehr wirken würde, auch wenn der Gegenwert des Gutscheins vielleicht nicht einmal die 500 Euro erreichen würde. Anerkennungen in dieser Form, die direkt vom Chef überreicht werden, beispielsweise wenn ein gemeinsam gestecktes Ziel geschafft wurde, wirken um ein Vielfaches mehr als das Überweisen von Geldbeträgen auf anonyme Konten. Nutzen Sie diesen Effekt, der auch wissenschaftlich bestätigt ist (vgl. Kessler 2017). Ein weiterer Vorteil bei dieser Variante ist, dass Sie wieder eine Säule aus dem transkulturellen Ansatz stützen (Kontakte/Partnerschaft), denn selten verwenden die Kameraden einen ausreichenden Teil Ihres Einkommens, um die relevanten Säulen des genannten Ansatzes zu stärken. Viel Geld wird für die „hedonic treadmill" ausgegeben, für das kurzfristige hedonische Glück (Dobelli 2011). Beispielsweise wird Geld allokiert für Statussymbole, die man vielleicht nicht braucht (z. B. sehr teure Uhr), um Anerkennung und Reputation bei Menschen zu erlangen, die man vielleicht nicht mag. Dadurch, dass Sie bei der oben erwähnten Entlohnungsvariante vorher festlegen, welche Säule adressiert wird, können Sie damit das langfristige, intensiver wahrgenommene eudaimonische Glück forcieren (s. Abschn. 2.1).

Erkennen Sie bessere Leistungen und eine höhere Qualifikation innerhalb des Vertriebs konkret durch die Verleihung von Titeln an. Auch wenn viele Menschen behaupten, sie würden nichts auf Titel geben, so ist meist das Gegenteil der Fall (s. Abschn. 2.6). Natürlich sollten diese Titel keine „Luftnummern" sein, sondern an konkrete Bedingungen geknüpft werden, zum Beispiel wenn jemand eine weitere interne Ausbildung mit einer Prüfung besteht oder wenn beeindruckende Ergebnisse erzielt wurden. Nur wenn allgemein anerkannt ist, dass der Titel mit einem veritablen Aufwand verbunden ist, wirkt er sich positiv auf die Reputation aus, und der Titel gewinnt auch für den Kameraden selbst einen höheren Wert, wenn er dafür Zeit und Energie investieren musste. Üblicherweise sind diese Titel dann auch mit einer Erweiterung der Kompetenzen, Privilegien oder Befugnisse verbunden.

Lassen Sie uns nun auf das Thema Ausbildung näher eingehen.

3.3.3 Bedarfsorientiertes Training ist wie schwimmen – wer damit aufhört, geht unter

Treffender als mit dem Zitat Thomas Müllers könnte man es nicht belegen: „Jetzt habe ich tatsächlich mal ein schönes Tor geschossen. Ab und zu fällt mir auch mal einer vor den Fuß. Aber ich mache ja nichts anderes als zu trainieren wie ein Wahnsinniger" (Rosenritt 2014).

Lassen Sie uns das Beispiel der Freiwilligen Feuerwehr noch einmal beleuchten. Um überhaupt mal im Einsatz einen Schlauch rollen geschweige denn einen Schlauch halten zu dürfen, muss ein Freiwilliger Feuerwehrmann ca. 200 Stunden für die Erstausbildung investieren. Zusätzlich kommen die Übungsabende der einzelnen Einheiten, die sich entweder jede Woche oder jede zweite Woche für einige Stunden treffen. Für die weiteren Dienstgrade müssen entweder weitere Ausbildungen mit Prüfungen durchlaufen und/oder Einsatz- und Übungserfahrung nachgewiesen werden.

Wie schon in Abschn. 1.2 kurz erwähnt: Für die meisten Berufe benötigt man eine Ausbildung bzw. ein Studium. Können Sie mir sagen, wie sich die Ausbildung zum Verkäufer nennt? Und jetzt kommen Sie bitte nicht mit der Ausbildung zum Industriekaufmann respektive Groß- und Außenhandelskaufmann. Letztere habe ich absolviert und danach noch zwei berufsbegleitende Studiengänge zum Betriebswirt (VWA) und zum Master of Business Administration (MBA). Von den im Kapitel 1.2 erwähnten relevanten Fähigkeiten, Kunden positiv zu verblüffen, war auf dem Lehrplan ähnlich viel zu finden wie auf dem phonetischen Bruder des eben genannten Wortes: Leerplan.

Üblicherweise werden diejenigen, die sich gut artikulieren können und ein bisschen von der Materie, die verkauft werden soll, verstehen, für den Vertrieb rekrutiert. Frei nach dem Motto: „Komm, Du kannst gut reden, kennst Dich ein bisschen aus, fahr mal mit' nem alten Hasen mit und schau Dir an, wie der das macht." Dass man von den „alten Hasen" einiges lernen kann, ist in der Tat so. Nur sollte das strukturiert ablaufen und gleichzeitig sollte ein klarer Prozess für den Verkauf erlernt werden. Der Verkauf ist ein ehrbarer Beruf, in dem wichtige Methoden zum Einsatz kommen, um im Kopf des Kunden die Nummer 1 zu werden. Wir wollen uns nicht weiter mit Verkaufsmethoden beschäftigen, darüber gibt es unzählige Bücher. Ich möchte Sie nur dafür sensibilisieren, dass ständiges, bedarfsorientiertes Training für Sie mitentscheidend wird, ob Sie vertriebsseitig Marktführer, Mittelmaß oder marode sind.

Überlegen Sie einmal, wie gut eine Fußballmannschaft in der Liga spielen würde, wenn man den Spielern sagte: „So, Fußball spielen könnt Ihr jetzt, in den nächsten Jahren macht Ihr jetzt einfach mal. Und denkt daran: Wir wollen immer gewinnen." Ganz zu schweigen davon, was wohl das Ergebnis wäre, wenn keiner die Strategie und Taktik kennen würde, was im Vertrieb leider gang und gäbe ist. Bei der Feuerwehr wäre das Ergebnis ähnlich katastrophal: Hilfsfristen (z. B. wann ein Rettungsmittel am Einsatzort sein muss) würden nicht eingehalten werden und die Einsätze würden chaotisch ablaufen.

In beiden Fällen, Fußball und Feuerwehr, ist das nicht so. Im Vertrieb werden nach meiner Erfahrung in vielen Fällen sowohl Strategie, Taktik (s. Kap. 3) als auch das dazu passende, fortlaufende und bedarfsorientierte Training sträflich vernachlässigt. Bedarfsorientiert bedeutet, dass exakt das trainiert wird, was der jeweilige Kamerad benötigt, um seine Aufgaben aus der Vertriebsstrategie zu erfüllen und seine Charakterstärken zu aktivieren.

Wenn Sie also Ihre Kameraden trainieren möchten, dann sollten Sie die Trainingsmaßnahmen konkret definieren wie in Abschn. 3.3 beschrieben. Beim Training selbst sollten Sie ausnahmsweise nicht vorgehen wie ein Feuerwehrmann. Denn häufig wird so trainiert, als wenn ein Feuerwehrmann versuchen würde, mit einem B Strahlrohr (bis zu 800 Liter in der Minute und bis zu 16 Bar Druck) einen Zehn-Liter-Eimer Wasser zu befüllen. Sie ahnen, dass der Eimer dann 50 Meter weiter entfernt zu suchen wäre - fast leer. Ähnlich passiert es mit sogenannten „Intensiv-Trainings" über zwei bis drei Tage. Man versucht, möglichst viel Input zu liefern, es kommt in der Praxis aber wenig an.

Der deutsche Psychologe Hermann Ebbinghaus, Pionier der kognitiv psychologischen Forschung, erlangte Ruhm und Anerkennung unter anderem durch die Entwicklung der Lern- und Vergessenskurve (Ebbinghaus 1885). Sie ist in Abb. 3.15 dargestellt. Es wird deutlich, wie schnell der Mensch vergisst, insbesondere bei heute immer noch üblichen Lernformen.

Kurzum: Bei üblichen „Verkaufstrainings" geht das Erlernte meiste nach vier Wochen wieder verloren, wenn der Lernprozess nicht nachhaltig begleitet wird.

Lösung: Nachdem Sie die Schritte aus Abschn. 3.1 und 3.2 erledigt haben, sollte bezüglich der relevanten Trainingsmaßnahme ein System genutzt werden, das über einen längeren Zeitraum in kleinen, unterhaltsamen und didaktisch gut aufgebauten Lerneinheiten trainiert. Das

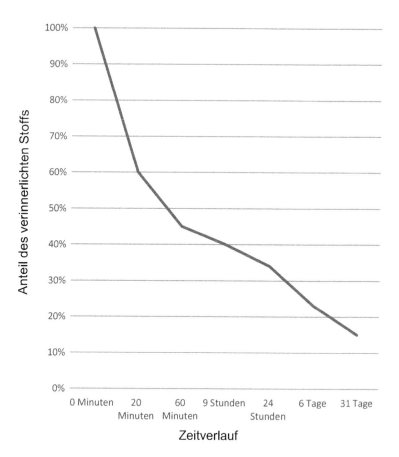

Abb. 3.15 Ebbinghaus' Vergessenskurve

bedeutet, dass während des Trainingsprogramms und danach die Kameraden mittels eines einfachen virtuellen Trainingsraums begleitet werden. Beispiel: Alle vier Wochen wird eine Videotelefonkonferenz einberufen, z. B. via Skype for Business, Teamviewer oder per Zoom. In dieser Video-Telko werden aktuelle Kundensituationen besprochen und wie man die Maßnahmen aus der Vertriebsstrategie mit welchen Methoden direkt in der Praxis anwenden kann. Dazu muss kein Kamerad ins Home-Office oder zur „Zentrale" fahren, an diesen Video-Telkos können die Kameraden von unterwegs mittels Notebook, Smartphone oder Tablet teilnehmen. Als Aufbauprogramm zu einem Präsenztraining ist

3 STAKKATO für Feuer im Vertrieb – das Was, Warum und Wie 173

das an Effizienz und Effektivität kaum zu übertreffen, vor allem im Hinblick darauf, wie konkret man die Theorie des Präsenztrainings aus dem Seminarraum direkt in die Praxis transferieren kann. Denn häufig sind die Kameraden direkt vor Kundenterminen in diesen Video-Telkos und können dann direkt ihre Fähigkeiten weiter trainieren, um Kunden zu verblüffen. Dann verhält sich die Kurve nach Ebbinghaus eher in wie in Abb. 3.16 dargestellt.

Je zielgerichteter erinnert wird und je konsequenter Methoden in der täglichen Praxis angewendet werden, desto mehr verankern sich gute und gewünschte Gewohnheiten und Methoden. Das bringt am Ende beide Seiten weiter: Den Kameraden bei der persönlichen Weiterentwicklung und das Unternehmen wenn es darum geht, Marktanteile profitabel zu

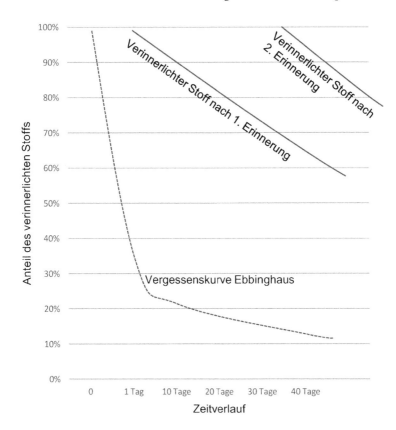

Abb. 3.16 Ebbinghaus' Modell der Erinnerung

gewinnen. Nehmen wir also an, die Vertriebs- und Lebensstrategie steht, die Story ist packend und die Kameraden sind top trainiert. Was nützt es, wenn mühsam Aufgebautes mit einem Schlag wieder zu zerfallen droht? Lassen Sie uns also den letzten Buchstaben aus STAKKATO vornehmen.

3.4 O: Organisation – funktionieren statt hyperventilieren

Was nützt die ganze Arbeit, wenn Kundenvertrauen mit nicht funktionierenden internen Abläufen torpediert wird? Wenn der „Kapitän" draußen beim Kunden realistische Zusagen macht, diese aber aufgrund von internen Reibungsverlusten nicht eingehalten werden. Der Kapitän ist ohne gut eingespielte Mannschaft hilflos und auch der Heizer kann in derartigen Situationen verheizt werden.

Sie kennen die Marschrichtung: Structure follows strategy. Es gibt zum Thema Organisationsstruktur mannigfaltige Literatur, das soll in diesem Buch kein Schwerpunkt sein. Ich möchte Ihnen hier allerdings ein paar fundamentale Grundsätze anbieten, die aus meiner Sicht erfüllt sein müssen, damit die internen Abläufe funktionieren.

3.4.1 Klarheit und Verbindlichkeit bei internen Abläufen

Erinnern Sie sich bitte zurück an den Effizienzeffekt und die Einsatzübung Nr. 1. Ein großer Teil der Ineffizienz bei internen Abläufen entsteht dadurch, dass Aufgaben nicht klar zugeordnet sind und dass es an Verbindlichkeit bei der Einhaltung der Zuordnung mangelt. Die folgenden Punkte bieten eine klare Anleitung, um dieses Problem zu beheben.

- Innen- und Außendienst, müssen im selben Team sein, dieselben Ziele verfolgen und die Strategie gemeinsam erarbeiten (s. Kap. 3). Sie müssen denselben „Meistertrainer" haben (s. Abschn. 3.1.5), damit sie als schlagkräftiges Team agieren können. Wie ein Kilo Sand im Getriebe wirkt es, wenn Innen- und Außendienst-Kameraden verschiedene Chefs haben und sie nach unterschiedlichen Indikatoren für Erfolg bewertet werden. Mannigfaltige Konflikte und abertausende Ausreden für Aufbauaktivitäten sind die Folge.

- Der Vertrieb ist nicht Bittsteller, sondern Best-seller: Sämtliche Anforderungen aus dem Vertrieb müssen mit dem „Zehnerprinzip" geprüft werden. Sie finden das Prinzip in Abschn. 3.1.5. Seitens der Geschäftsführung/Stakeholder muss völlig klar sein, dass der Vertrieb der entscheidende Bereich im Unternehmen ist (s. Abschn. 3.1.4). Diese Denke muss vorgelebt und im ganzen Unternehmen gelebte Praxis sein. Zumindest ein Teil der „netten Nachbarn", ganz sicher aber die „Launemacher" sind diejenigen, die direkt an der Lebensader jedes Unternehmens sind – dem Kunden. Der Vertrieb ist wie die Leitstelle bei der Feuerwehr. Wenn dort der „Kunde" (sprich der Hilfesuchende) anruft und der Leitstellendisponent die Einheiten alarmiert, dann diskutieren die schließlich auch nicht erst einmal, ob sie losfahren sollen und ob sie überhaupt zuständig sind. Da wird geholfen, und zwar unverzüglich mit Blaulicht und Martinshorn – die haben immer Vorfahrt! Die „Filterfunktion" übernimmt der Disponent, denn nicht jeder Anruf ist auch wirklich ein Notfall. So, wie nicht jeder Vorschlag aus dem Vertrieb der heilige Gral ist. Diese Filterfunktion übernimmt im Vertrieb das „Zehnerprinzip".
- Die Aufgaben innerhalb des Teams müssen schriftlich festgehalten werden. Ich rede nicht von einer in "Word" erstellten Stellenbeschreibung, die einmal mit viel Aufwand verfasst und dann nie wieder beachtet wird. Das bringt nichts außer Frust. Diese Abläufe müssen pragmatisch zusammen erarbeitet werden. Ich spreche von einem gemeinsamen Verständnis, das innerhalb des Teams, bestenfalls am Ende des Vertriebsstrategie-Workshops, festgelegt wird. Der Ablauf dieser Abstimmung sollte folgendermaßen laufen: Sobald die Vertriebsstrategie steht und die Maßnahmen feststehen, sollten der Innendienst und der Außendienst unabhängig voneinander auf Karten schreiben, was ihnen an der Zusammenarbeit mit dem jeweils anderen wichtig ist. Was muss eingehalten werden, worauf legt man wert? Diese Karten werden dann gegenübergestellt, und es wird nach einem Konsens gerungen. Dieser wird noch während des Workshops schriftlich festgelegt.
- Wenn Maßnahmen aus der Vertriebsstrategie andere Bereiche außerhalb des Vertriebs betreffen und die Umsetzung mit dem Zehnerprinzip geprüft wurde, dann muss sichergestellt sein, dass die Aufgaben erledigt werden. Die vertriebsseitige Motivation aus einer guten Strategie schmilzt wie ein Schneemann in der Sonne, wenn die Kameraden feststellen, dass außer ihnen niemand brennt. Im Gegenteil, so manches

Mal habe ich den Eindruck, dass „vertriebsferne" Abteilungen den Enthusiasmus einer wandelnden Teppichfliese innehaben, wenn es darum geht, dem Vertrieb zuzuarbeiten. Hier erlebe ich häufig zwei Kategorien von Vertretern interner Abteilungen:

- *Kategorie BreMo (Brennender Morgenstern):* Das sind diejenigen in den internen Bereichen, die sich brennend für den Kameraden im Vertrieb einsetzen. Die machen Unmögliches möglich. Die denken aktiv mit und wissen, dass der Kunde das Gehalt bezahlt. Diese Spezies kann sich jeder Außendienst nur wünschen, es macht mit denen richtig Spaß und bringt Erfolg. Der Grund, warum ich die Kategorie "BreMo" nenne, ist, dass diese Kameraden intern jedem "Beine machen", der nicht zügig in die Umsetzung der vereinbarten Maßnahmen gelangt oder Abläufe verlangsamt, was Kundenunzufriedenheit nach sich ziehen würde. Bei diesen Vertretern brennt auf den Fluren der Teppich, wenn sie wutentbrannt zu "Faulen Hunden" laufen.
- *Kategorie ValDa (Valium Dauerdosis):* Das sind diejenigen, denen man beim Laufen die Schuhe besohlen und gleichzeitig warten kann, bis die Kuh fürs Leder ausgewachsen ist. Dienst nach Vorschrift ist die Maxime. Das, was am meisten stört, sind nörgelnde Kunden und Kameraden aus dem Vertrieb.

Wichtig ist aus meiner Erfahrung, die Kategorie „BreMo" zu loben und zu unterstützen, bis sich die Balken biegen. Das sind äußerst wichtige Menschen an Bord Ihres Unternehmens, die häufig zu wenig Anerkennung erfahren. Und sollten wieder einmal Aufgaben von Mitgliedern der Kategorie Valda nicht erledigt worden sein, weil (... hier können Sie beliebig viele Ausreden einfügen, die denen einfallen, nur ist diesbezüglich deren Einfallsreichtum unerschöpflich), dann müssen Sie dort so dermaßen „Feuer machen", dass sie aufwachen. Eine gelbe Karte sollte als Warnung reichen, alsdann folgt die rote auf dem Fuße, wenn sich nichts ändert. Sie können dort analog vorgehen wie bei den „Faulen Hunden", siehe Abb. 3.15. Manchmal hilft eben: Erschieße einen, erschrecke tausend. Ich insistiere deshalb so auf diesem Punkt, weil es die Motivation der Vertriebskameraden regelrecht pulverisiert, wenn beim Kunden massig Energie investiert wird, diese durch interne Schlampereien aber wieder zunichte gemacht wird und sich dadurch nicht die erhofften Erfolge einstellen.

- Außen- und Innendienst sollten auf ein schnelles und einfaches CRM-System zugreifen können. Das ist für alle Kundenprozesse wichtig, das weiß im Grunde auch jeder, doch nur selten ist das System wirklich durchdacht und kann effizient von allen genutzt werden. Entweder kreieren Sie eine branchen- und firmeneigene Variante oder Sie greifen auf eines der marktführenden Systeme zurück. Jedoch ist ein schnelles, einfaches und auf den Punkt aussagekräftiges CRM-System (und das sind die drei diesbezüglich wichtigsten Adjektive) eines der Säulen für eine effiziente Zusammenarbeit. Ebenso sollte innerhalb der Teams ein gutes Chatmedium zur Verfügung stehen (z. B. „Slack", die Chatfunktion von Office Teams oder Ähnliches).
- Es ist hilfreich, wenn die Tandems bzw. die kleinen Teams räumlich beieinander sitzen. Man unterschätzt schnell, wie viele relevante Informationen ausgetauscht werden, wenn man sich gegenüber sitzt. Natürlich sollte der Außendienst die meiste Zeit „draußen" beim Kunden sein, ist er jedoch ab und an im Büro, dann wäre es gut, wenn die Teams zusammen sind. Bei überregionalen Teams ist das eher schwierig. Dort sollten wöchentliche Videotelefonate mit allem Beteiligen stattfinden, um zu prüfen, ob die Maßnahmen aus der Strategie greifen oder ob justiert werden muss. Stellen Sie sicher, dass alle ausreichend gute Webcams haben, denn die Teammitglieder sollten sich sehen können.
- Schmeißen Sie notorische Nörgler konsequent raus, auch wenn es teuer und aufwändig ist. Nichts verbrennt mehr Geld als jemand, der intern die Umsetzung der Strategie torpediert. Sollten Sie derlei vertriebskraftlähmende Eisenkugeln am Fuß beklagen müssen und Sie können sich aus welchen Gründen auch immer nicht kurzfristig von denen trennen, dann empfiehlt es sich, diese intern anderweitig zu beschäftigen und für die Vertriebsposition eine neue Person einzustellen. Die zusätzlichen Kosten rechnen sich meist aufgrund der besseren Stimmung im Team und der effizienteren Vertriebsleistung zwischen Heizer und Kapitän.
- Feiern Sie gemeinsame Erfolge in den Tandems/Teams.

Dies sind die Grundvoraussetzungen, damit die Organisation nicht hyperventiliert, sondern konsequent funktioniert und hilft, die gesteckten Ziele schneller zu erreichen. Lassen Sie uns noch einen kleinen Schlenker in die „Buzzword-Abteilung" machen. Digitalisierung ist richtig und wichtig, auch wenn ich das Wort nicht mehr hören kann, weil es inflationär genutzt wird.

Ich habe mich dazu mit dem Experten aus dem Gebiet ausgetauscht, der es nun wirklich wissen muss.

3.4.2 Buzzwords Digitalisierung, Social Media & Co.: Experteninterview mit Felix Beilharz

Wie entkommt man nun dem allgemeinen Digitalisierungs-Hype und nähert sich dem Thema derart pragmatisch, dass es die eigene Organisation bei der Erreichung der Ziele unterstützt? Mit dieser Fragestellung habe ich mich beschäftigt und fortan die Themenbereiche aufgeteilt. Zum einen bedeutet Digitalisierung, die internen Prozesse mit guten Systemen effizient zu gestalten, wie beispielsweise mit einem guten CRM-System. Zum anderen bedeutet es, im Internet gut präsent zu sein und die Online-Kanäle zu nutzen, um den Vertrieb damit zu unterstützen. Ebenso wichtig ist allerdings auch, dass sich das Unternehmen in den relevanten Netzwerken so präsentiert, dass es für Top-Verkäufer geradezu unwiderstehlich wird. Dazu habe ich mich mit dem Experten für Online- und Social Media Marketing Felix Beilharz ausgetauscht.

Interview mit Felix Beilharz
Felix Beilharz ist Autor von sieben Büchern zu diesem Thema und Lehrbeauftragter an verschiedenen Universitäten. Ich habe ihm dazu folgende Fragen gestellt.

> Stephan Kober (SK): „Wie schafft man es als Geschäftsführer oder Vertriebsleiter, dass Außendienstler LinkedIn und Xing nutzen, um die Onlinereichweite des Unternehmens maßgeblich zu steigern?"
>
> Felix Beilharz (FB): „Vor allem, indem man den persönlichen Nutzen für den Außendienst erklärt. Es ist für sie selbst ja auch wertvoll, sich zu positionieren, ein Netzwerk aufzubauen und an Bekanntheit zu gewinnen. Das wirkt sich dann auch auf das Unternehmen aus.
> Neben der Motivation durch die Vermittlung des klaren Nutzens muss der Außendienst aber auch entsprechend „enabled" werden. Das fängt mit Schulungen an, kann mit kleinen Wettbewerben gefördert werden (wer erzielt pro Monat die größte Reichweite? Wessen Netzwerk wächst am stärksten an? Etc.) und hört nicht mit der technischen Möglichmachung auf (die Apps auf Firmenhandys, Übernahme der Kosten für die Accounts etc.).

3 STAKKATO für Feuer im Vertrieb – das Was, Warum und Wie 179

SK: „Welche Muster gibt es für Social-Media-Beiträge, die in der Zielgruppe B2B-Mittelstand „viral" sind (z. B. LinkedIn-Artikel, die mehrere 10.000-mal geliket werden oder ‚Evergreen'-Blogposts, welche permanent Leads generieren)?"

FB: „Solche Like- oder Share-Raten sind sehr schwer zu erzielen. Die meisten Unternehmen werden das nie schaffen. Das ist aber nicht schlimm – es reichen auch 100 Likes, wenn der Beitrag die richtigen Menschen erreicht.
   Egal, ob es aber 100 oder 10.000 Likes werden sollen, über allem steht ganz klar: Nutzen. Der Beitrag muss einen klaren Nutzen bieten. Und das kann auf unterschiedlichste Weise geschehen. Virale Beiträge können zum Beispiel zum Lachen bringen, zum Nachdenken anregen, einen Wissensvorsprung verschaffen etc. Auch die Befriedigung von Ego-Bedürfnissen kann virale Mechanismen auslösen.
   Und ja: Pressemitteilungen oder Firmennews werden solche Reichweiten üblicherweise nicht erzielen. Einfach, weil sie nicht genügend Nutzen für den Empfänger bieten.
   Wie wird man trotzdem viral? Dafür ist die Suchmaschine Ecosia ein gutes Beispiel. Das Versprechen des Google-Konkurrenten ist, dass sie für jede durchgeführte Suche einen Baum pflanzen. Soweit so gut. Richtig viral wurde es aber, als sie öffentlich RWE angeboten haben, den (für RWE jetzt mehr oder weniger nutzlosen) Hambacher Forst für 1 Million Euro abzukaufen. Diese Meldung wurde genau zum Zeitpunkt der massiven Proteste im Forst veröffentlicht. Ein genialer PR-Stunt, der mehrere zehntausend Mal geteilt wurde und sich gleichzeitig positiv auf das Image von Ecosia und negativ auf das von RWE ausgewirkt hat. Brillant."

SK: „Welche drei wichtigsten Eigenschaften müssen Blogposts aufweisen, damit die Zielgruppe ‚Entscheider im BtB' die Beiträge bis zum Ende lesen?"

FB: „Auch hier: klares Nutzenversprechen. Niemand liest sich einen 500 oder 1000 Worte langen Beitrag voll von Selbstbeweihräucherung und Eigenlob durch. Wenn ich im Beitrag aber konkret lerne, wie ich meine Kosten senken, Fehler vermeiden oder meinen Gewinn steigern, Mitarbeiter finden oder Datenschutzrisiken senken kann, dann nehme ich mir die Zeit schon eher.
   Dazu kommt dann eine gewisse Übersichtlichkeit. Also kurze Absätze, häufige Zwischenüberschriften, vielleicht Aufzählungen in Listenform. Alles, was den Text besser lesbar und einfacher konsumierbar macht, hilft.
   Und drittens: Multimediale Elemente helfen. Also mehrere Bilder oder Grafiken einbauen und vielleicht auch ein Video einbinden. So steigt nicht nur der wahrgenommene Wert des Beitrags, sondern man holt auch verschiedene Konsumententypen mit ihrem bevorzugten Mediennutzungsverhalten ab."

SK: „Was sind die wichtigsten Hebel, um als Mittelstandsunternehmen über Social Media auffallend gutes Employer Branding mit dem Ziel zu betreiben, maximal interessant für die besten Verkäufer der Branche zu werden?"

FB: „*Enorm wichtig ist es, die Markenwerte des Unternehmens in passenden Content zu verpacken. Dadurch wird man unverwechselbar, wiedererkennbar und einzigartig. Deswegen gibt es auch kein Patentrezept. Bei einem Unternehmen wird das vielleicht eine eher lustige Ansprache sein oder sogar eine freche. Dann spielt der Coolness-Faktor vielleicht eine Rolle. Ein anderes Unternehmen kommuniziert eher die Vorteile, die es Vertrieblern bieten kann.*

Wichtig ist, die richtigen Botschaften auf die richtige Art in den richtigen Formaten auf den richtigen Plattformen zu spielen. Und hierbei denken Unternehmen oftmals viel zu kurz. Nur ein Beispiel, was die Formate angeht: Text und Bild macht fast jeder. Video noch lange nicht jeder, aber schon deutlich mehr als noch vor ein bis zwei Jahren. Was ist aber zum Beispiel mit Formaten wie (regelmäßigen) Livestreams? Mitarbeiter als Markenbotschafter im Video? Ein Quiz oder Rätsel? Eine Echtzeit-Marketing-Aktion bei einem passenden Thema? Ein Takeover durch den Vorstand? Die Möglichkeiten sind endlos, wenn man etwas Kreativität spielen lässt und vor allem auch etwas Mut mitbringt."

SK: „*Welche Muster gibt es für ‚Schmunzler'-Posts, sprich Beitragsvorschauen, bei denen der Rezipient nach den ersten fünf Sekunden innerlich schmunzelt (und dann vermutlich auch klickt)?*"

FB: „*Hier spielen vor allem die Elemente Titel, Bild und Beschreibungstext eine Rolle. Bei Websites & Blogs lässt sich das mit den Open Graph-Tags steuern, ähnlich wie die Meta Tags im Google-Index.*

Wichtig ist, dass die Botschaft sofort verständlich ist. Mehr als die genannten fünf Sekunden hat man nicht Zeit, eher weniger. Also muss vor allem das Bild direkt ‚reinknallen', damit sich der Betrachter dann eingehender mit dem Beitrag beschäftigt.

Ein beliebtes Rezept ist der Widerspruch. Wenn z. B. das gewählte Vorschaubild im krassen Widerspruch zur Überschrift steht, sorgt das erst einmal für kognitive Dissonanz und damit für eine erhöhte Klick- Wahrscheinlichkeit.

So etwas kann man übrigens gut per Anzeigen austesten. Zwei oder mehr Versionen erstellen und prüfen, welche die besseren Klickraten erzielt. Auf diese Weise kann man sehr viel über das Verhalten seiner Zielgruppe lernen und das für sehr kleines Geld."

SK: „*Was sind die drei wichtigsten Erfolgsmuster, um auf Landingpages bzw. Blogbeiträgen in der Zielgruppe ‚Entscheider im BtB' eine Interaktion mit dem Call to action herbeizuführen, sprich: Leads z. B. in Form von E-Mail-Adressen oder Rückrufbitten zu generieren?*"

FB: „*Der wichtigste Faktor überhaupt ist auch hier wieder der Nutzen. Niemand gibt seine Kontaktdaten heraus, wenn er nicht vom Nutzen dessen überzeugt ist, was ihm versprochen wird. Es lohnt sich daher, mehr Budget in die Erstellung dieser Inhalte zu stecken (zumal mal den Content ja auch noch anderweitig zweitverwenden kann).*

3 STAKKATO für Feuer im Vertrieb – das Was, Warum und Wie

Zweitens sind Trust-Elemente wichtig. Nur wer genügend Vertrauen aufgebaut hat, ist bereit, seine Daten herauszugeben. Hier können zum Beispiel Siegel, Zertifizierungen oder vor allem auch Testimonials anderer Leser/ Kunden sehr hilfreich sein.

Und drittens: Einfachheit. Jeder Schritt muss so einfach und hindernisfrei wie möglich durchführbar sein. Das fängt mit der Ladezeit der Seite an, geht über die optimale Bedienbarkeit auf jedem Gerät und hört noch lange nicht bei der Verständlichkeit der Elemente und Texte oder der Kürze des Formulars auf. Hier gibt es zahlreiche Stellschrauben, an denen man drehen kann, um die Opt-in-Raten deutlich zu erhöhen und damit sein Budget wesentlich effektiver einzusetzen.

Speziell beim Thema Social Media habe ich das Gefühl, dass kleinere Mittelständler das Thema stiefmütterlich behandeln – und damit online ein viel schlechteres Bild abgeben, als es möglich wäre. Bei großen Unternehmen wiederum gibt es dazu ganze Marketingabteilungen, die sich damit beschäftigen, möglichst konform zu den Unternehmensrichtlinien zu kommunizieren – was häufig dazu führt, dass die Beiträge schlicht langweilig werden. Schließlich möchte intern nachher niemand ‚an die Wand gestellt werden'."

Nehmen Sie sich diesbezüglich die drei wichtigsten Erkenntnisse aus dem kurzen Interview von Felix Beilharz zu Herzen und setzen Sie sie um.

Einsatzbericht

Erkenntnisse aus dem Einsatz:

- Wie bei der Feuerwehr erwarten auch Ihre Kameraden einen klaren Einsatzplan/Fahrplan für Ihr Unternehmen und für Ihren Vertrieb. Ein Vertriebsleiter sagte mir einst, seine Leute würden ein klares „Geländer" erwarten, an dem sie sich wie auf einer langen Treppe orientieren können.
- Erarbeiten Sie gemeinsam klare Antworten auf das „Was", „Warum" und „Wie" Sie Ihre Ziele erreichen möchten. Nackte Zahlen sind unsexy, daher muss eine griffige Zukunftsstory her, mit der sich die Kameraden identifizieren. Daraufhin trainieren Sie bedarfsgerecht. Forcieren Sie also diese folgenden Schritte:

Wie nutzen Sie das für Ihren „Einsatz"?

- Erarbeiten Sie zusammen mit Ihrem Team die Vertriebsstrategie (s. Abschn. 3.1).
- Entwickeln Sie eine packende Story für die Zukunft Ihres Unternehmens/ Ihres Vertriebs nach dem in Abschn. 3.2 angebotenem Schema.

- Trainieren Sie Ihre Mannschaft bedarfsorientiert, legen Sie bei der Weiterbildung Wert darauf, dass Charakterstärken und Werte berücksichtigt werden (s. Abschn. 3.3) und nicht im üblichen „Gießkannenprinzip" erfolgen.
- Reißen Sie andere Abteilungen mit. Involvieren Sie sie bei der Erarbeitung der Strategie oder informieren Sie sie zumindest aktiv.
- Nutzen Sie die Chancen von gezieltem Social Media- und Onlinemarketing (s. Abschn. 3.4).
- Allokieren Sie in Ihrem Alltag ca. 10 % Ihrer Arbeitszeit fix für die Umsetzung des STAKKATO-Modells. Fügen Sie diese Zeitpuffer in die Wochenübersicht des Umsetzungsturbos (als Bestandteil der Lebensstrategie) ein.

Literatur

beruhmte-zitate.de (o. J.) Jorge Bucay. https://beruhmte-zitate.de/zitate/680498-jorge-bucay-kindern-erzahlt-man-geschichten-zum-einschlafen-/. Zugegriffen am 10.12.2018
Blickhan D (2015) Positive Psychologie. Junfermann, Paderborn
BrainyQuote (o. J.) Leonardo da Vinci. https://www.brainyquote.com/quotes/leonardo_da_vinci_387702. Zugegriffen am 02.02.2019
Carnegie D (2011) Wie man Freunde gewinnt. Fischer Taschenbuch, Frankfurt am Main
Cialdini RB (2007) Influence – the psychology of persuasion. Harper, New York
Covey S (2014) Die 7 Wege zur Effektivität. Gabal, Offenbach
Dobelli R (2011) Die Kunst des klaren Denkens. Hanser, München
Dobelli R (2012) Die Kunst des klugen Handelns. Hanser, München
Ebbinghaus H (1885) Über das Gedächtnis. Wissenschaftliche Buchgesellschaft, Darmstadt
Friedrich K, Malik F, Seiwert L (2014) Das 1x1 der Erfolgsstrategie. Gabal, Offenbach
Großmann S (1925) Professoren, Zeitungsschreiber und verkrachte Existenzen. In: Das Tage-Buch. S. 161. http://www.archive.org/stream/DasTagebuch19251.Halbjahr#page/n175. Zugegriffen am 18.04.2019
heimatsport.de (2018) 0:3-Pleite, Krise perfekt, Kovac ratlos: Wie lange schauen die Bayern-Bosse noch zu? https://www.heimatsport.de/fussball/profis/bundesliga/3095564_03-Pleite-Krise-perfekt-Kovac-ratlos-Wie-lange-schauen-die-Bayern-Bosse-noch-zu.html. Zugegriffen am 13.03.2019
Honigstein R (2017) Ich mag wenn's kracht. Ullstein extra, Berlin

Kahneman D (2012) Schnelles Denken, Langsames Denken. Penguin, München
Kessler C (2017) Glücksgefühle. Bertelsmann, München
Kober S (2018) Feuerwehr macht glücklich. Interview mit Hartmut Ziebs. https://koberaktiviert.de/interview-feuerwehrpraesident. Zugegriffen am 23.10.2018
Kulke U (2017) Als JFK sich vornahm, die Sowjets im All zu besiegen. https://www.welt.de/vermischtes/article171571843/Als-JFK-sich-vornahm-die-Sowjets-im-All-zu-besiegen.html. Zugegriffen am 05.01.2019
Marr B (2017) Data-Driven Decision Making: Beware Of The HIPPO Effect! https://www.forbes.com/sites/bernardmarr/2017/10/26/data-driven-decision-making-beware-of-the-hippo-effect/#3adcb66c80f9. Zugegriffen am 10.06.2019
Mechsner F (2018) Wie das Wissen in den Kopf kommt. https://www.geo.de/magazine/geo-magazin/13366-rtkl-wie-das-wissen-den-kopf-kommt. Zugegriffen am 15.10.2018
Mehrabian A (1972) Nonverbal communication. Taylor & Francis Group, New York
Mende J, Smith P (2006) Körperlich fit, selten verletzt: Gesundheitsreform von Bundestrainer Jürgen Klinsmann zeigt Erfolg. https://www.aerztezeitung.de/panorama/article/410493/koerperlich-fit-selten-verletzt-gesundheitsreform-bundestrainer-juergen-klinsmann-zeigt-erfolg.html. Zugegriffen am 27.11.2018
Newport C (2016) Deep work. Piatkus, London
Nink M (2016) Engagement Index Deutschland 2016. https://www.gallup.de/183104/engagement-index-deutschland.aspx. Zugegriffen am 19.12.2018
Noack HJ (2016) Helmut Schmidt. Die Biographie. Rowohlt, Berlin
Nur-zitate.com (o.J.) Walter Jens. https://www.nur-zitate.com/zitat/4092. Zugegriffen am 20.12.2018
Pyczak T (2018) Tell me. Rheinwerk, Bonn
Rosenritt M (2014) Hühnerdieb im Sturm. https://www.11freunde.de/artikel/jeder-trainer-haette-gerne-einen-thomas-mueller. Zugegriffen am 02.04.2019
Shams L, Seitz AR (2008) Benefits of multisensory learning. Trends Cogn Sci 12(11):411–417. https://doi.org/10.1016/j.tics.2008.07.006
Strelecky J (2009) The big five for life. dtv Verlagsgesellschaft, München
Stuttgarter Nachrichten (2019) Der letzte Macho. https://www.stuttgarter-nachrichten.de/inhalt.gerhard-schroeder-wird-75-der-letzte-macho.4fbdffa3-7d7a-4496-a8e8-b2463d168377.html. Zugegriffen am 18.04.2019
Wortmann T (2013) Christoph Waltz. Schwarzkopf & Schwarzkopf, Berlin

4

Und jetzt kommen Sie!

Zusammenfassung Sie lesen hier die häufigsten Fehler, die bei der Umsetzung derartiger Projekte gemacht werden und gleichzeitig biete ich Ihnen eine Option für die ersten Schritte an, wie Sie erfolgreich starten können. Sie lernen aus Fehlern, die im B2B-Vertrieb häufig vorkommen und erkennen, wie Sie diese „Eisberge" sinnvoll umschiffen können, um reibungsloser und schneller Ihre Ziele zu erreichen. Schmunzeln ist ausdrücklich erlaubt!

4.1 Anleitung zum Scheitern: 20 Regeln, die Sie befolgen sollten, damit STAKKATO auf keinen Fall funktioniert

Vielleicht kennen Sie das Buch von Paul Watzlawick „Anleitung zum Unglücklichsein" (Watzlawick, 1983). Es ist eine wunderbare Parodie auf übliche Denkfehler und Verhaltensweisen, die zu einer Form von Neurotizismus in Verbindung mit negativer Ausstrahlung führen können. Den einen oder anderen Anflug von Ironie werden Sie auch in den nun folgenden Zeilen entdecken. Was sollten Sie also tun, damit Sie konsequent ausschließen können, dass STAKKATO funktioniert? Sehen Sie hier die 20 Regeln dazu.

1. Sollten Sie nun also zu der Erkenntnis gelangt sein, dass das STAKKATO-Modell auch für Sie einen Mehrwert bringen könnte, so binden Sie im ersten Schritt bitte auf keinen Fall Ihre nächste Führungsebene bzw. Ihre Kameraden ein. Verraten Sie niemanden, was Sie vorhaben, es könnten kontroverse Diskussionen folgen.
2. Entwickeln Sie die Strategie bitte in eigener Regie. Sie wissen ja, wenn etwas richtig gemacht werden soll, dann muss man es selbst machen. Ihre Leute sollen gefälligst ihre Arbeit tun, dafür werden sie bezahlt, und nicht dafür, dass sie ihre Zeit in Workshops verschwenden. Sie können ohnehin nicht von Ihren Leuten erwarten, dass sie sich mit derart herausfordernden Gedanken beschäftigen. Dafür werden sie auch nicht bezahlt (s. Abschn. 3.1).
3. Bleiben Sie beim Geschäftlichen und halten sich ansonsten aus dem Leben Ihrer Kameraden raus. Das geht Sie nichts an, und die meisten Kameraden würden eine Einmischung auch gar nicht zulassen. Die sollen ihre Leistung während der Arbeit bringen. Was davor und danach geschieht, kann Ihnen egal sein, verschwenden Sie damit nicht Ihre Zeit. Das müssen die Kameraden schon selbst hinbekommen, wo kämen wir denn da hin, wenn Sie sich auch noch darum kümmern würden? Ob Ihre Leute nun glücklich sind oder nicht, ganz ehrlich, worum geht es im Kern? Sie sollen verkaufen und basta. Darauf kommt es an. Und hören Sie auf, von einem „großen Bild" zu sprechen. Wenn ich große Bilder sehen möchte, dann kaufe ich mir ein Poster (s. Abschn. 2.6 und 3.1).
4. Ganz ehrlich: Diese ganze New Work- und Querdenker-Fraktion hat doch keine Ahnung, wie Vertrieb funktioniert. Lassen Sie sich davon nicht ablenken, dass ständig propagiert wird, man könne auch aus anderen Bereichen (wie zum Beispiel Fußball oder Feuerwehr) lernen. Das hat nichts mit der Realität im Vertrieb zu tun. Visualisierungen und Affirmationen sind eher etwas für die Couch beim Psychiater, dort sollten Sie sich schnellstens einfinden, wenn Sie diese Methoden ernsthaft in Erwägung ziehen (s. Abschn. 3.1.3)!

5. Präsentieren Sie die Strategie, die Sie sich ausgedacht haben, über die üblichen Medienformate wie zum Beispiel PowerPoint. Die Präsentation sollte dem üblichen Standard-Unternehmensformat entsprechen. Nehmen Sie bestenfalls Ihre bereits intern verwendete Standardvorlage, ändern Sie nur ein paar wichtige Stellen – wenn überhaupt. Das kennen Ihre Leute, niemand muss sich auf etwas Ungewohntes einstellen. Beschreiben Sie die Strategie möglichst detailliert mit Zahlen, Daten und Fakten, damit nachher niemand sagen kann, das Ganze hätte nicht Hand und Fuß. Beschreiben Sie die einzelnen Schritte der Strategie in jeder der Präsentationsfolien und lesen den jeweiligen Satz noch einmal kurz vor. So stellen Sie sicher, dass es jeder einmal gehört hat. Beenden Sie die Präsentation mit der Frage, ob es noch Fragen gibt. Nachdem Sie keine Fragen gehört haben, bedanken Sie sich für die für Einsam- (pardon!) Aufmerksamkeit, wie immer. Machen Sie keine Experimente, dafür ernten Sie nur Kopfschütteln! Ihre Autorität könnte stark darunter leiden, wenn Sie völlig untypische Arten der Präsentation ausprobieren. Sie müssen schließlich nicht jedem Hype, wie etwa Ziele multisensorisch darzustellen, hinterherlaufen. Bleiben Sie auf bekannten Pfaden, das fühlt sich auch für Sie sicherer an (s. Abschn. 3.2.1).
6. Wählen Sie als Präsentationsort genau den Raum, den Sie immer benutzen, um Ihrer Mannschaft wichtige Themen vorzustellen. So muss sich niemand Gedanken machen, warum Sie nun die Örtlichkeit wechseln. Obendrein sparen Sie noch Raumkosten. Bekanntermaßen sind Raumkosten und Catering die größten Kostentreiber bei Vertriebsmeetings, also sparen Sie hier. Es muss ja schließlich alles wieder verdient werden. Machen Sie auch bei der Einladung keine Experimente: Bitte so wie immer, das kennen die Leute – es gibt ihnen Sicherheit (s. Abschn. 3.2.1).
7. Die Leistung der Kameraden soll mit einem ausgeklügelten Provisionsmodell vergütet werden. Wichtig ist hierbei, möglichst viele Variablen mit einfließen zu lassen, um keine Unschärfen oder gar Ungerechtigkeiten aufkommen zu lassen. Das Verhalten der Kameraden kann mit einem umfangreichen Berechnungsmodell nachhaltig beeinflusst werden. Wichtig ist nur, dass intensiv und lange über die Modalitäten gesprochen und manchmal auch gerun-

gen wird (s. Abschn. 2.2). Und hören Sie in dem Zusammenhang auf, jeden Erfolg frenetisch zu feiern: Dafür werden die Leute bezahlt!

8. Weiterbildung? Kommen Sie, das können Sie sich sparen. Den Großteil der Zeit sitzen die Kameraden dort ohnehin nur ab. Die sollen lieber raus, die „PS auf die Straße bringen"! Und wenn Sie dafür unbedingt Budget ausgeben möchten, dann merzen Sie endlich die Schwächen aus und schicken Sie Ihre Leute zu Kursen, damit die Marotten, die Ihnen ein Dorn im Auge sind, endlich aufhören. Stärken stärken ist auch einer dieser neumodischen Personalentwicklungsansätze – vergessen Sie es, es setzt sich nicht durch! Wenn Sie meinen, Sie müssten Ihr Geld mit Trainings verschwenden, dann schicken Sie Ihre Leute auf ein Drei-Tages-Intensivseminar, so bleibt wenigstens die Anreise auf einmal Anfahrt und einmal Abfahrt beschränkt. Das muss aber auch nicht jedes Jahr sein. Denken Sie dran: Das Meiste wird ohnehin wieder vergessen (s. Abschn. 3.3.3).

9. Dasselbe gilt für die sogenannten Werte – wir sind nicht in der Esoterik, sondern im rauen Vertriebsalltag (s. Abschn. 2.4 und 3.3)!

10. Sie müssen sich auch nicht darum kümmern, gute Verkäufer anzuwerben. Dafür sind schließlich das Marketing und die Personalabteilung da, Sie können sich nicht um alles kümmern (s. Abschn. 3.3.2).

11. Bei unangenehmen Aufgaben wie etwa telefonische „kalte" Neukundenakquise, die sich aus Ihrer Vertriebsstrategie ergeben, setzen Sie einfach Ziele und kontrollieren Sie die Erreichung derselbigen. Das wurde im Grunde immer so gemacht, warum soll das nicht mehr funktionieren? Machen Sie sich nicht auch noch die Mühe zu erklären, *warum* die Aufgabe sinnvoll ist, das ist doch wohl selbstverständlich (s. Abschn. 2.7).

12. Verschwenden Sie Ihre Zeit nicht, um zu prüfen, ob die Anforderung der Position auch zu den Fähigkeiten der Person passt. Starten Sie einfach, der Kollege wird sich intern schon irgendwann zurechtfinden, der Sprung vom Zehner in der Badeanstalt hat auch ohne Vorbereitung noch niemanden geschadet. Ob nun Wasser im Springbecken ist oder nicht, ist da eher zweitrangig (s. Abschn. 2.5).

13. Ziehen Sie den gesamten Prozess möglichst lange hin, damit intern jeder, der mögliche Bedenken äußern möchte, diese auch lange genug auf dem Flurfunk diskutieren kann. Kommunizieren Sie nicht

ständig einen aktuellen Status, das verwirrt nur. Die relevanten Infos sacken ohnehin durch. Die Kameraden werden sich schon von selbst informieren, das ist schließlich auch deren Aufgabe. Und wenn Sie kommunizieren, dann bitte über den klassischen Weg per E-Mail. Lassen Sie sich auf keinen Fall auf diesen Videohype ein, das wird auch wieder abebben. Und überhaupt, Sie sind schließlich kein Schauspieler- wann sollen Sie das denn auch noch machen?

14. Mischen Sie sich in interne Konflikte innerhalb des Teams nicht ein. Es sollten doch alle erwachsen genug sein, diese Konflikte selbst zu lösen (s. Abschn. 3.1.3).
15. Behandeln Sie alle Kameraden gleich und geben Sie allen die gleichen Befugnisse. Begeben Sie sich auf keinen Fall in die Schlangengrube der Diskussion, warum der eine das darf und der andere diesen Titel hat. Es ist viel einfacher, alle in einen Topf zu werfen, ganz egal, welche Berufserfahrung oder welchen persönlichen Reifegrad die Person hat. Die guten Verkäufer meckern doch eh immer, dass sie zu viel genehmigen lassen müssten – den Großteil können eben nur Sie entscheiden. „Vertrauen ist gut – Kontrolle ist besser" war schon immer eine gute Devise und gilt auch heute noch zu 100 %. Unterhalten Sie ein ausgeklügeltes System, um das Verhalten Ihrer Kameraden stets auch im Prozess zu kontrollieren. Das gibt Ihnen Sicherheit und ruhige Nächte, dass Sie wirklich alles unter Kontrolle haben (s. Abschn. 2.6.2).
16. Finden Sie sich damit ab, dass der Vertrieb eine untergeordnete Rolle im Unternehmen spielt. Wo kämen wir denn hin, wenn intern jetzt jeder auf den Vertrieb hören würde. Wenn Sie ganz ehrlich zu sich selbst sind, dann sagt Ihnen schon Ihre Intuition, dass viele der Vorschläge aus den eigenen Reihen davon zeugen, dass Sie nicht nur helle Kerzen auf Ihrer Vertriebstorte haben. Akzeptieren Sie das und machen Sie nicht unnötig intern neue Fronten auf, Sie haben genug um die Ohren (s. Abschn. 3.1.4).
17. Hören Sie auf, daran zu glauben, man könnte den Kameraden helfen, die eigene innere Einstellung hin zum Positiven zu entwickeln. Die einzige innere Einstellung, die Sie spürbar ändern können, ist die Vergasereinstellung an Ihrem Benzinrasenmäher – und selbst dort haben Sie bereits die Erfahrung gemacht, dass Sie die Finger davon lassen sollten (s. Abschn. 3.1.6).

18. Lassen Sie Emotionen aus dem Spiel, sowohl beim Kunden als auch beim Kameraden. Sie verkaufen Dienstleistungen und Produkte, da geht es ausschließlich um Zahlen, Daten und Fakten. Halten Sie sich daran! Für Emotionen sind Filme von Rosamunde Pilcher erfunden worden (s. Abschn. 3.1.6, Punkt 4).
19. Wenn jemand auf Ihre Kameraden schießt, gehen Sie auch mal einen Schritt zur Seite. Sie müssen nicht für alles geradestehen. Sie sind Vertriebs- und nicht Blitzableiter für alles und jeden (s. Abschn. 3.1.6, Punkt 8).
20. In Summe können Sie feststellen: Wenden Sie diese Regeln an und machen Sie alles so, wie es üblich, gewöhnlich und bekannt ist. Brechen Sie keine Muster, fallen Sie nicht auf. Neue Wege sind unbequem, und Sie wissen nie, was dabei herauskommt. Halten Sie sich konsequent über einen längeren Zeitraum an diese Anleitung, so können Sie sich schon einmal auf dieser Website näher informieren. Ich bin sicher, dass diese Informationen für Sie in Zukunft relevant sein werden: www.vid.de (Verband Insolvenzverwalter Deutschlands e. V.).

Wir verlassen nun den „Ironie-Modus". Zum Abschluss möchte ich Ihnen eine Option für die konkreten ersten Schritte auf dem Weg zum erfolgreichen STAKKATO für Ihr Unternehmen anbieten.

4.2 STAKKATO: Die Power von zehn Kraftwerken für Ihre ersten Schritte

In der Zeit, in der dieses Buch entsteht, sind in Deutschlands Unternehmen die Auftragsbücher voll. Der Vertrieb hat in vielen Fällen damit zu tun, Kunden längere Lieferzeiten zu erklären. Gleichzeitig werden immer noch viel zu viele Preisrabatte gewährt – was einfach nicht zusammenpasst und häufig an mangelndem Training liegt, das vermittelt, wie man Preiseinwände gut behandelt. Nichtsdestotrotz geht es vielen Unternehmen gut, was den „Leidensdruck", neue Ansätze im Vertrieb zu verfolgen und umzusetzen sowie die eigene Komfortzone zu verlassen, nicht gerade steigert. Dazu passt ein Spruch aus dem goldenen Handwerk, der sinngemäß folgendermaßen lautet: „Wenn Du Dein Dach renovieren möchtest, dann tue das besser bei Sonnenschein als bei Sturm und Regen."

Verharren Sie also nicht im Status quo. Das STAKKATO-Modell verlangt nicht unbedingt und in jedem Fall, dass Sie eine Revolution im Vertrieb und im Unternehmen anzetteln. Zugegeben, konsequent umgesetzt dehnt es in vielen Fällen die Grenzen der Evolution – und das ist auch gut so.

Der erste Schritt ist tatsächlich, dass Sie im kleinen Kreis die Frage aus Abschn. 1.3 stellen: „Wie sieht die aktuelle Vertriebsstrategie unseres Unternehmens aus?" Wenn Sie dann festgestellt haben, dass die Antworten nebulös, konfus und inkonsistent sind, dann wissen Sie, dass Handlungsbedarf besteht. Als nächstes sollte der Vertriebsstrategie-Workshop organisiert und durchgeführt werden. Erarbeiten Sie das „große Bild" (Abschn. 3.1.2 – Frage 4, Phase 2), entwickeln Sie daraus den Zeitungsartikel mit der Story (Abschn. 3.2). Gehen Sie pro Kamerad die Lebensstrategie durch und legen die Trainingsmaßnahmen fest (Abschn. 3.3). Prüfen Sie, ob die wesentlichen Eckpfeiler der Organisation stehen (s. Abschn. 3.4).

Los geht's, meine Damen und Herren, nichts und niemand hält Sie auf. Ich weiß, dass es 148.713 Ausreden gibt (falls Ihnen die Zahl bekannt vorkommt, dann lesen Sie den Text von Tim Bendzkos Lied „Nur kurz die Welt retten"), nicht in die Umsetzung zu gelangen. Aber wenn Sie weiter zur vertrieblichen Nummer 1 in Ihrem Markt gehören oder diese Nummer 1 werden möchten, dann brechen Sie auf und machen Sie jetzt den ersten kleinen Schritt. Selbst wenn Sie nur die Outlook-Einladung an einige Kameraden versenden, um die o. g. Frage nach der Vertriebsstrategie zu stellen, ist das bereits ein Anfang.

Wort-Melder

„Was dich vorantreibt als Leader, ist die Arbeit, nicht der Applaus". Barack Obama (Holscher 2019)

Erwarten Sie nicht nach jedem Schritt aus STAKKATO frenetischen Applaus von allen Seiten. Für einige wird das Bild erst rund, wenn sich die ersten Erfolge einstellen. Das müssen Sie aushalten, jedoch – es lohnt sich. Sie wissen vielleicht, dass auch eine Rakete beim Start Unmengen an Kraftstoff verbraucht. Um Ihnen dazu eine Zahl zu nennen: 77 Tonnen Kerosin in 2 Minuten, um damit eine Kraft von 20 Gigawatt zu erzeugen, so viel wie 10 Kernkraftwerke (Gerst 2018). Jetzt haben Sie eine Vorstellung davon, welche Kraft notwendig ist, um sich von der Schwerkraft der Erde zu lösen und ins All zu fliegen. Der weitaus größte Teil der Energie wird für den weitaus kleinsten Teil der Reise verwendet, nämlich den Start. Das ist in etwa zu vergleichen mit dem Kraftaufwand bei uns Menschen, wenn wir neue Dinge anpacken, verändern, neue Wege gehen – und das auch gegen Widerstände. Wenn allerdings Ihr großes Bild klar ist, dann stehen Ihnen viele Türen offen. Ich wünsche Ihnen beim Start die Kraft der zehn Kraftwerke und dass Sie schließlich Erfolg mit Erfüllung verbinden können. Denken Sie an die Geschichte, mit welcher dieses Buch startete. Das Leben kann schnell vorbei sein. Erleben Sie die beste Version Ihres (Vertriebs-)Lebens – Sie und Ihre Kameraden haben nur eins.

Bleiben Sie aktiv, alles Gute,
Ihr
Stephan Kober

Literatur

Gerst A (2018) (…)Raketenstart(…). https://twitter.com/astro_alex/status/994151614859620353?lang=de. Zugegriffen am 04.04.2019

Holscher M (2019) Ich habe Dinge in eine bessere Richtung gelenkt. https://www.spiegel.de/politik/ausland/barack-obama-in-koeln-ich-habe-dinge-in-eine-bessere-richtung-gelenkt-a-1261360.html. Zugegriffen am 18.04.2019

Watzlawick P (1983) Anleitung zum Unglücklichsein. Piper, München

Ihr Bonus als Käufer dieses Buches

Als Käufer dieses Buches können Sie kostenlos das eBook zum Buch nutzen. Sie können es dauerhaft in Ihrem persönlichen, digitalen Bücherregal auf **springer.com** speichern oder auf Ihren PC/Tablet/eReader downloaden.

Gehen Sie bitte wie folgt vor:
1. Gehen Sie zu **springer.com/shop** und suchen Sie das vorliegende Buch (am schnellsten über die Eingabe der eISBN).
2. Legen Sie es in den Warenkorb und klicken Sie dann auf: **zum Einkaufswagen/zur Kasse.**
3. Geben Sie den untenstehenden Coupon ein. In der Bestellübersicht wird damit das eBook mit 0 Euro ausgewiesen, ist also kostenlos für Sie.
4. Gehen Sie weiter **zur Kasse** und schließen den Vorgang ab.
5. Sie können das eBook nun downloaden und auf einem Gerät Ihrer Wahl lesen. Das eBook bleibt dauerhaft in Ihrem digitalen Bücherregal gespeichert.

EBOOK INSIDE

eISBN	978-3-658-26526-7
Ihr persönlicher Coupon	zBCABcmpyBpMwy5

Sollte der Coupon fehlen oder nicht funktionieren, senden Sie uns bitte eine E-Mail mit dem Betreff: **eBook inside** an **customerservice@springer.com**.

Printed by Printforce, the Netherlands